समावेशी विद्यालय का सृजन

Creating an Inclusive School

डॉ. आशा प्रकाश

BlueRose ONE
Stories Matter
NewDelhi • London

BLUEROSE PUBLISHERS
India | U.K.

Copyright © Dr. Asha Prakash 2024

All rights reserved by author. No part of this publication may be reproduced, stored in a retrieval system or transmitted in any form or by any means, electronic, mechanical, photocopying, recording or otherwise, without the prior permission of the author. Although every precaution has been taken to verify the accuracy of the information contained herein, the publisher assume no responsibility for any errors or omissions. No liability is assumed for damages that may result from the use of information contained within.

BlueRose Publishers takes no responsibility for any damages, losses, or liabilities that may arise from the use or misuse of the information, products, or services provided in this publication.

For permissions requests or inquiries regarding this publication, please contact:

BLUEROSE PUBLISHERS
www.BlueRoseONE.com
info@bluerosepublishers.com
+91 8882 898 898
+4407342408967

ISBN: 978-93-6261-605-0

Cover design: Tahira
Typesetting: Tanya Raj Upadhyay

First Edition: August 2024

About the Author

डॉ. आशा प्रकाश एक प्रतिष्ठित शिक्षाविद् हैं, जो वर्तमान में राधा गोविंद विश्वविद्यालय, रामगढ़ में शिक्षा विभाग में प्रोफेसर के रूप में कार्यरत हैं। उन्होंने 2021 से इस पद को संभाला है और शिक्षा के क्षेत्र में अपने अनुभव और ज्ञान से छात्रों को मार्गदर्शन दे रही हैं। इससे पहले, उन्होंने साईं नाथ विश्वविद्यालय, रांची में 2018 से 2021 तक एसोसिएट प्रोफेसर के रूप में कार्य किया, जहाँ उन्होंने शिक्षा के विभिन्न पहलुओं पर गहन अध्ययन और शोध किया। साईं नाथ विश्वविद्यालय में अपने कार्यकाल के दौरान, वे विश्वविद्यालय के एलुमनाई एसोसिएशन की अध्यक्ष भी रहीं, जहाँ उन्होंने पूर्व छात्रों के साथ संबंधों को मजबूत करने और विश्वविद्यालय के विकास में उनका योगदान सुनिश्चित करने में महत्वपूर्ण भूमिका निभाई। अपने करियर की शुरुआत में, डॉ. आशा ने 2016 से 2018 तक एन.एन. घोष सनातन टीचर्स ट्रेनिंग कॉलेज, रांची में बी.एड. कोर्स के लेक्चरर के रूप में अपनी सेवाएं दीं। इस अवधि में, उन्होंने शिक्षण में नवाचार और गुणवत्ता सुनिश्चित करने के लिए कई महत्वपूर्ण कदम उठाए। शिक्षा के क्षेत्र में उनके समर्पण और उत्कृष्टता के कारण, वे छात्रों और सहकर्मियों के बीच समान रूप से सम्मानित हैं। डॉ. आशा का शिक्षण के प्रति जुनून और उनकी नेतृत्व क्षमता ने उन्हें एक

प्रभावशाली शिक्षाविद् के रूप में स्थापित किया है। उनके मार्गदर्शन में अनेक छात्र और शिक्षक शिक्षा के क्षेत्र में उत्कृष्टता प्राप्त कर रहे हैं। उनका शोध कार्य और शिक्षण विधियां न केवल छात्रों के लिए बल्कि शिक्षा क्षेत्र के लिए भी प्रेरणादायक हैं। उनके इस समर्पण और शिक्षण में नवाचार की भावना ने उन्हें शिक्षा के क्षेत्र में एक महत्वपूर्ण स्थान दिलाया है। डॉ. आशा प्रकाश का जीवन और करियर शिक्षा के प्रति उनकी अटूट प्रतिबद्धता और निरंतर प्रयासों का प्रमाण है, जिसने उन्हें एक सम्मानित और प्रिय शिक्षाविद् के रूप में स्थापित किया है।

वह राधा गोविंद विश्वविद्यालय में शोध मार्गदर्शक के रूप में कार्यरत हैं| वह राष्ट्रीय अंतर्राष्ट्रीय सेमिनारों के साथ-साथ संकाय विकास कार्यक्रमों में भी भाग लेती हैं। वह एक सामाजिक कार्यकर्ता भी हैं।

मां को समर्पित

मैं आज जहाँ भी हूँ, वह मेरी माँ की वजह से है और वह एक बहुत ही सहायक व्यक्तित्व हैं और यह पुस्तक मेरी माँ को समर्पित है जिन्होंने हमेशा मेरे जीवन में मेरा साथ दिया है।

Table of Contents

इकाई-1: समावेशी शिक्षा का परिचय 1
UNIT–1: INTRODUCTION TO INCLUSIVE EDUCATION 1

इकाई—2: समावेशी शिक्षा को सुविधाजनक बनाने वाली नीतियां और रूपरेखा 48
Unit–2: Policies & Frameworks Facilitating Inclusive Education 48

इकाई-3: अनुकूलन, समायोजन और संशोधन 206
UNIT–3: ADAPTATIONS ACCOMMODATIONS AND MODIFICATIONS 206

इकाई-4: समावेशी शैक्षणिक निर्देश 253
UNIT–4: INCLUSIVE ACADEMIC INSTRUCTIONS . 253

इकाई-5: समावेशी शिक्षा के लिए समर्थन और सहयोग 294
UNIT–5: SUPPORTS AND COLLABORATIONS FOR INCLUSIVE EDUCATION 294

इकाई-1
समावेशी शिक्षा का परिचय

UNIT-1: INTRODUCTION TO INCLUSIVE EDUCATION

परिचय

(Introduction)

उद्देश्य

(Objectives)

हाशियाकरण वी.एस. समावेशन: अर्थ और परिभाषाएँ

(Marginalization VS. Inclusion: Meaning and Definitions)

- हाशियाकरण: अर्थ और परिभाषा (Marginalization: Meaning and Definition)
- समावेशन: अर्थ और परिभाषाएँ (Inclusion: Meaning and Definitions)
- हाशियाकरण बनाम समावेशन (Marginalization vs. Inclusion)

दिव्यांग बच्चों की शिक्षा में बदलती प्रथा: पृथक्करण, एकीकरण और समावेशन

Changing Practice in Education of Children with Disabilities: Segregation, integration and Inclusion

- विशेष आवश्यकता वाले बच्चों की शिक्षा में परिवर्तन (Changing Practice in Education of Children with Special Needs)
- विशेष आवश्यकता वाले बच्चों को अलग करना (Segregation of Children with special Needs)
- विशेष आवश्यकता वाले बच्चों का एकीकरण (Integration of Children with Special Needs)
- विशेष आवश्यकता वाले बच्चों का समावेश (Inclusion of Children with Special Needs)

कक्षा में विविधता: सीखने की शैलियाँ, भाषाई और सामाजिक-सांस्कृतिक बहुलता

Diversity in Classroom: Learning Styles, Linguistic and Socio-cultural Multiplicity

- सामान्य कक्षा में विविधत (Diversity in Normal Classroom)
- शिक्षार्थियों की सीखने की शैली में विविधता (Diversity in Learners' Learning Style)
- शिक्षार्थियों की भाषाई क्षमता में विविधता (Diversity in Learners' Linguistic ability)

➤ शिक्षार्थियों की सामाजिक-सांस्कृतिक बहुलता में विविधता (Diversity in Learners' Socio-Cultural Multiplicity)

समावेशी शिक्षा के सिद्धांत: पहुंच, समानता, प्रासंगिकता, भागीदारी और सशक्तिकरण

Principles of Inclusive Education: Access, Equity, Relevance, Participation And Empowerment

- ➤ समावेशी शिक्षा की अवधारणा (Concept of Inclusive Education)
- ➤ समावेशी शिक्षा के सिद्धांत (Principles of inclusive Education)
  - o पहुंच (Access)
  - o समता (Equity)
  - o प्रासंगिकता (Relevance)
  - o भागीदारी (Participation)
  - o सशक्तिकरण (Empowerment)

समावेशी शिक्षा में बाधाएँ: व्यवहारिक, शारीरिक और निर्देशात्मक

Barriers to Inclusive Education: Attitudinal, Physical and Instructional

- ➤ समावेशी शिक्षा में बाधाएँ (Barriers to Inclusive education)
  - o मनोवृत्ति (Attitudinal)

- भौतिक (Physical)
- अनुदेशात्मक (Instructional)

वस्तुनिष्ठ प्रश्न (Objective Type questions)

लघु उत्तरीय प्रश्न (Short answer Question)

दीर्घउत्तरीय प्रश्न (Long answer Question)

<u>संदर्भ **(References)**</u>

परिचय (Introduction)

किसी भी देश में दिव्यांगता को एक प्रमुख विकासात्मक मुद्दे के रूप में देखा जाता है, क्योंकि किसी समाज में दिव्यांग समूह अक्सर मुख्यधारा से बाहर होने के कारण हाशिए पर चला जाता है, जिससे गरीबी बढ़ती है। समावेशी शिक्षा दृष्टिकोण न केवल शिक्षा के बुनियादी मानवाधिकारों का प्रावधान प्रदान करता है, बल्कि मानव की गरिमा भी प्रदान करता है, जिसे अक्सर समुदाय में सामाजिक-आर्थिक स्थिति से जोड़ा जाता है। इसे शिक्षा में पहुंच और समानता दोनों के लिए एक उपकरण के रूप में देखा जाता है जो सभी के लिए शिक्षा कार्यक्रम (यूनेस्को, 1990) और सहस्राब्दी विकास लक्ष्य एक्शन फ्रेमवर्क (संयुक्त राष्ट्र का सहस्राब्दी शिखर सम्मेलन, 2000) की मूलभूत आकांक्षाएं भी हैं। समावेशी शिक्षा के माध्यम से शिक्षार्थियों को न केवल सिस्टम में शामिल होने का मौका मिल सकता है बल्कि इसे सफलतापूर्वक पूरा करने में सहायता भी मिल सकती है। समावेशी शिक्षा के परिणामस्वरूप सभी शिक्षार्थियों के लिए बेहतर सामाजिक विकास और शैक्षणिक परिणाम प्राप्त होते हैं क्योंकि यह वास्तविक दुनिया से अवगत होने का अवसर प्रदान करता है जिससे सामाजिक कौशल और बेहतर सामाजिक संपर्क का विकास होता है। यह गैर-दिव्यांग साथियों को सकारात्मक दृष्टिकोण, सहनशीलता अपनाने के लिए मंच भी प्रदान करता है। समावेशी शिक्षा के लिए एक महत्वपूर्ण शर्त है मतभेदों का सम्मान करना, विभिन्न सीखने की शैलियों का सम्मान करना, तरीकों में विविधता, खुला और लचीला पाठ्यक्रम और प्रत्येक शिक्षार्थी का आम मंच पर स्वागत करना। इस प्रकार, दिव्यांग शिक्षार्थी को

देखने का नजरिया दिव्यांग या विशेष आवश्यकता वाले शिक्षार्थी में बदल गया है।

किसी भी शिक्षार्थी की सफलता स्कूल और समुदाय दोनों पर निर्भर करती है, लेकिन, समावेशी शिक्षा नीति को लागू करने में इन दोनों में बाधाएँ आ सकती हैं। ये बाधाएँ बाहरी और आंतरिक दोनों प्रकार की होती हैं। समावेशी सी.टूक्सटलॉन की सुविधा के लिए, पर्यावरणीय स्थितियों में संशोधन करना होगा जिसमें पर्याप्त सुविधाओं के साथ प्रत्येक स्कूल भवन में बाधा मुक्त वातावरण के लिए भौतिक परिवर्तन शामिल हैं। इसके अलावा बहुत महत्वपूर्ण बात यह है कि आम लोगों के नकारात्मक रवैये को बदलने और विशेष आवश्यकता वाले बच्चों (सीडब्ल्यूएसएन) के प्रति उनमें जिम्मेदारी की भावना विकसित करने की जरूरत है।

शिक्षार्थियों की विविध आवश्यकताओं से निपटने, उचित व्यक्तिगत शिक्षाशास्त्र और मूल्यांकन प्रणाली को लागू करने वाले शिक्षकों को उचित प्रशिक्षण प्रदान करने की आवश्यकता है। पहुंच और सफलता में आने वाली बाधाओं को भौतिक के साथ-साथ संरचनात्मक अर्थों में भी देखा जा सकता है। लेकिन इससे भी अधिक, यह पाठ्यक्रम, शिक्षाशास्त्र, परीक्षा और स्कूली शिक्षा दृष्टिकोण है, जो बाधाएं भी पैदा कर सकता है। जब तक इन अनदेखी बाधाओं पर ध्यान नहीं दिया जाता, विविध आवश्यकताओं वाले सभी बच्चों तक पहुंच दूर की कौड़ी बनी रहेगी। तकनीकी विकास के साथ समावेशी शिक्षा आंदोलन हमारे देश में इस महत्वपूर्ण मोड़ पर आ गया है। शिक्षा तक पहुंच और सफलता के लिए समग्र समावेशी दृष्टिकोण चुनने से सभी तक शिक्षा पहुंचाने में सफलता मिलने की अधिक संभावना है।

उद्देश्य (Objective)

- हाशिए पर जाने और समावेशन की अवधारणाओं को समझने के लिए:

- अलगाव, एकीकरण और समावेशन के संबंध में दिव्यांग बच्चों की शिक्षा में बदलती प्रथाओं को समझना;

- सीखने की शैलियों, भाषाई और सामाजिक-सांस्कृतिक बहुलता के संदर्भ में कक्षा में विविधता को समझना;

- समावेशी शिक्षा के बुनियादी सिद्धांतों को समझना;

- समावेशी शिक्षा में प्राथमिक बाधाओं के बारे में ज्ञान प्राप्त करना

हाशियाकरण वी.एस. समावेशन: अर्थ और परिभाषाएँ

(Marginalization VS. Inclusion: Meaning and Definitions)

☐ **हाशियाकरण: अर्थ और परिभाषा (Marginalization: Meaning and Definition)**

'हाशिए पर जाना' सामाजिक नुकसान और समाज के हाशिए पर धकेल दिया जाना है।

इस शब्द का प्रयो-ग पहले फ़्रांस में और फिर यूरोप में व्यापक रूप से किया गया। अकादमिक रूप से, अब इसका उपयोग दर्शनशास्त्र, शिक्षा, समाजशास्त्र, मनोविज्ञान, राजनीति विज्ञान और अर्थशास्त्र सहित सामाजिक विज्ञान के विषयों में किया जाता है।

सामाजिक बहिष्कार के रूप में हाशिए पर जाना एक ऐसी प्रक्रिया है जिसमें व्यक्तियों या लोगों के पूरे समुदाय को व्यवस्थित रूप से विभिन्न अधिकारों, अवसरों और संसाधनों तक पूर्ण पहुंच से अवरुद्ध या वंचित कर दिया जाता है जो स्वाभाविक रूप से और सामान्य रूप से एक अलग समूह के सदस्यों के लिए उपलब्ध हैं, और जो सामाजिक के लिए मौलिक हैं। उस विशेष समूह के भीतर एकीकरण (उदाहरण के लिए, आवास, रोजगार, स्वास्थ्य देखभाल, नागरिक सहभागिता, लोकतांत्रिक भागीदारी और उचित प्रक्रिया)। सामाजिक बहिष्कार का परिणाम यह होता है कि प्रभावित व्यक्तियों या समुदायों को उस समाज के आर्थिक, सामाजिक और राजनीतिक जीवन में पूरी तरह से भाग लेने से रोक दिया जाता है जिसमें वे रहते हैं।

परिभाषा : (Definition)

हाशियाकरण एक ऐसी प्रक्रिया है जिसके तहत किसी व्यक्ति या व्यक्ति को सामाजिक समूह के किनारे पर धकेल दिया जाता है और उसे कम महत्व दिया जाता है। यह मुख्य रूप से एक सामाजिक घटना है जिसके द्वारा अल्पसंख्यक या उप-समूह को बाहर रखा जाता है, और उनकी जरूरतों या इच्छाओं को नजरअंदाज कर दिया जाता है। इसलिए, हाशियाकरण सामाजिक बहिष्कार की ओर ले जाता है।

सामाजिक बहिष्कार प्रगतिशील सामाजिक विघटन की एक बहुआयामी प्रक्रिया है, जो समूहों और व्यक्तियों को सामाजिक संबंधों और संस्थानों से अलग करती है और उन्हें सामान्य में पूर्ण भागीदारी से रोकती है; जिस समाज में वे रहते हैं उसकी गतिविधियों को मानक रूप से निर्धारित करना यह हमारे समाज की सभी समूहों और व्यक्तियों को समाज की पहुंच के भीतर

रखने या उनकी पूरी क्षमता का एहसास करने में असमर्थता को दर्शाता है।

☐ समावेशन: अर्थ और परिभाषाएँ (Inclusion: Meaning and Definitions)

प्रत्येक बच्चे के शिक्षा के अधिकार की घोषणा मानव अधिकारों की सार्वभौम घोषणा (1948) के साथ-साथ बाल अधिकारों पर संयुक्त राष्ट्र कन्वेंशन (1990) में की गई है, और सभी के लिए शिक्षा पर विश्व घोषणा (1990) में इसकी पुष्टि की गई है। प्रत्येक बच्चे की सीखने की ज़रूरतें, सीखने की गति और शिक्षा के लिए प्रोग्रामिंग अलग-अलग होती है। इन शिक्षार्थियों में से कुछ के पास दूसरों की तुलना में अधिक विशिष्ट आवश्यकताएं हैं, लेकिन उनकी शिक्षा को भी सुनिश्चित करने की प्रतिबद्धता सलामांका सम्मेलन (1994) में निहित की गई है। 'समावेशी शिक्षा' एक ऐसा दृष्टिकोण है जिसका उद्देश्य इन सम्मेलनों में बताए गए लक्ष्यों को साकार करना है, एक ऐसे दृष्टिकोण के रूप में जिसमें घरों, स्कूल समुदायों, नियोक्ताओं और सरकारों को शामिल किया जाता है ताकि यह सुनिश्चित किया जा सके कि प्रत्येक बच्चा, उसकी व्यक्तिगत जरूरतों या सामाजिक परिस्थितियों की परवाह किए बिना, अन्य समुदाय के बच्चों के साथ मिलकर मुख्यधारा की शिक्षा प्राप्त करने का समान अवसर है। जैसा कि नाम से पता चलता है, समावेशी शिक्षा यह सुनिश्चित करना चाहती है कि कोई भी बच्चा बहिष्कृत, हाशिए पर या अलग न हो, स्कूल एक ऐसा समुदाय है जिसमें हर कोई शामिल है, और प्रत्येक बच्चा वही सीख रहा है जो उससे सीखने की उम्मीद की जाती है।

परिभाषा: (Definition)

"समावेश को सीखने, संस्कृतियों और समुदायों में भागीदारी बढ़ाने और शिक्षा के भीतर और बाहर बहिष्कार को कम करने के माध्यम से सभी शिक्षार्थियों की आवश्यकताओं की विविधता को संबोधित करने और प्रतिक्रिया देने की प्रक्रिया के रूप में देखा जाता है" (बूथ, यूनेस्को 2001 में उद्धृत)।

"समावेशी शिक्षा में सामग्री, दृष्टिकोण, संरचनाओं और रणनीतियों में परिवर्तन और संशोधन शामिल हैं, एक सामान्य दृष्टि के साथ जो उचित आयु सीमा के सभी बच्चों को कवर करती है और एक दृढ़ विश्वास है कि सभी बच्चों को शिक्षित करना नियमित प्रणाली की जिम्मेदारी है" (यूनेस्को, 1994)।

"समावेश, जब दिव्यांग बच्चों की स्थिति को शारीरिक रूप से एक ही स्थान पर होना और अन्य छात्रों के समान काम करना, सामाजिक स्वीकृति और व्यक्तिगत रूप से प्रासंगिक सीखने का अधिकार माना जाता है" (नॉर्विच, 1999)।

हाशियाकरण बनाम समावेशन (Marginalization vs. Inclusion)

हाशियाकरण सैद्धांतिक रूप से व्यक्तिगत या समूह स्तर पर चार सहसंबद्ध आयामों पर उभरता है-

(i) सामाजिक अधिकारों तक अपर्याप्त पहुंच,
(ii) भौतिक अभाव,
(iii) सीमित सामाजिक भागीदारी और
(iv) मानक एकीकरण की कमी।

फिर इसे व्यक्तिगत जोखिम कारकों (आयु, लिंग, नस्ल आदि), व्यापक-सामाजिक परिवर्तन (जनसांख्यिकीय, आर्थिक और श्रम बाजार के विकास, तकनीकी नवाचार, सामाजिक मानदंडों के विकास आदि), सरकारी कानून और सामाजिक के संयुक्त परिणाम के रूप में माना जाता है। नीति, और व्यवसायों, प्रशासनिक संगठनों और साथी नागरिकों का वास्तविक व्यवहार।

दूसरी ओर, समावेशन एक ऐसी प्रणाली है जिसमें किसी दिए गए समुदाय के सभी बच्चे एक ही स्थानीय स्कूल सेटिंग में एक साथ सीखते हैं, जिसमें सीखने की कठिनाइयों, विशेष जरूरतों या शिक्षा प्रणालियों में कुछ बदलावों के साथ दिव्यांगता वाले बच्चे भी शामिल हैं। शिक्षा की पारंपरिक प्रणालियाँ सुविधासंपन्न शामिल छात्रों और वंचित बहिष्कृत बच्चों के बीच अंतर को बढ़ाती हैं। मध्यम और उच्च वर्ग के बच्चे, जो अधिक (अवसर, सामग्री के संदर्भ में) के साथ शुरुआत करते हैं, उन्हें भी पारंपरिक प्रणाली में अधिक दिया जाता है, जिससे शिक्षा और समाज में अमीरों और वंचितों के बीच अंतर बढ़ जाता है। उदाहरण के लिए, हाशिए पर रहने वाले बच्चे, जो कम पढ़ाई से शुरुआत करते हैं, उन्हें आम तौर पर समान शैक्षिक अवसर के मामले में कम प्रदान किया जाता है, जो संपत्ति और अवसरों की कमी के दुष्चक्र को बढ़ावा देता है।

इंटरनेशनल जर्नल ऑफ इनक्लूसिव एजुकेशन (vo1.16, अंक 12, 2012) हाशिये पर पड़े भेदभाव को समझने और उससे निपटने के लिए स्कूल सेटिंग में बच्चों की आवाज़ों से जुड़ने के महत्व पर केंद्रित है। बच्चों और युवाओं के विचारों से जुड़ना समावेशन विकसित करने की प्रक्रिया का एक अनिवार्य हिस्सा है। इसे समावेशी शिक्षा के दृष्टिकोण के रूप में देखा जा सकता है,

जो मुख्य रूप से स्कूल के संदर्भ में अन्य संगठनात्मक पहलुओं के बजाय शिक्षार्थियों के विचारों पर जोर देता है।

दिव्यांग बच्चों की शिक्षा में बदलती प्रथा: पृथक्करण, एकीकरण और समावेशन

(Changing practices in education of children with disabilities: Segregation, integration and inclusion)

विशेष आवश्यकता वाले बच्चों की शिक्षा में परिवर्तन

(Changes in the education of children with special needs)

भारत में दिव्यांग बच्चों की शिक्षा की शुरुआत 19वीं शताब्दी की शुरुआत से की जा सकती है। देश में विशेष स्कूल सेवाएँ अधिकतर विदेशी मिशनरियों द्वारा शुरू की गईं। समावेशन की अवधारणा का संदर्भ स्वतंत्रता के बाद के राष्ट्रवादी शिक्षा आंदोलनों के कई दस्तावेजों में मिलता रहा है। दिव्यांग व्यक्तियों के लिए बेहतर सेवाओं का प्रावधान भारतीय संविधान के अनुच्छेद 45 में शामिल किया गया है। भारतीय, शिक्षा आयोग की रिपोर्ट (1964-66) ने दिव्यांग बच्चों को यथासंभव सामान्य स्कूलों में रखने की सिफारिश की थी। राष्ट्रीय शिक्षा नीति में विकलांगों की शिक्षा पर एक पूरा अध्याय शामिल किया गया तथा कार्रवाई के लिए दिशा-निर्देश तैयार किए गए| . एनपीई ने 'एकीकृत' शिक्षा कार्यक्रम के विस्तार की आवश्यकता पर जोर दिया।

दिव्यांग बच्चों के लिए एकीकृत शिक्षा (एलईडीसी) की केंद्र प्रायोजित योजना 1974 में शुरू की गई थी और बाद में राष्ट्रीय शिक्षा नीति (1986) के साथ-साथ कार्रवाई कार्यक्रम (1991) में भी इस पर जोर दिया गया। अत: समावेशन हेतु लगातार प्रयास

किये गये। हालाँकि इन राष्ट्रीय दस्तावेजों में दिव्यांग व्यक्तियों के लिए सेवाओं की आवश्यकता पर जोर दिया गया था, लेकिन अतीत में विकलांगों के लिए गतिविधियों का वास्तविक कार्यान्वयन संतोषजनक नहीं था।

विशेष आवश्यकता वाले बच्चों का पृथक्करण

(Separation of children with special needs)

'पृथक्करण' इंगित करता है कि दिव्यांग बच्चों के साथ केवल अलग व्यवहार किया जाएगा। कुछ विद्वानों का मानना है कि अलगाव विशेष बच्चे को शिक्षित करने का सबसे अच्छा तरीका है।

अलग-अलग कार्यक्रमों को पेशेवरों द्वारा डिज़ाइन और स्टाफ किया जाता है जिन्हें विशेष आवश्यकता वाले बच्चों (सीडब्ल्यूएसएन) के साथ काम करने के लिए प्रशिक्षित किया जाता है, जिसका आम तौर पर मतलब है कि वे विशेष बच्चों को पढ़ाने के लिए बेहतर प्रशिक्षित हैं। चिकित्सक आमतौर पर प्रणाली का एक एकीकृत हिस्सा होते हैं। हालाँकि, अलगाव के कुछ नकारात्मक पहलू भी हैं। अलग-थलग रहने वाले बच्चों को हमेशा अपने साथियों के साथ सीखने की चुनौती नहीं होती है, जो कभी-कभी बेहतर सीखने और कौशल की सुविधा प्रदान कर सकता है। इसके अलावा, जो बच्चे अलग-थलग हैं वे समाज में एकीकृत होने की उम्मीद में समुदाय में कार्य करना नहीं सीख रहे हैं। ऐसे कई शैक्षणिक वातावरण हैं जो 'शुद्ध' पृथक विशेष शिक्षा कक्षाएं प्रदान नहीं करते हैं।

ऐसे कार्यक्रम हैं जो समावेशन और अलगाव को जोड़ते हैं, जहां बच्चा दिन का एक हिस्सा अलग कार्यक्रम में और दिन का दूसरा

हिस्सा समावेशन कार्यक्रम में बिता सकता है या वह दिन को समावेशन कार्यक्रम में बिता सकता है और उपचारात्मक सहायता प्राप्त कर सकता है और चिकित्सा. समावेशी शिक्षा के विभिन्न संयोजन हो सकते हैं।

विशेष आवश्यकता वाले बच्चों का एकीकरण

(Integration of children with special needs)

'एकीकरण' समावेशी शिक्षा की शुरुआत है। भारत में समावेशी बनाम एकीकृत शिक्षा की शुरुआत के लिए किसी विशिष्ट वर्ष का उल्लेख नहीं किया जा सकता है। विशेष विद्यालय 20वीं सदी की शुरुआत में ही माध्यमिक स्तर पर दिव्यांग बच्चों के लिए आंशिक एकीकरण को अपना रहे थे। हालाँकि, पूर्ण रूप से एकीकृत शिक्षा कार्यक्रम 1980 के दशक की शुरुआत में ही सामने आए। 1980 के बाद से, इस क्षेत्र में एकीकृत शिक्षा का अभूतपूर्व विकास देखा गया है।

भारत में एकीकृत शिक्षा एक विकल्प के रूप में नहीं बल्कि मजबूरी में उभर कर सामने आई। अधिक दिव्यांग बच्चों को शैक्षिक सेवाओं के दायरे में लाने की प्रक्रिया में, एकीकरण को लागत प्रभावी दृष्टिकोण माना गया और इसलिए, सामान्य शिक्षा प्रणाली ने सामान्य स्कूलों में सीडब्ल्यूएसएन को स्वीकार करना शुरू कर दिया। एकीकृत शिक्षा कार्यक्रम के कार्यान्वयन ने उच्च जोखिम वाले बच्चों की जरूरतों को भी संबोधित किया, जिनके संभावित स्कूल छोड़ने का संदेह था और इसलिए, ऐसे बच्चों का प्रतिधारण अधिक हो गया। पिछले दो दशकों में एकीकरण की सफलता के साथ, देश अब समावेशी शिक्षा के लिए तैयार हो रहा है। समावेशन का उद्देश्य सामान्य स्कूल प्रणाली में बेहतर शैक्षिक

प्रथाओं को सुदृढ़ करना है जो सभी बच्चों की शैक्षिक आवश्यकताओं को पूरा करता है।

<u>भारत में एकीकृत शिक्षा की वर्तमान स्थिति:</u>

1974 में शुरू की गई एकीकृत शिक्षा की केंद्र प्रायोजित योजना देश के सभी राज्यों और केंद्र शासित प्रदेशों में लागू की गई थी। सरकारी और गैर-सरकारी दोनों संगठनों में अधिक संख्या में सरकारी, संस्थान एकीकृत शिक्षा में गहनता से शामिल थे।

मुखोपाध्याय और मणि (2000) के अनुसार, "सभी दिव्यांगताओं में, शिक्षा के सभी स्तरों पर अन्य दिव्यांगताओं की तुलना में आर्थोपेडिक रूप से दिव्यांग बच्चों की बेहतर पहचान की जाती है। इस कारक पर भी ध्यान देने की आवश्यकता है क्योंकि इस पर ध्यान केंद्रित करने के लिए पहचान और मूल्यांकन प्रक्रियाएं अभी तक विकसित नहीं की गई हैं।" वास्तव में योग्य दिव्यांग बच्चे।" सामान्य स्कूलों में दिव्यांग बच्चों की संख्या अभी भी अनुमानित संख्या से काफी कम है। एकीकृत शिक्षा में वर्तमान कवरेज 18,000 से अधिक स्कूलों में लगभग 80,000 दिव्यांग बच्चों के होने की उम्मीद है। एकीकृत शिक्षा अवधारणा भारत में शिक्षा प्रणाली में बनी हुई है और इसकी पूरी क्षमता का पता लगाया जाना बाकी है।

विशेष आवश्यकता वाले बच्चों का समावेश

(Inclusion of children with special needs)

देश 2002 से सभी बच्चों के लिए शिक्षा प्रदान करने के लिए कड़ी मेहनत कर रहा है। इस सवाल का जवाब देने का सीधा और सरल तरीका कि क्या विशेष आवश्यकता वाले बच्चों को पर्याप्त रूप से कवर किया जा रहा है और क्या वे सभी के लिए शिक्षा

(ईएफए) से लाभान्वित हुए हैं, की संख्या के बराबर होना होगा विशेष स्कूलों, गैर-औपचारिक केंद्रों और/या खुली शिक्षण प्रणालियों सहित स्कूलों में नामांकित बच्चों के साथ संबंधित आयु समूह के बच्चे। दुर्भाग्य से, न तो डेटा और जानकारी इस तरीके से एकत्र की जाती है और न ही वर्तमान में अन्य बच्चों के बराबर सेवाएं उपलब्ध कराई जाती हैं (मुखोपाध्याय और मणि, 2000)। कुछ संबंधित प्रमुख अधिनियमों और नीतियों पर नीचे चर्चा की गई है:

PWD अधिनियम, 1995 के माध्यम से समावेशन:

(Inclusion through PWD Act, 1995)

दिव्यांग बच्चों के लिए सेवा के मुद्दे को दिव्यांग व्यक्ति (समान अवसर, रोशनी की सुरक्षा और पूर्ण भागीदारी) अधिनियम, 1995 की शुरूआत के साथ मानव संसाधन विकास के रूप में माना जाता है परिणामस्वरूप, दिव्यांग बच्चों की सेवा को अब कल्याणकारी गतिविधि नहीं माना जाता है; बल्कि इसे दिव्यांग बच्चे का अधिकार माना जाता है।

PWD अधिनियम का मुख्य उद्देश्य दिव्यांग व्यक्तियों की सेवा के संबंध में केंद्र, राज्य और स्थानीय सरकारों की जिम्मेदारियों को परिभाषित करना है। अधिनियम ने दिव्यांग व्यक्तियों के लिए कुल जीवन का कवरेज भी सुनिश्चित किया ताकि वे अपनी दिव्यांगता स्थितियों के अनुसार पूर्ण योगदान दे सकें। अंधापन, कम दृष्टि, कुष्ठ रोग से ठीक हुआ, श्रवण दोष; लोको मोटर दिव्यांगता, मानसिक बीमारी और मानसिक मंदता अधिनियम के तहत कवर की गई सात दिव्यांगता स्थितियाँ हैं। अधिनियम के अनुसार, सरकारें यह सुनिश्चित करेंगी कि उन्हें 18 वर्ष की आयु तक

उपयुक्त शिक्षा प्रदान की जाए। यह यह भी इंगित करता है कि गंभीर दिव्यांग बच्चों की शैक्षिक आवश्यकताओं को पूरा करने के लिए एकीकृत शिक्षा और विशेष विद्यालय स्थापित करने होंगे। अधिनियम में गैर-औपचारिक शिक्षा की शुरूआत, कार्यात्मक साक्षरता योजनाएं, सहायता और उपकरणों का प्रावधान, खुले विद्यालयों और विश्वविद्यालयों के माध्यम से शिक्षा आदि पर भी जोर दिया गया है। यह यह भी इंगित करता है कि सरकार को विशेष और एकीकृत स्कूलों के लिए शिक्षकों को तैयार करने के लिए पर्याप्त शिक्षक प्रशिक्षण सुविधाएं बनानी चाहिए। अधिनियम में सहायक उपकरणों पर अनुसंधान के विकास की भी परिकल्पना की गई है। इस अधिनियम को लागू करने के लिए राष्ट्रीय और राज्य स्तर पर कई योजनाएँ विकसित की जा रही हैं। इसलिए, PWD अधिनियम 1995 जहां भी संभव हो, समावेशी शिक्षा अवधारणाओं को दृढ़ता से प्रोत्साहित कर रहा है।

समावेशन में भारतीय पुनर्वास परिषद (आरसीआई) की भूमिका:

(Role of Rehabilitation Council of India (RCI) in Inclusion):

1932 में, आरसीआई अधिनियम संसद में अधिनियमित किया गया था। यह अधिनियम सीडब्ल्यूएसएन की शिक्षा के क्षेत्र में जनशक्ति विकास कार्यक्रमों को विनियमित करने के लिए तत्कालीन कल्याण मंत्रालय (वर्तमान में सामाजिक न्याय और अधिकारिता मंत्रालय के रूप में जाना जाता है) द्वारा बनाया गया था। हालाँकि आरसीआई सीधे तौर पर स्कूल स्तर पर सेवाओं के प्रचार-प्रसार से संबंधित नहीं है, लेकिन इसने सभी दिव्यांग बच्चों के लिए शिक्षा की सुविधा के लिए बड़े पैमाने पर जनशक्ति

विकास की आवश्यकता का अनुमान लगाया है, आरसीआई की प्रमुख जिम्मेदारियाँ हैं:

- दिव्यांग लोगों से निपटने वाले पुनर्वास पेशेवरों/कर्मियों के लिए प्रशिक्षण पाठ्यक्रमों का मानकीकरण लाना;
- पूरे देश में पुनर्वास एकरूपता के क्षेत्र में शिक्षा और प्रशिक्षण संस्थानों के न्यूनतम मानक निर्धारित करना;
- पूरे देश में सभी प्रशिक्षण संस्थानों में इन मानकों को समान रूप से विनियमित करना;
- विकलांगों के पुनर्वास के क्षेत्र में डिग्री/डिप्लोमा/सर्टिफिकेट पाठ्यक्रम चलाने वाले संस्थानों को मान्यता देना और सुविधाएं संतोषजनक न होने पर मान्यता वापस लेना;
- पुनर्वास के क्षेत्र में संस्थानों द्वारा पारस्परिक आधार पर प्रदान की गई विदेशी डिग्री/डिप्लोमा/प्रमाणपत्र को मान्यता देना;
- मान्यता प्राप्त पुनर्वास योग्यता रखने वाले व्यक्तियों का एक केंद्रीय पुनर्वास रजिस्टर बनाए रखना;
- क्षेत्र में शिक्षा और प्रशिक्षण पर नियमित आधार पर जानकारी एकत्र करना
- भारत और विदेशों में संस्थानों से दिव्यांग लोगों का पुनर्वास;
- दिव्यांग व्यक्तियों के पुनर्वास के क्षेत्र में काम करने वाले संगठनों के साथ सहयोग के माध्यम से सतत पुनर्वास शिक्षा को प्रोत्साहित करना।

विशेष विद्यालयों की भूमिका और समावेशन:

(Role and inclusion of special schools):

विशेष स्कूल की अवधारणा अभी भी भारत में दिव्यांग बच्चों के लिए शिक्षा का एक स्वीकृत मॉडल है और आने वाले वर्षों में भी ऐसा ही रहेगा। वर्तमान में विभिन्न दिव्यांगताओं वाले व्यक्तियों को संबोधित करने वाले लगभग 3000 विशेष विद्यालय हैं। अनुमान है कि सुनने में अक्षम बच्चों के लिए 900 स्कूल, दृष्टिबाधितों के लिए 400 स्कूल, मानसिक रूप से दिव्यांग बच्चों के लिए 1000 स्कूल और शारीरिक रूप से दिव्यांग बच्चों के लिए 700 स्कूल हैं (UNISED रिपोर्ट 1999 के अनुसार)। विशेष स्कूलों की सटीक संख्या पूरी तरह से ज्ञात नहीं है क्योंकि ऐसे कई गैर सरकारी संगठन हैं जो उन स्कूलों को चलाते हैं और अभी तक उपलब्ध सूचियों में शामिल नहीं हैं। हालाँकि, भविष्य में विशेष स्कूलों की ज़िम्मेदारियाँ बदलने की संभावना है। कुछ वांछित परिवर्तन इस प्रकार हैं:

(i) उनसे समावेशी शिक्षा की सुविधा के लिए संसाधन केंद्र बनने की उम्मीद है।

(ii) वे बहु-दिव्यांगता वाले बच्चों की सेवा करने के लिए बेहतर स्थिति में हैं। समावेशन की बढ़ती अवधारणा में विशेष विद्यालयों की महत्वपूर्ण भूमिका है। समावेशन सभी के लिए खुला है, भारत में अनुभव से पता चलता है कि कुछ बच्चे समावेशी सेटिंग का सामना नहीं कर सकते हैं। अतिरिक्त दिव्यांगता, अनाथ आदि वाले बच्चों को कुछ वैकल्पिक सेटिंग्स की आवश्यकता होती है और विशेष स्कूल इन बच्चों की सेवा करने के लिए खुद को तैयार करने में मदद कर सकते हैं।

कक्षा में विविधता: सीखने की शैलियाँ, भाषाई और सामाजिक-सांस्कृतिक बहुलता।

(Diversity in the classroom: Learning styles, linguistic and socio-cultural pluralism.)

सामान्य कक्षा में विविधता

(Diversity in the General Classroom)

आजकल प्रारंभिक कक्षाओं में प्रवेश करने वाले विविध पृष्ठभूमि वाले शिक्षार्थियों की बढ़ती संख्या ने हमारे स्कूलों को और अधिक समावेशी बनाने के महत्व को मजबूत किया है शिक्षार्थियों की प्रतिभाओं, सामाजिक, सांस्कृतिक, आर्थिक और राजनीतिक पृष्ठभूमि में व्यापक भिन्नता के कारण भारत में प्राथमिक कक्षाओं के समक्ष इस विविधता का रचनात्मक उपयोग करने की चुनौती रही है, ताकि शिक्षण-अधिगम प्रक्रियाओं और प्रथाओं का लोकतांत्रिकरण किया जा सके और सामाजिक न्याय के बड़े लक्ष्यों को प्राप्त किया जा सके। इस संदर्भ में, 'समावेशी शिक्षा' के एजेंडे को महत्व मिला है। बच्चों के लिए नि:शुल्क और अनिवार्य शिक्षा का अधिकार (आरटीई) अधिनियम, 2009 के अधिनियमन से और अधिक गति मिली है। इस अधिनियम का कार्यान्वयन तभी सफल माना जाएगा जब यह हाशिए पर रहने वाले समुदायों के बच्चों को 'दृश्यमान' बनाने के मुद्दे को संबोधित करेगा। 'कक्षा की चार दीवारों के भीतर। देश भर में इनमें से कई बच्चे सामाजिक रूप से वंचित पृष्ठभूमि से आते हैं, जैसे अनुसूचित जाति और अनुसूचित जनजाति समुदाय; जातीय और धार्मिक अल्पसंख्यक, आर्थिक रूप से कमजोर वर्ग, इन समुदायों के बच्चे स्कूल में नामांकित होते हैं, तो उन्हें स्कूल छोड़ने का खतरा होता है। उनमें

से कई बेहद कमजोर सामाजिक-आर्थिक परिस्थितियों में रहते हैं और स्कूली शिक्षा जैसे उनके सार्वभौमिक अधिकारों के लिए गंभीर खतरे का सामना करते हैं।

समावेशी स्कूल एक ऐसे दृष्टिकोण और सिद्धांतों के साथ डिज़ाइन किए गए हैं जो अधिकारों, सामाजिक न्याय और समानता की संस्कृति में विश्वास करते हैं। इसका मानना है कि सभी बच्चे एक जैसे नहीं होते हैं और विविधता को समस्या के बजाय ताकत के रूप में स्वीकार करते हैं। यह कुछ बुनियादी शिक्षाशास्त्र में विश्वास करता है कि बच्चे अलग-अलग तरीकों से सीखते हैं, और परीक्षाओं में उच्च अंक प्राप्त करने की तुलना में सफलता को जीवन और सामाजिक कौशल सीखने से अधिक जोड़ते हैं। ऐसे स्कूलों की प्रवेश नीति को विविध समुदाय के बच्चों को प्रवेश परीक्षा स्कोर या अन्य शारीरिक, सामाजिक और आर्थिक कारकों के आधार पर अस्वीकार करने के बजाय स्वीकार करना चाहिए। समावेशी स्कूल लचीले पाठ्यक्रम का पालन कर सकते हैं जो बच्चों की इन विविध आवश्यकताओं को पूरा करेगा। यूनेस्को फ्रेमवर्क ने वंचितों और विकलांगों की शैक्षिक आवश्यकताओं को संबोधित करने के लिए बाल-केंद्रित शिक्षाशास्त्र की आवश्यकता पर फिर से प्रकाश डाला है: "समावेशी स्कूल के सामने चुनौती एक बाल-केंद्रित शिक्षाशास्त्र विकसित करने की है जो उन बच्चों सहित सभी बच्चों को सफलतापूर्वक शिक्षित करने में सक्षम हो जिनके पास गंभीर असुविधाएँ और दिव्यांगताएँ हैं"।

शिक्षार्थियों की सीखने की शैली में विविधता

(Diversity in the learning styles of learners)

शिक्षक यह नहीं मानते कि सभी शिक्षार्थी एक जैसे हैं। फिर भी, अक्सर, शिक्षक 'विविधता के सिद्धांत' के प्रति दिखावा करते हुए सभी शिक्षार्थियों के साथ एक जैसा व्यवहार करना जारी रखते हैं। शिक्षक जानते हैं कि छात्र विभिन्न तरीकों से सीखते हैं; कक्षा का अनुभव हर दिन इसकी पुष्टि करता है। इसके अलावा, अच्छी तरह से स्वीकृत सिद्धांत और व्यापक शोध सीखने के अंतरों को दर्शाते हैं और दस्तावेजीकरण करते हैं। अधिकांश शिक्षक सीखने के अंतर के बारे में बात कर सकते हैं, चाहे सीखने की शैलियों, संज्ञानात्मक शैलियों, मनोवैज्ञानिक प्रकार, या एकाधिक बुद्धिमत्ता के नाम से। शिक्षार्थी सीखने की स्थिति में अपना व्यक्तिगत दृष्टिकोण, प्रतिभा और रुचियाँ लाते हैं।

नए समावेशी स्कूलों का लक्ष्य यह नहीं है कि वे सभी बच्चों को गुणवत्तापूर्ण शिक्षा प्रदान करने में सक्षम हों; उनकी स्थापना भेदभावपूर्ण दृष्टिकोण को बदलने, स्वागत करने वाले समुदायों को बनाने और उनकी संबंधित क्षमता और सीखने की शैली के अनुसार एक समावेशी समाज विकसित करने में मदद करने के लिए एक महत्वपूर्ण कदम है (विशेष आवश्यकता शिक्षा पर कार्रवाई के लिए रूपरेखा; यूनेस्को, 1994)। पारंपरिक विद्यालय अधिकतर केवल दो प्रकार की बुद्धिमत्ता के उपयोग की गुंजाइश प्रदान करते हैं - भाषाई और तार्किक, गणितीय। यह दृष्टिकोण स्वयं बड़ी संख्या में बच्चों, विशेष रूप से पहली पीढ़ी के शिक्षार्थियों, वंचितों और विकलांगों के लिए सीखने में बाधाएँ पैदा करता है। दूसरी ओर, गार्डनर (1993) ने सात प्रकार की बुद्धिमत्ता की पहचान की है –

(i) भाषाई या मौखिक,
(ii) तार्किक गणितीय,
(iii) स्थानिक या दृश्य,
(iv) संगीतमय,
(v) किनेस्थेटिक,
(vi) पारस्परिक और
(vii) अंतर-वैयक्तिक।

इन बुद्धिमत्ताओं की पहचान और अनुप्रयोग को प्रोत्साहित करने वाले स्कूल उन अनदेखी और आंतरिक बाधाओं को दूर करने में सक्षम होंगे जिनका सामना बच्चों को पारंपरिक स्कूलों में सीखने में करना पड़ता है। समावेशी स्कूल बच्चों को अलग-अलग सीखने की प्रक्रियाओं में शामिल करने और भाग लेने के लिए विभिन्न प्रकार की नवीन प्रथाओं का उपयोग करते हैं। कुछ समावेशी रणनीतियाँ हैं:

- संपूर्ण कक्षा समावेशी शिक्षण;
- समूह/सहकारी/सहयोगात्मक शिक्षा;
- सहकर्मी शिक्षण/बच्चे से बच्चे की शिक्षा;
- गतिविधि आधारित शिक्षा;
- टीम दृष्टिकोण/समस्या समाधान;
- मूल्यांकन/परीक्षा में समानता।

शिक्षा और उसके विकास को स्कूल प्रणाली में एक प्रक्रिया के रूप में शामिल करना - पहुंच और सफलता में आने वाली बाधाओं को दूर करना एक बढ़ती हुई घटना है। ऊपर सुझाई गई रणनीतियों को देश भर के कई स्कूलों में आज़माया गया है और इन्हें वैचारिक और शैक्षणिक समर्थन भी मिला है। हालाँकि, इसे

अभी भी एक सुधार आंदोलन या पारंपरिक स्कूल प्रणाली के प्रतिस्थापन के रूप में आकार दिया जाना बाकी है।

शिक्षार्थियों की भाषाई क्षमता में विविधता

(Variation in learners' linguistic ability)

भाषा केवल संचार का साधन नहीं है। भाषा, सोच और सीखना अटूट रूप से जुड़े हुए हैं। जब बच्चों को ऐसी भाषा के माध्यम से पढ़ने के लिए मजबूर किया जाता है जिसे वे पूरी तरह से नहीं समझ सकते, खासकर स्कूल स्तर पर, तो उन्हें सीखने में गंभीर नुकसान का सामना करना पड़ता है जो उनके संज्ञानात्मक विकास को रोक सकता है और जीवन भर उनके आत्मसम्मान और आत्मविश्वास को प्रतिकूल रूप से प्रभावित कर सकता है। यह विशेष रूप से संकीर्ण सामाजिक-आर्थिक स्थितियों में गंभीर है जहाँ स्कूल के बाहर स्कूली भाषा के बारे में बहुत कम जानकारी होती है। यह तब और बढ़ जाता है जब बच्चों की संस्कृति, उनकी भाषा के साथ, कक्षाओं से पूरी तरह से बाहर कर दी जाती है।

भारत बहुभाषी और बहुजातीय देश है। भारत में भाषा की स्थितियाँ एक मोज़ेक की तरह हैं जिसमें आश्चर्यजनक विविधता वाले भाषण पैटर्न हैं जो 'जैविक बहुलवाद' में एक साथ बुने जाते हैं। आम तौर पर अलग-अलग जगहों पर अलग-अलग भाषण पैटर्न के साथ भाषा लेबल जोड़ना मुश्किल होता है। इस बात पर बहुत कम सहमति है कि किन भाषाओं को 'भाषाएँ' कहा जाए और किन्हें 'बोलियाँ' के रूप में वर्गीकृत किया जाए और क्यों। भारतीय आबादी का एक महत्वपूर्ण हिस्सा बहुभाषी है-भले ही अन्य भाषाओं का उनका भंडार सीमित हो; जीवन के विभिन्न क्षेत्रों

में विभिन्न भाषाओं का उपयोग किया जाता है; ऐसी कई 'संपर्क' भाषाएँ हैं जिनका उपयोग अंतरसमूह संचार में किया जाता है, जो अक्सर अन्य भाषाओं की संकर भाषाएँ होती हैं; भाषा में निरंतर परिवर्तन हो रहे हैं; देश के अधिकांश हिस्सों में. भाषा समावेशन हो रहा है जिसके परिणामस्वरूप समरूपीकरण बढ़ रहा है, विशेष रूप से कई आदिवासी क्षेत्रों में: कई समुदायों के बीच कई डिग्लोसिक पैटर्न हैं, उदाहरण के लिए, माता-पिता अपने बच्चों के साथ बात करते समय क्षेत्रीय भाषा का उपयोग करते हैं, जबकि अपने बुजुर्गों के साथ अपनी पैतृक भाषा का उपयोग करते हैं। इस प्रकार, दक्षिण एशिया के कई अन्य देशों की तरह, भाषा के उपयोग के पैटर्न जटिल और पकड़ने में कठिन हैं और भाषण पैटर्न का दस्तावेजीकरण करने का कोई भी प्रयास एक जटिल अभ्यास है।

भारत में शिक्षा प्रणाली अब तक देश में जटिल सांस्कृतिक और भाषाई विविधता का जवाब देने में सक्षम नहीं रही है। शिक्षा में भाषा नीतियों ने कुछ मानकीकृत समाधान प्रदान करने का प्रयास किया है, हालांकि इसे भारतीय संदर्भ में और अन्वेषण की आवश्यकता है।

शिक्षार्थियों की सामाजिक-सांस्कृतिक बहुलता में विविधता

(Diversity in the socio-cultural plurality of learners)

समावेशी समाज का दूसरा आयाम सांस्कृतिक विविधता के प्रति सहिष्णुता और उसकी सराहना है। इसमें ऐसे समाज शामिल हैं जो पहचान की बहुलता और विविध अभिव्यक्तियों का जश्न मनाते हैं। विविधता का जश्न मनाने की प्रक्रिया में समाज के सदस्यों के बीच मतभेदों को पहचानने और पुष्टि करने की गुंजाइश होती है,

जो समाज को लोगों को लेबल करने, वर्गीकृत करने से हटकर अधिक समावेशी नीतियों की ओर ले जाने में सक्षम बनाती है। साथ ही, विचारों की विविधता को सक्षम करना समाज के विकास के लिए महत्वपूर्ण नियंत्रण और संतुलन प्रदान करता है, साथ ही प्रत्येक प्रवचन में विविध विचारों की अधिकतम मात्रा को प्रवेश की अनुमति देता है। हम यह भी जानते हैं कि एक व्यक्तिगत शिक्षार्थी की संस्कृति, पारिवारिक पृष्ठभूमि और सामाजिक आर्थिक स्तर उसके सीखने को प्रभावित करते हैं। जिस संदर्भ में कोई व्यक्ति बढ़ता और विकसित होता है, उसका सीखने पर महत्वपूर्ण प्रभाव पड़ता है। इन मान्यताओं, सिद्धांतों और सिद्धांतों का हमारे स्कूलों में प्रत्येक छात्र के लिए सफलता के अवसरों पर महत्वपूर्ण प्रभाव पड़ता है। सांस्कृतिक टकराव के कारण अक्सर छात्रों को स्कूल में संघर्ष करना पड़ता है, और फिर भी अगर उनकी व्यक्तिगत शक्तियों को महत्व दिया जाए, सम्मान दिया जाए और बढ़ावा दिया जाए, तो इससे उन्हें सफलता मिलेगी और उनका आत्मविश्वास बढ़ेगा।

हम जानते हैं कि संस्कृति और शिक्षा महत्वपूर्ण तरीकों से जुड़े हुए हैं। प्रारंभिक जीवन के अनुभव और किसी व्यक्ति की संस्कृति के मूल्य सीखने की अपेक्षाओं और प्रक्रियाओं दोनों को प्रभावित करते हैं। यह महत्वपूर्ण है क्योंकि हमें स्कूल में प्रत्येक शिक्षार्थी को सफल होने में मदद करने के लिए सभी जानकारी की आवश्यकता है, और क्योंकि सीखने की प्रक्रिया की गहरी समझ को पाठ्यक्रम और अनुदेशात्मक निर्णयों के लिए एक रूपरेखा प्रदान करनी चाहिए।

शिक्षा इस क्षेत्र में एक महत्वपूर्ण भूमिका निभाती है, क्योंकि यह अपने और दूसरों के इतिहास और संस्कृति को सीखने का अवसर

प्रदान कर सकती है, जिससे अन्य समुदायों, संस्कृतियों और धर्मों की समझ और सराहना विकसित हो सकती है। विशेष रूप से युवा लोगों के लिए, शिक्षा लोकतंत्र के व्यापक लक्ष्य को प्राप्त करने में सामाजिक-सांस्कृतिक बहुलता के सम्मान और सराहना के ऐसे मूल्यों को स्थापित करने का अवसर प्रदान करती है।

समावेशी शिक्षा के सिद्धांत: पहुंच, समानता, प्रासंगिकता, भागीदारी और सशक्तिकरण

(Principles of Inclusive Education: Access, Equity, Relevance, Participation and Empowerment)

समावेशी शिक्षा की अवधारणा

(The concept of inclusive education)

समावेशन को सीखने, संस्कृतियों और समुदायों में भागीदारी बढ़ाने और शिक्षा के भीतर और बाहर बहिष्कार को कम करने के माध्यम से सभी शिक्षार्थियों की आवश्यकताओं की विविधता को संबोधित करने और प्रतिक्रिया देने की प्रक्रिया के रूप में देखा जाता है। इसमें सामग्री, दृष्टिकोण, संरचनाएं और रणनीतियों में परिवर्तन और संशोधन शामिल हैं, एक सामान्य दृष्टिकोण के साथ जो उचित आयु सीमा के सभी बच्चों को कवर करता है और एक दृढ़ विश्वास है कि सभी बच्चों को शिक्षित करना नियमित प्रणाली की जिम्मेदारी है।

समावेशन शिक्षा का संबंध औपचारिक, अनौपचारिक और गैर-औपचारिक शैक्षिक सेटिंग्स में सीखने की जरूरतों के व्यापक स्पेक्ट्रम के लिए उचित प्रतिक्रिया प्रदान करने से है, न कि इस मुद्दे पर कि कैसे कुछ शिक्षार्थियों को मुख्यधारा की शिक्षा में एकीकृत किया जा सकता है। यह एक ऐसा दृष्टिकोण है जो इस

बात पर ध्यान देता है कि शिक्षार्थियों की विविधता पर प्रतिक्रिया देने के लिए शिक्षा प्रणालियों और अन्य शिक्षण वातावरणों को कैसे बदला जाए। इसका उद्देश्य शिक्षकों और शिक्षार्थियों दोनों को विविधता के साथ सहज महसूस करने और इसे एक समस्या के बजाय एक चुनौती और सीखने के माहौल के संवर्धन के रूप में देखने में सक्षम बनाना है। समावेशन सामान्य शिक्षा में जब भी संभव हो दिव्यांग व्यक्तियों (शारीरिक, सामाजिक और/या भावनात्मक) की समान भागीदारी के अवसर प्रदान करने पर जोर देता है, लेकिन जिन लोगों को इसकी आवश्यकता होती है उनके लिए विशेष सहायता और सुविधाओं के लिए व्यक्तिगत पसंद और विकल्पों की संभावना को खुला छोड़ देता है।

विशेष रूप से, शिक्षा में समावेशन की अवधारणा में चार प्रमुख तत्व दृढ़ता से शामिल हुए हैं। वे इस प्रकार हैं:

- समावेशन एक 'प्रक्रिया' है. कहने का तात्पर्य यह है कि शिक्षा में समावेशन को विविधता पर प्रतिक्रिया देने के बेहतर तरीके खोजने की कभी न खत्म होने वाली खोज के रूप में देखा जाना चाहिए। यह यह सीखने के बारे में है कि अंतर के साथ कैसे जीना है और अंतर से कैसे सीखना है। इस तरह, सभी बच्चों और वयस्कों के बीच सीखने को बढ़ावा देने के लिए मतभेदों को अधिक सकारात्मक रूप से देखा जाने लगा है।
- इसका संबंध 'बाधाओं की पहचान करने और उन्हें दूर करने' से है। परिणामस्वरूप, इसमें नीति और व्यवहार में सुधार की योजना बनाने के लिए विभिन्न प्रकार के स्रोतों से जानकारी एकत्र करना, एकत्र करना और मूल्यांकन करना शामिल है। यह सभी शिक्षार्थियों की

रचनात्मकता और समस्या-समाधान को प्रोत्साहित करने के लिए विभिन्न प्रकार के साक्ष्यों का उपयोग करने के बारे में है।

➢ यह 'सभी विद्यार्थियों' की उपस्थिति, भागीदारी और उपलब्धि के बारे में है। यहां 'उपस्थिति' का संबंध इस बात से है कि बच्चों को कहां शिक्षा दी जाती है, और वे कितनी विश्वसनीय और समयबद्धता से उपस्थित होते हैं; 'भागीदारी' उनके वहां रहने के दौरान उनके अनुभवों की गुणवत्ता से संबंधित है और इसलिए, इसमें शिक्षार्थियों के स्वयं के विचारों को शामिल किया जाना चाहिए; और 'उपलब्धि' पूरे पाठ्यक्रम में सीखने के परिणामों के बारे में है, न कि केवल परीक्षण या परीक्षा परिणामों के बारे में।

➢ इसमें शिक्षार्थियों के उन समूहों पर विशेष जोर दिया जाता है जिन्हें हाशिए पर जाने, बहिष्करण या कम उपलब्धि का खतरा हो सकता है।' यह यह सुनिश्चित करने की नैतिक जिम्मेदारी को इंगित करता है कि उन समूहों की सावधानीपूर्वक निगरानी की जाती है जो सांख्यिकीय रूप से सबसे अधिक 'जोखिम में' हैं, और जहां आवश्यक हो, शिक्षा प्रणाली में उनकी उपस्थिति, भागीदारी और उपलब्धि सुनिश्चित करने के लिए कदम उठाए जाते हैं।

समावेशी शिक्षा के सिद्धांत

(Principles of Inclusive Education)

सोशल गुड समिट (यूएन फाउंडेशन, 2014) ने परिभाषित किया कि सामाजिक एकीकरण का उद्देश्य एक समावेशी समाज का

निर्माण करना है, जिसमें प्रत्येक व्यक्ति, प्रत्येक के पास अधिकार और जिम्मेदारियां हैं, को सक्रिय भूमिका निभानी है। लेकिन क्या चीज़ कुछ समाजों को दूसरों की तुलना में अधिक समावेशी बनाती है? व्यावहारिक रूप से एक समावेशी समाज बनाने और बनाए रखने के लिए महत्वपूर्ण तत्व क्या हैं?

एक समावेशी समाज मानवाधिकारों के मौलिक मूल्य पर आधारित है। यदि सभी मनुष्य स्वतंत्र पैदा हुए हैं और सम्मान और अधिकारों में समान हैं। वे तर्क और विवेक से संपन्न हैं और उन्हें एक-दूसरे के प्रति भाईचारे की भावना से काम करना चाहिए।" यह एक ऐसा समाज है जिसमें सभी सदस्य, उनकी पृष्ठभूमि की परवाह किए बिना, नागरिक, सामाजिक, आर्थिक और राजनीतिक गतिविधियों में भाग लेने के लिए प्रेरित करने में सक्षम हैं। ऐसा होने के लिए, कानूनी, नियामक और नीतिगत ढांचे को समावेशी होना चाहिए, और कार्यान्वयन के सभी क्षेत्रों में न्यायसंगत और समावेशी प्रक्रियाओं को बनाए रखना और बढ़ावा देना चाहिए, ताकि बुनियादी शिक्षा, सार्वजनिक स्थान, सुविधाओं और जानकारी तक समान पहुंच सुनिश्चित हो, और विविधता और सांस्कृतिक बहुलवाद का सम्मान और समायोजन किया जाता है।

पूर्व-आवश्यकता के रूप में, राष्ट्रीय और अंतर्राष्ट्रीय दोनों स्तरों पर सभी मानवाधिकारों, स्वतंत्रता और कानून के शासन के लिए सम्मान मौलिक है। समाज के प्रत्येक सदस्य के साथ, चाहे उसके आर्थिक संसाधन, राजनीतिक स्थिति या सामाजिक प्रतिष्ठा कुछ भी हो, कानून के तहत समान व्यवहार किया जाना चाहिए। कानूनी उपकरण मार्गदर्शक सिद्धांतों को सुनिश्चित करते हैं जो सभी नागरिकों के लिए समानता, न्याय और समान अवसरों की गारंटी देंगे। मानवाधिकारों का उल्लंघन करने वालों को न्याय के

दायरे में लाया जाना चाहिए। न्यायपूर्ण समाजों की रक्षा करने वाली न्यायपालिका को निष्पक्ष, जवाबदेह और समावेशी होना चाहिए। समाज में समावेश की भावना और भागीदारी का माहौल बनाने के लिए सभी व्यक्तियों और उनके रहने के माहौल की सुरक्षा बनाए रखना सर्वोपरि है। समावेशी शिक्षा के प्रमुख सिद्धांत नीचे दिये गये हैं:

अभिगम:

(Approach:)

सर्व-समावेशी भागीदारी को प्रोत्साहित करने के लिए, सार्वजनिक बुनियादी ढांचे और सुविधाओं (जैसे शिक्षा, सामुदायिक केंद्र, मनोरंजन सुविधाएं, सार्वजनिक पुस्तकालय, संसाधन केंद्र, इंटरनेट सुविधाओं के साथ, अच्छी तरह से बनाए गए सार्वजनिक स्कूल, क्लीनिक, पानी की आपूर्ति) तक सार्वभौमिक पहुंच होनी चाहिए , स्वास्थ्य और स्वच्छता)। ये बुनियादी सेवाएँ हैं जो, आंशिक रूप से या पूरी तरह से लागू होने पर, लोगों के लिए ऐसी स्थितियाँ पैदा करेंगी जिनमें उन्हें वहन करने में असमर्थ होने के दर्दनाक परिणाम न भुगतने के कारण अपनेपन की भावना होगी। जब तक सुविधा प्राप्त और वंचित दोनों को इन सार्वजनिक सुविधाओं और सेवाओं तक समान पहुंच या लाभ मिलता है, तब तक वे सभी सामाजिक-आर्थिक स्थिति में अपने अंतर के कारण कम बोझ महसूस करेंगे, जिससे बहिष्कार या निराशा की संभावित भावना कम हो जाएगी। हालाँकि, यह ध्यान रखना महत्वपूर्ण है कि केवल पहुंच ही सार्वजनिक सुविधाओं के उपयोग को सुनिश्चित नहीं करती है, क्योंकि समुदायों और घरों के भीतर असमान संबंध कमजोर समूहों द्वारा सुविधाओं के उपयोग को बाधित कर सकते हैं।

इसलिए असमान शक्ति संबंधों को संबोधित करना भागीदारी बढ़ाने के लिए एक आवश्यक कदम है।

इसी प्रकार, सार्वजनिक सूचना तक समान पहुंच एक समावेशी समाज बनाने में महत्वपूर्ण भूमिका निभाती है, क्योंकि यह समाज के सुविज्ञ सदस्यों के साथ लोकप्रिय भागीदारी को संभव बनाएगी। समाज से संबंधित जानकारी, जैसे कि किसी समुदाय के पास क्या है, वह क्या उत्पन्न करती है या उससे लाभ उठाती है, सभी को उपलब्ध करायी जानी चाहिए। सामुदायिक गतिविधियों की योजना, कार्यान्वयन और मूल्यांकन में सभी वर्गों और पृष्ठभूमियों के स्वीकृत प्रतिनिधित्व के माध्यम से सामूहिक भागीदारी की मांग की जानी चाहिए। प्रकाशन या सूचना साझा करने और समुदाय की गतिविधियों की पहुंच बढ़ाने से संदेह और संदेह खत्म हो जाएंगे जो अन्यथा बहिष्कार की भावना पैदा कर सकते हैं। समाज के सदस्यों को शिक्षित और जागरूक करने के लिए जनसंचार माध्यमों का उपयोग एक प्रभावी उपकरण के रूप में किया जा सकता है।

समता:

धन और संसाधनों के वितरण में समानता समावेशी समाज का एक और महत्वपूर्ण तत्व है। संसाधनों का आवंटन और उपयोग कैसे किया जाता है, यह समाज के उन्मुखीकरण को महत्वपूर्ण रूप से प्रभावित करेगा, या तो एक अधिक एकीकृत, समावेशी समाज की ओर, या एक विशिष्ट, ध्रुवीकृत और विघटित समाज की ओर। इसलिए, सामाजिक-आर्थिक नीतियों को समान वितरण और समान अवसरों के प्रबंधन की दिशा में तैयार किया जाना चाहिए। सार्वजनिक स्वास्थ्य सहित सभी क्षेत्रों/सेक्टरों में ऐसी समावेशी नीतियां, निर्देश और कार्यक्रम लागू किए जाने की

जरूरत है जो कम सुविधा प्राप्त और कमजोर लोगों के प्रति संवेदनशील हों और उन्हें पूरा करें। यह प्रदर्शित करने के लिए कि क्या समावेशिता वास्तव में हासिल की गई थी, साथ ही सुधार के क्षेत्रों पर प्रकाश डालने के लिए एक मजबूत निगरानी और मूल्यांकन उपकरण की आवश्यकता है।

प्रासंगिकता:

- शिक्षा में समावेशन का संबंध सभी शिक्षार्थियों की शिक्षा की गुणवत्ता से है।
- इसलिए, इसकी प्रासंगिकता इस प्रकार होनी चाहिए:
- शिक्षार्थियों को उन निर्णयों में आवाज उठानी चाहिए जो उन्हें प्रभावित करते हैं;
- मूल्यांकन में - वे जो जानते हैं, समझते हैं और कर सकते हैं उसे दिखाने के विभिन्न तरीकों को चुनना, मूल्यांकन जानकारी के बारे में चर्चा में शामिल होना और यह भविष्य में सीखने में कैसे सहायता कर सकता है;
- सीखने की प्रक्रिया में - जानकारी तक पहुँचने, उसे सार्थक बनाने और स्वयं को अभिव्यक्त करने के विभिन्न तरीके अपनाना;
- उनके सीखने की योजना बनाते समय, व्यक्तिगत कारकों को ध्यान में रखना;
- सीखने में आने वाली बाधाओं को दूर करने के लिए सहायता के प्रावधान में जो उन्हें कलंकित न करे या उन्हें अपने साथियों से अलग न करे;
- पाठ्यक्रम में - प्रासंगिक, सार्थक, वैयक्तिकृत परिणामों पर अपनी राय रखना;

- शैक्षिक उपलब्धि और कल्याण सुनिश्चित करने के लिए सीखने के परिणामों का मूल्यांकन करना।
- सभी शिक्षार्थी विद्यालय और समुदाय के जीवन में सक्रिय भागीदार होने के हकदार हैं;
- सभी शिक्षार्थियों को स्कूल के माहौल में अपनेपन की भावना होनी चाहिए और सुरक्षित महसूस होना चाहिए;
- सामाजिक और संचार कौशल विकसित करने के लिए शिक्षार्थियों के पास लचीले सहकर्मी समूहों के साथ सहयोग और सहकारी सीखने के अवसर होने चाहिए;
- शिक्षार्थियों को पाठ्येतर और स्कूल से बाहर की गतिविधियों में पूरा हिस्सा लेना चाहिए;

एक समावेशी व्यवस्था में, सभी शिक्षकों को अलग-अलग क्षमता और सामाजिक-सांस्कृतिक पृष्ठभूमि वाले लोगों के प्रति सकारात्मक दृष्टिकोण रखना चाहिए। उन्हें विविधता को अपने सीखने के लिए ताकत और प्रोत्साहन के रूप में देखना चाहिए।

भागीदारी:

सामाजिक भागीदारी को समाज की गतिविधियों में संलग्न होने के कार्य के रूप में समझा जाता है। यह निर्णयों को प्रभावित करने और निर्णय लेने की प्रक्रियाओं तक पहुंच की संभावना को संदर्भित करता है। सामाजिक भागीदारी व्यक्तियों के बीच आपसी विश्वास पैदा करती है, जो समुदाय और समाज के प्रति साझा जिम्मेदारियों का आधार बनती है।

भागीदारी सबसे महत्वपूर्ण है क्योंकि यह प्रक्रिया में सक्रिय भागीदारी को दर्शाती है, न केवल समाज की गतिविधियों तक पहुंच रखती है, बल्कि उनमें शामिल होती है, और एक सामाजिक

नेटवर्क का निर्माण और रखरखाव करती है। भागीदारी दूसरों, एक समुदाय या संस्था के प्रति जिम्मेदारी की भावना भी पैदा करती है और निर्णयों को प्रभावित करती है या व्यक्तियों को निर्णय लेने की प्रक्रियाओं तक पहुंच बनाने में सक्षम बनाती है।

इसलिए, सामाजिक गतिविधियों के सभी पहलुओं में पूरी तरह से भाग लेने के संसाधन सफल सामाजिक समावेशन के लिए अंतिम कदम हैं। ऐसा न केवल वित्तीय संसाधनों की कमी के कारण होता है कि लोग भाग लेने में असमर्थ होते हैं, या भाग लेना बंद कर देते हैं, बल्कि अपर्याप्त समय या ऊर्जा, स्थानिक दूरी, मान्यता की कमी, सम्मान की कमी, भौतिक स्थितियों या बाधाओं जैसी स्थितियों के कारण भी ऐसा होता है। इन सभी तत्वों को ध्यान में रखना आवश्यक है।

सशक्तिकरण:

(Empowerment):

विश्व बैंक डीएलएसएबिलिटी ग्रुप (2011) की हालिया रिपोर्ट के अनुसार, "शिक्षा को व्यापक रूप से मानव पूंजी विकसित करने, आर्थिक प्रदर्शन में सुधार करने और व्यक्तिगत क्षमताओं को बढ़ाने और नागरिकता की स्वतंत्रता का आनंद लेने के साधन के रूप में देखा जाता है।" इस संदर्भ में, इसलिए, सशक्तिकरण का अर्थ है "अपने स्वयं के जीवन के अवसरों की जिम्मेदारी लेने के लिए आवश्यक जागरूकता और कौशल प्राप्त करना। यह व्यक्तियों (और समूहों) को अपने स्वयं के निर्णय लेने की क्षमता को सुविधाजनक बनाने के बारे में है और अब तक की तुलना में काफी हद तक, अपने भाग्य को स्वयं आकार देने के लिए।" कुछ शैक्षणिक सिद्धांतकार इस अवधारणा को फ्रेयर (1970) की

"उत्पीड़न और शोषण के बिना जीवन के लिए सामूहिक संघर्ष" और छात्रों और शिक्षकों की 'आवाज़' की अभिव्यक्ति से जोड़ते हैं जो विभिन्न स्तरों पर मुक्ति प्रदान कर सकती है। इन दिशानिर्देशों में सशक्तीकरण की यही समझ निहित है।

सामाजिक परिवर्तन के लिए आत्म-निर्माण की आवश्यकता होती है। पाठ्यक्रम सहिष्णुता को बढ़ावा देने और मानवाधिकारों को बढ़ावा देने में महत्वपूर्ण भूमिका निभा सकता है। यह वह साधन है जिसके द्वारा बच्चों में व्यक्तियों की गरिमा के प्रति सम्मान और राष्ट्रीय और वैश्विक नागरिकों के रूप में जिम्मेदारियों के बारे में जागरूकता पैदा की जाती है। ऐसा ज्ञान सांस्कृतिक, धार्मिक और अन्य विविधताओं को पार करने और शिक्षकों, छात्रों और समाज के सभी सदस्यों को सशक्त बनाने के लिए एक शक्तिशाली उपकरण हो सकता है। इसके अलावा, शिक्षा एक महत्वपूर्ण साधन है जिसके माध्यम से आर्थिक और सामाजिक रूप से हाशिए पर रहने वाले वयस्कों और। बच्चों को अपने जीवन के अवसरों को बदलने और अपने समुदायों में अधिक सक्रिय रूप से भाग लेने के साधन प्राप्त करने के लिए सशक्त बनाया जा सकता है।

विश्व बैंक के अनुसार, "बहिष्कृत समूहों की शिक्षा तक पहुंच बढ़ाने वाले कार्यक्रमों ने समुदाय के सदस्यों और सरकारी नेताओं के बीच उन योगदानों के बारे में मानसिकता में महत्वपूर्ण बदलाव लाए हैं जो वे समूह समाज में कर सकते हैं।"

यह वह जगह है जहां सभी शिक्षार्थियों के लिए समावेशन की दिशा में आगे बढ़ने के लिए परिवर्तन प्रक्रियाएं और सशक्तिकरण साथ-साथ चलते हैं।

पारंपरिक दृष्टिकोण बनाम समावेशी दृष्टिकोण:

(Traditional Approach vs Inclusive Approach):

शिक्षा में पारंपरिक और समावेशी दृष्टिकोण के बीच तुलना नीचे दी गई है:

पारंपरिक दृष्टिकोण समावेशी दृष्टिकोण:

Traditional Approach Inclusive Approach:

पारंपरिक दृष्टिकोण	समावेशी दृष्टिकोण
1. कुछ लोगों के लिए शिक्षा,	1. सभी के लिए शिक्षा,
2. स्थिर,	2. लचीला,
3. सामूहिक शिक्षण,	3. व्यक्तिवादी शिक्षण,
4. अलग-अलग क्षेत्रों में सीखना,	4. एकीकृत क्षेत्रों में सीखना,
5. विषय-केन्द्रित शिक्षण पर जोर,	5. बाल केन्द्रित शिक्षण पर जोर,
6. दानात्मक/निर्देशात्मक,	6. समग्र
7. बहिष्करण द्वारा सीमित अवसर,	7. सभी के लिए अवसरों की समानता,
8. दिव्यांगता दृश्य,	8. पाठ्यचर्या दृष्टिकोण,
9. बच्चों को दिव्यांगता के अनुसार लेबल करें।	9. योजना क्षमता के स्तर पर बनाई जाती है और बच्चों पर सभी प्रकार के लेबलिंग का विरोध करती है।

समावेशी शिक्षा में बाधाएँ: व्यवहारिक, शारीरिक और निर्देशात्मक

(Barriers to Inclusive Education: Behavioral, Physical and Instructional)

समावेशी शिक्षा में बाधाएँ

(Barriers to Inclusive Education)

समावेशी शिक्षा पर चर्चा 'दिव्यांगता के सामाजिक मॉडल' के प्रस्ताव के साथ शुरू हुई, जो दिव्यांगता को परिभाषित करने वाले अंतिम कारकों के रूप में प्रणालीगत बाधाओं, नकारात्मक दृष्टिकोण और समाज द्वारा बहिष्कार (जानबूझकर या अनजाने में) का प्रस्ताव करती है। इस विचार में यह बदलाव तब आया जब यह महसूस किया गया कि विशेष स्कूलों में बच्चों को भौगोलिक रूप से उनके साथियों से अलग-थलग और सामाजिक रूप से असामाजिक माना जाता है और वे छात्रों को मुख्यधारा के स्कूलों (एकीकरण) में सार्थक रूप से एकीकृत करने में विफल रहे हैं। समावेशी शिक्षा न केवल विशेष आवश्यकताओं वाले शिक्षार्थियों को मुख्यधारा में लाने तक ही सीमित है, बल्कि शिक्षा में प्रभावी/निरंतर और गुणवत्तापूर्ण भागीदारी के लिए सभी बाधाओं को पहचानने और दूर करने से भी संबंधित है।

हालाँकि हम समावेशी शिक्षा के महत्व को नज़रअंदाज़ नहीं कर सकते, लेकिन यह अनुत्तरित है कि समावेशी शिक्षा का अभ्यास कुछ समस्याएँ क्यों पेश कर रहा है। ऐसा प्रतीत होता है कि यह सरकारी नीति के स्तर पर नहीं बल्कि कार्यान्वयन के स्तर पर है। जबकि नीति में कहा गया है कि सभी बच्चों को स्कूल जाना चाहिए - और सरकारें इस नियम को लागू कर रही हैं - कई मामलों में

गुणवत्तापूर्ण शिक्षा नहीं हो रही है, जो समावेशी शिक्षा के लोकाचार के विपरीत है। भारत में समावेशी शिक्षा के कार्यान्वयन न होने का कारण विभिन्न बाधाएँ हैं जो जोहान (2002) के अनुसार बाहरी और आंतरिक दोनों हैं। स्कूलों में आने और दाखिला लेने से पहले बाहरी बाधाओं का सामना करना पड़ता है, जिसमें स्कूलों की भौतिक स्थिति, स्कूल की अनुपलब्धता, सामाजिक कलंक या शिक्षार्थियों की आर्थिक स्थिति शामिल है। आंतरिक बाधाएँ ज्यादातर मनोवैज्ञानिक बाधाएँ हैं जैसे आत्म-अवधारणा, आत्मविश्वास आदि जो कभी-कभी बाहरी कारकों द्वारा लगाई जाती हैं और आंतरिक बाधाओं को दूर करने के लिए पहला कदम बाहरी बाधाओं को दूर करना है। निम्नलिखित कुछ बाहरी बाधाएँ हैं:

मनोवृत्ति:

यह देखा गया है कि दिव्यांग छात्र शारीरिक बदमाशी, या भावनात्मक बदमाशी से पीड़ित होते हैं। इन नकारात्मक दृष्टिकोणों के परिणामस्वरूप सामाजिक भेदभाव होता है और इस प्रकार, अलगाव होता है, जो समावेशन में बाधाएँ पैदा करता है। दिव्यांग बच्चों के संबंध में कुछ क्षेत्रों में अभी भी स्थापित मान्यताएँ कायम हैं कि विकलांगों को शिक्षित करना व्यर्थ है। यहां यह जानकर दुख होता है कि ये बाधाएं हमारे समाज के कारण उत्पन्न होती हैं, जो किसी विशेष चिकित्सा हानि के लिए अधिक गंभीर है। बहिष्कार से उत्पन्न अलगाव वास्तविक शिक्षा के दरवाजे बंद कर देता है।

ज्ञान की कमी के कारण अक्सर नकारात्मक दृष्टिकोण विकसित होता है। दिव्यांगता या स्थिति के बारे में जानकारी के साथ-साथ, उनकी आवश्यकताओं को साथियों, स्कूल स्टाफ और शिक्षकों को

भी प्रदान किया जाना चाहिए। मेलों, बैठकों, चर्चाओं आदि के आयोजन के माध्यम से विशेष आवश्यकता वाले शिक्षार्थियों और समुदाय के बीच बातचीत बढ़ाना, इन शिक्षार्थियों के माता-पिता, विशेष रूप से ग्रामीण क्षेत्रों में आत्मनिर्भर व्यक्तियों के विकास के लिए शिक्षा प्रदान करने के महत्व के बारे में परामर्श देने में बहुत महत्वपूर्ण भूमिका निभा सकता है। दृष्टिकोण और मूल्यों में बदलाव की भी आवश्यकता है ताकि विविधता की सराहना की जा सके और शिक्षकों को 'सभी बच्चों, जिनमें अलग-अलग सीखने की ज़रूरत वाले बच्चे भी शामिल हैं, को गुणवत्तापूर्ण शिक्षा प्रदान करने के लिए कौशल दिया जाए।' साथ ही, नीति स्तर पर सभी को दिव्यांगता के बारे में शिक्षित करना अनिवार्य होना चाहिए, ताकि दिव्यांगता का सम्मान करने वाले संवेदनशील व्यक्तियों का विकास किया जा सके।

भौतिक :

दैनिक आधार पर शिक्षार्थियों द्वारा सामना की जाने वाली व्यवहार संबंधी बाधाओं के साथ-साथ, एक और महत्वपूर्ण बाधा, भौतिक बाधाएँ हैं, जिनमें स्कूल भवन, खेल के मैदान, शौचालय, पुस्तकालय, प्रयोगशाला आदि शामिल हैं। इसके अलावा, स्कूलों की प्रमुखता भौतिक बाधाएँ हैं। खराब इमारतों के कारण, विशेषकर ग्रामीण क्षेत्रों में, यह कई शिक्षार्थियों के लिए पहुंच से बाहर है। चूंकि अधिकांश स्कूल विशेष जरूरतों को पूरा करने के लिए सुसज्जित नहीं हैं, जिससे शिक्षार्थियों के लिए शारीरिक रूप से स्कूल में प्रवेश में बाधा उत्पन्न होती है, कई छात्रों को व्यक्तिगत देखभाल या उपचारात्मक शिक्षा प्रयासों जैसी बुनियादी गतिविधियों के लिए एक निजी सहायक की आवश्यकता होती है। अधिकांश स्कूल भवन इन शिक्षार्थियों की आवश्यकताओं को

ठीक से पूरा नहीं करते हैं। उदाहरण के लिए, यदि कोई रैंप है, तो कभी-कभी यह बहुत अधिक खड़ी होती है, अक्सर दरवाजे इतने भारी होते हैं कि छात्र बिना सहायता के नहीं खोल पाते, जिससे पहुंच में बाधा आती है।

इसलिए, स्कूलों में समावेशी शिक्षा को लागू करने के लिए ऐसी भौतिक बाधाओं को दूर करना महत्वपूर्ण है। वास्तुशिल्प डिजाइनों में बुनियादी बदलावों जैसे कि दरवाजों को चौड़ा करना, अनावश्यक दरवाजे हटाना, उचित रैंप स्थापित करना, दरवाजे खोलने के लिए मोशन सेंसर, शौचालयों को फ्लश करना और दरवाजे के माध्यम से आसान पहुंच के लिए स्वचालित दरवाजा बटन के रूप में प्रौद्योगिकी का उपयोग किया जा सकता है। वॉयस रिकग्निशन तकनीक का उपयोग उपर्युक्त कई बाधाओं को सक्रिय करने के लिए भी किया जा सकता है। चूंकि, शिक्षा में बुनियादी जरूरतों को पूरा करने के लिए संसाधनों की अपर्याप्तता है, इसलिए यह अनुमान लगाया गया है कि समावेशी शिक्षा लक्ष्य को प्राप्त करने के लिए सरकारों से अतिरिक्त वित्तीय सहायता की आवश्यकता होगी।

अनुदेशात्मक :

अनुदेशात्मक बाधाएँ सामान्य स्कूलों में किए गए शिक्षण और प्रशासनिक प्रथाओं की अपर्याप्तता को संदर्भित करती हैं जिन्हें समावेशी बनने के लिए चुना गया था या चुना जा रहा है।

निम्नलिखित सिद्धांतों का अभ्यास करके शिक्षण संबंधी बाधाओं को दूर किया जा सकता है:

(i) विलक्षणता - प्रत्येक छात्र अद्वितीय है; इस अर्थ में, स्कूल को छात्र और/या उसके परिवार के साथ मिलकर व्यक्तिगत लक्ष्य निर्धारित करने की आवश्यकता है;

(ii) विविध बुद्धिमत्ता - शिक्षक को, अपने संबंधित अनुशासन की सामग्री पढ़ाते समय, प्रत्येक छात्र के संपूर्ण मस्तिष्क को उत्तेजित करने और उपयोग करने की आवश्यकता होती है;

(iii) सीखने की शैली - शिक्षक को, अपने पाठों की योजना बनाते समय, प्रत्येक छात्र की सीखने की विशिष्टताओं पर ध्यान देने की आवश्यकता होती है;

(iv) सीखने के मूल्यांकन के लिए स्कूल को स्वत्व पर आधारित प्रणाली को अपनाने की जरूरत है (प्रत्येक छात्र के मूल्यांकन की तुलना उसी छात्र के अन्य आकलन से करें, अन्य छात्रों के नहीं), निरंतरता पर (सभी कक्षाएं सीखने के प्रमाण के रूप में काम करती हैं) और समावेशन पर (मूल्यांकन को छात्र को शामिल करने में मदद करनी चाहिए न कि बाहर करने में);

(v) सुसंगतता - पूरे स्कूल को समावेशी दृष्टिकोण अपनाने की आवश्यकता है: शिक्षकों और कर्मचारियों को समावेशी शिक्षा पर समय-समय पर प्रशिक्षण से गुजरना होगा। अलगाव होता है, जो समावेशन में बाधाएँ पैदा करता है। दिव्यांग बच्चों के संबंध में कुछ क्षेत्रों में अभी भी स्थापित मान्यताएँ कायम हैं कि विकलांगों को शिक्षित करना व्यर्थ है। यहां यह जानकर दुख होता है कि ये बाधाएं हमारे समाज के कारण उत्पन्न होती हैं, जो अधिक गंभीर है|

वस्तुनिष्ठ प्रश्न (Objective Questions)

समावेशी शिक्षा के कौन-कौन से सिद्धांत हैं?

a) पहुंच

b) समता

c) प्रासंगिकता

d) उपरोक्त सभी

उत्तर: d) उपरोक्त सभी

हाशियाकरण का क्या अर्थ है?

a) मुख्य धारा में शामिल करना

b) समाज के हाशिए पर रखना

c) आर्थिक सहायता प्रदान करना

d) शिक्षा प्रदान करना

उत्तर: b) समाज के हाशिए पर रखना

विशेष आवश्यकता वाले बच्चों की शिक्षा में कौन सा परिवर्तन सबसे पहले आया?

a) समावेशन

b) एकीकरण

c) पृथक्करण

d) समर्थन

उत्तर: c) पृथक्करण

समावेशी शिक्षा में किस प्रकार की बाधाएँ होती हैं?

a) मनोवृत्ति

b) भौतिक

c) अनुदेशात्मक

d) उपरोक्त सभी

उत्तर: d) उपरोक्त सभी

कक्षा में विविधता किस प्रकार की होती है?

a) सीखने की शैलियाँ

b) भाषाई

c) सामाजिक-सांस्कृतिक

d) उपरोक्त सभी

उत्तर: d) उपरोक्त सभी

लघु उत्तरीय प्रश्न (Short Answer Questions)

i. हाशियाकरण और समावेशन में क्या अंतर है?
ii. समावेशी शिक्षा के मुख्य सिद्धांत कौन-कौन से हैं?
iii. विशेष आवश्यकता वाले बच्चों के एकीकरण का क्या अर्थ है?
iv. कक्षा में सीखने की शैलियों में विविधता का क्या महत्त्व है?
v. समावेशी शिक्षा में भागीदारी के सिद्धांत का क्या अर्थ है?

दीर्घ उत्तरीय प्रश्न (Long Answer Questions)

1. हाशियाकरण का अर्थ और परिभाषा स्पष्ट कीजिए और इसके विपरीत समावेशन को समझाइए।
2. विशेष आवश्यकता वाले बच्चों की शिक्षा में पृथक्करण, एकीकरण और समावेशन के बीच अंतर को विस्तृत रूप में समझाइए।
3. कक्षा में विविधता के विभिन्न प्रकारों की विस्तार से चर्चा कीजिए और इसके शिक्षा पर प्रभाव का विश्लेषण कीजिए।
4. समावेशी शिक्षा के सिद्धांतों की विस्तृत व्याख्या कीजिए और यह बताइए कि कैसे ये सिद्धांत शिक्षा की गुणवत्ता को प्रभावित करते हैं।
5. समावेशी शिक्षा में आने वाली बाधाओं पर प्रकाश डालिए और इन्हें दूर करने के लिए संभावित समाधान प्रस्तुत कीजिए।

संदर्भ (Reference)

- Booth, Tony (1996). A Perspective of Inclusion from England. Cambridge Journal of Education, 26(1), 87-99.
- Ed.C1L (2001). A Report on National Level Workshop on Towards Inclusive Schools in DPEP, JP Naik Cente, Pune.
- Evans, Peter, (2000). Including Students-with Disabilities in Mainstream School in Savolalnen, H, Kokkala, H. & Alasuatari, H (Fds). Meeting Special and Diverse Educational Educational

Needs: Making Inclusive Education a Reality. Ministry of Foreign Affairs of Finland, Helsinki.
- Friere, P (1970). Pedagogy of the Oppressed Continuum, New York.
- Mani MNG (2000). Inclusive Education. Ramakrishna Mission Vidyalaya, Coimbatore.
- Nanda, B P & Ghosh, Sanat K. (2008). Bishesh Sikhshar Itihas. Rabindra Bharati University, Kolkata.
- Nanda, B. B. (2013). Challenged Children; Problems and Management (Ed.). Ankush Prakashan, Kolkata.
- Nanda, Bishnupada (2015), Sikshaay Ekibhabhan. Classic Books, Kolkata.
- Ghosh, Sanat K. (2003). Inclusive Education: The Indian Perspective. The Progressive Publishers, Kolkata.
- Rao, Indumathi (2002). Country status on inclusive education/special needs documentation good practices, UNICEF, Regional Office. New Delhi.
- The Salamanca Statement and Framework for Action on Special Needs Education (1994).
- World Conference on Special Needs Education: Access and Quality, Salamanca, Spain.

- WCEFA (1990). World Declaration on Education for All, Inter-Agency Commission for the World Conference on Education for All, Jomtein.
- WHO (2011). World Report on Disability. World Bank, New York.
- UN (1989). UN Convention on the Rights of the Child. UNO, New York.
- Un Foundations (2014). Report of the Social Good Summit. UNF, New York.

इकाई - 2
समावेशी शिक्षा को सुविधाजनक बनाने वाली नीतियां और रूपरेखा

Unit – 2
Policies & Frameworks Facilitating Inclusive Education

परिचय
(Introduction)

उद्देश्य
(Objective)

अंतर्राष्ट्रीय घोषणाएँ
(International Declarations)

- मानव अधिकारों की सार्वभौम घोषणा (Universal Declaration of Human Rights)
- सभी के लिए शिक्षा हेतु शब्द घोषणा (1990) (World Declaration for Education for All (1990))

अंतर्राष्ट्रीय सम्मेलन:
(International Conventions):

- भेदभाव के विरुद्ध कन्वेंशन (1990) (Convention against Discrimination (1990))

- बाल अधिकारों पर कन्वेंशन (1989) (Convention on Rights of Child (1989))
- दिव्यांग व्यक्तियों के अधिकारों का संयुक्त राष्ट्र सम्मेलन (UNCRPD) 2006 (United Nations Convention of Rights of Persons with Disabilities)

अंतर्राष्ट्रीय ढांचा

(International Framework)

- सलामांका ढांचा (Salamanca framework)
- बिवाको मिलेनियम फ्रेमवर्क ऑफ एक्शन 2002 (Biwako Millennium Framework of Action 2002)

राष्ट्रीय आयोग एवं नीतियाँ

(National Commissions & Policies)

- कोठारी आयोग (1964) (Kothari Commission (1964))
- राष्ट्रीय शिक्षा नीति 1968 (National Education Policy 1968)
- राष्ट्रीय शिक्षा नीति 1986 (National Policy on Education 1986)
- संशोधित राष्ट्रीय शिक्षा नीति 1992 (Revised National Policy on Education 1992)
- राष्ट्रीय पाठ्यचर्या रूपरेखा 2005 (National Curriculum Framework 2005)
- दिव्यांग व्यक्तियों के लिए राष्ट्रीय नीति (2006) (National Policy for Persons with Disabilities (2006))

राष्ट्रीय अधिनियम एवं कार्यक्रम

(National Acts & Programmes)

- आईईडीसी (1974) (IEDC)
- आरसीआई अधिनियम (1992) (RCI Act)
- पीडब्ल्यूडी अधिनियम (1995) (PWD Act)
- राष्ट्रीय अधिनियम (1999) (The National Act)
- सर्व शिक्षा मिशन (2000) (The Sarva Sikhsha Mission)
- शिक्षा का अधिकार अधिनियम (2006) (Right to Education Act)
- राष्ट्रीय माध्यमिक शिक्षा अभियान (आरएमएसए) (2009) (Rashtriya Madhyamik Shiksha Abhiyan)
- माध्यमिक स्तर पर विकलांगों के लिए समावेशी शिक्षा (आईईडीएसएस) 2013 (Inclusive Education for Disabled at Secendary stage)

निष्कर्ष (Conclusion)

वस्तुनिष्ठ प्रश्न (Objective Type questions)

लघु उत्तरीय प्रश्न (Short answer Question)

दीर्घउत्तरीय प्रश्न (Long answer Question)

संदर्भ (References)

परिचय (Introduction)

मानवाधिकार शिक्षा पर जोर 1995 में संयुक्त राष्ट्र मानवाधिकार शिक्षा दशक की शुरुआत के साथ शुरू हुआ। 1953 में यूनेस्को एसोसिएटेड स्कूल प्रोग्राम के साथ "औपचारिक स्कूल सेटिंग्स में मानवाधिकार सिखाने का प्रारंभिक प्रयास" के रूप में कार्य किया गया। मानवाधिकारों के बारे में छात्रों को शिक्षित करने की आवश्यकता के लिए पहला औपचारिक अनुरोध यूनेस्को के 1974 के लेख अनुशंसा में आया था। यह अंतर्राष्ट्रीय समझ, सहयोग और शांति के लिए शिक्षा और मानव अधिकारों और मौलिक स्वतंत्रता से संबंधित शिक्षा से संबंधित था। मानव अधिकारों के शिक्षण पर अंतर्राष्ट्रीय कांग्रेस के प्रतिभागियों ने औपचारिक पाठ्यक्रम में शिक्षा के आवश्यक अनुप्रयोग की एक विशिष्ट परिभाषा बनाने के लिए अंततः 1978 में बैठक की। जिन उद्देश्यों पर कांग्रेस ने सहमति व्यक्त की, उनमें सम्मान पर ध्यान देने के साथ सहिष्णु दृष्टिकोण को प्रोत्साहित करना, राष्ट्रीय और अंतर्राष्ट्रीय आयामों के संदर्भ में मानव अधिकारों का ज्ञान प्रदान करना और साथ ही उनके कार्यान्वयन शामिल हैं, अंततः मानव के बारे में जागरूकता विकसित करना चाहते थे, कांग्रेस अधिकारों का अनुवाद करना चाहती थी। वास्तविकता में चाहे सामाजिक हो या राजनीतिक, राष्ट्रीय और अंतर्राष्ट्रीय स्तर पर।

1993 में मानवाधिकार पर विश्व सम्मेलन के बाद मानवाधिकार शिक्षा अंतरराष्ट्रीय स्तर पर एक आधिकारिक केंद्रीय चिंता बन गई। इस सम्मेलन ने औपचारिक शिक्षा के मुद्दे को कई देशों की प्राथमिकता सूची में शीर्ष पर ला दिया, जिसे संयुक्त राष्ट्र के ध्यान में लाया गया। दो साल बाद संयुक्त राष्ट्र ने मानवाधिकार शिक्षा दशक को मंजूरी दी, जिसने एक बार फिर आवेदन के उद्देश्यों में

सुधार किया। संयुक्त राष्ट्र दशक के विकास के बाद से, औपचारिक स्कूल पाठ्यक्रम में मानवाधिकार शिक्षा का समावेश गैर-सरकारी संगठनों, अंतर-सरकारी संगठनों और औपचारिक शिक्षा के माध्यम से विषय को फैलाने के लिए समर्पित व्यक्तियों की सहायता से विकसित और विविध किया गया है।

आज सबसे प्रभावशाली दस्तावेज़ का उपयोग यह निर्धारित करने के लिए किया गया है कि मानव अधिकार के रूप में क्या योग्य है और इन विचारों और अधिकारों को सार्वभौमिक घोषणा में रोजमर्रा के जीवन में कैसे लागू किया जाए। इस घोषणा को 1948 में महासभा द्वारा अपनाया गया, तब से 10 दिसंबर वार्षिक मानवाधिकार दिवस बन गया। आज तक 30 लेखों के संकलन को "सभी लोगों और सभी देशों के लिए उपलब्धि का एक सामान्य मानक" के रूप में देखा जाता है।

उद्देश्य (Aim)

✓ समावेशी शिक्षा की अंतर्राष्ट्रीय घोषणा के संबंध में समझ हासिल करना

✓ समावेशी शिक्षा पर विभिन्न अंतर्राष्ट्रीय सम्मेलनों के बारे में जानना

✓ समावेशी शिक्षा से संबंधित विभिन्न अंतर्राष्ट्रीय रूपरेखाओं को समझना

✓ राष्ट्रीय आयोग एवं नीतियों का निर्धारण करना।

✓ समावेशी को प्रतिबिंबित करने वाले विभिन्न अधिनियम और कार्यक्रमों को समझना

अंतर्राष्ट्रीय घोषणाएँ: (International Declarations):
मानवाधिकारों की सार्वभौम घोषणा
(Universal Declaration of Human Rights)

मानव अधिकारों की सार्वभौमिक घोषणा (1948) का मसौदा 1947 और 1948 में संयुक्त राष्ट्र मानवाधिकार आयोग द्वारा तैयार किया गया था। घोषणा को 10 दिसंबर 1948 को संयुक्त राष्ट्र महासभा द्वारा अपनाया गया था।

अन्य मानवाधिकारों के बीच, यह घोषणा प्रत्येक मनुष्य के कुछ मौलिक मानवाधिकारों को प्रतिपादित करती है जो खतना की नैतिकता के अध्ययन में विशेष रुचि रखते हैं। वे व्यक्ति की सुरक्षा, यातना और अन्य क्रूर और असामान्य व्यवहार से मुक्ति और गोपनीयता के अधिकार हैं। मातृत्व और बचपन को विशेष सुरक्षा का अधिकार है।

प्रस्तावना

जबकि मानव परिवार के सभी सदस्यों की अंतर्निहित गरिमा और समान एवं अहस्तांतरणीय अधिकारों की मान्यता ही विश्व में स्वतंत्रता, न्याय और शांति की नींव है।

जबकि मानवाधिकारों की उपेक्षा और अवमानना के परिणामस्वरूप बर्बर कृत्य हुए हैं जिन्होंने मानव जाति की अंतरात्मा को आहत किया है, और एक ऐसी दुनिया के आगमन को सर्वोच्च आकांक्षा के रूप में घोषित किया गया है जिसमें मनुष्य भाषण और विश्वास की स्वतंत्रता और भय और अभाव से मुक्ति का आनंद लेंगे। आम लोगों का,

जबकि यह आवश्यक है, यदि किसी व्यक्ति को अंतिम उपाय के रूप में, अत्याचार और उत्पीड़न के खिलाफ विद्रोह करने के लिए मजबूर नहीं किया जाना है, तो मानवाधिकारों को कानून के शासन द्वारा संरक्षित किया जाना चाहिए,

जबकि राष्ट्रों के बीच मैत्रीपूर्ण संबंधों के विकास को बढ़ावा देना आवश्यक है,

जबकि संयुक्त राष्ट्र के लोगों ने चार्टर में मौलिक मानवाधिकारों, मानव की गरिमा और मूल्य और पुरुषों और महिलाओं के समान अधिकारों में अपने विश्वास की पुष्टि की है और सामाजिक प्रगति और जीवन के बेहतर मानकों को बढ़ावा देने के लिए दृढ़ संकल्प किया है।

जबकि सदस्य देशों ने संयुक्त राष्ट्र के सहयोग से, मानवाधिकारों और मौलिक स्वतंत्रता के लिए सार्वभौमिक सम्मान और पालन को बढ़ावा देने की प्रतिज्ञा की है,

जबकि इस प्रतिज्ञा की पूर्ण प्राप्ति के लिए इन अधिकारों और स्वतंत्रता की एक आम समझ सबसे महत्वपूर्ण है,

अब, इसलिए, महासभा मानव अधिकारों की इस सार्वभौमिक घोषणा को सभी लोगों और सभी देशों के लिए उपलब्धि के एक सामान्य मानक के रूप में घोषित करती है। इस घोषणा पत्र को समाज के प्रत्येक व्यक्ति और प्रत्येक अंग को सदैव ध्यान में रखना चाहिए। शिक्षण और शिक्षा इन अधिकारों और स्वतंत्रताओं की सार्वभौमिक और प्रभावी मान्यता और पालन को सुरक्षित करने के लिए राष्ट्रीय और अंतरराष्ट्रीय स्तर पर प्रगतिशील उपायों द्वारा उनके सम्मान को बढ़ावा देती है। स्वयं सदस्य राज्यों के

लोगों के बीच और क्षेत्रों के लोगों के बीच दोनों ही अधिकार क्षेत्र के अंतर्गत हैं।

अनुच्छेद 1 (Article 1)

सभी मनुष्य स्वतंत्र पैदा हुए हैं और सम्मान तथा अधिकारों में समान हैं। वे तर्क और विवेक से संपन्न हैं और उन्हें एक-दूसरे के प्रति भाईचारे की भावना से काम करना चाहिए।

अनुच्छेद 2 (Article 2)

प्रत्येक व्यक्ति नस्ल, रंग, लिंग, भाषा, धर्म, राजनीतिक या अन्य राय, राष्ट्रीय या सामाजिक मूल, संपत्ति, जन्म या अन्य स्थिति जैसे किसी भी प्रकार के भेदभाव के बिना, इस घोषणा में निर्धारित सभी अधिकारों और स्वतंत्रता का हकदार है।

इसके अलावा, जिस देश या क्षेत्र से कोई व्यक्ति संबंधित है, उसकी राजनीतिक, न्यायक्षेत्रीय या अंतरराष्ट्रीय स्थिति के आधार पर कोई भेद नहीं किया जाएगा, चाहे वह स्वतंत्र हो, भरोसेमंद हो, गैर-स्वशासित हो या संप्रभुता की किसी/अन्य सीमा के तहत हो।

अनुच्छेद 3 (Article 3)

प्रत्येक व्यक्ति को जीवन, स्वतंत्रता और व्यक्ति की सुरक्षा का अधिकार है।

अनुच्छेद 5 (Article 5)

किसी को भी यातना या क्रूर, अमानवीय या अपमानजनक व्यवहार या दंड नहीं दिया जाएगा।

अनुच्छेद 6 (Article 6)

प्रत्येक व्यक्ति को हर जगह कानून के समक्ष एक व्यक्ति के रूप में मान्यता प्राप्त करने का अधिकार है।

अनुच्छेद 7 (Article 7)

कानून के समक्ष सभी समान हैं और बिना किसी भेदभाव के कानून के समान संरक्षण के हकदार हैं। इस घोषणा के उल्लंघन में किसी भी भेदभाव के खिलाफ और इस तरह के भेदभाव के लिए किसी भी उकसावे के खिलाफ सभी समान सुरक्षा के हकदार हैं।

अनुच्छेद 8 (Article 8)

प्रत्येक व्यक्ति को संविधान या कानून द्वारा प्रदत्त मौलिक अधिकारों का उल्लंघन करने वाले कृत्यों के लिए सक्षम राष्ट्रीय न्यायाधिकरणों द्वारा प्रभावी उपचार का अधिकार है।

अनुच्छेद 12 (Article 12)

किसी की निजता, परिवार, घर या पत्राचार में मनमाना हस्तक्षेप नहीं किया जाएगा, न ही उसके सम्मान और प्रतिष्ठा पर हमला किया जाएगा। प्रत्येक व्यक्ति को ऐसे हस्तक्षेप या हमलों के विरुद्ध कानून की सुरक्षा का अधिकार है।

अनुच्छेद 18 (Article 18)

प्रत्येक व्यक्ति को विचार, विवेक और धर्म की स्वतंत्रता का अधिकार है; इस अधिकार में अपने धर्म या विश्वास को बदलने की स्वतंत्रता, और अकेले या दूसरों के साथ समुदाय में और सार्वजनिक या निजी तौर पर शिक्षण, अभ्यास, पूजा और पालन में अपने धर्म या विश्वास को प्रकट करने की स्वतंत्रता शामिल है।

अनुच्छेद 25 (Article 25)

2. मातृत्व और बचपन विशेष देखभाल और सहायता के हकदार हैं। सभी बच्चे, चाहे वे विवाह के अंदर पैदा हुए हों या विवाह से बाहर, समान सामाजिक सुरक्षा का आनंद लेंगे।

अनुच्छेद 28 (Article 28)

हर कोई एक सामाजिक और अंतर्राष्ट्रीय व्यवस्था का हकदार है जिसमें इस घोषणा में निर्धारित अधिकारों और स्वतंत्रता को पूरी तरह से महसूस किया जा सकता है।

अनुच्छेद 29 (Article 29)

2. अपने अधिकारों और स्वतंत्रता के प्रयोग में, हर कोई केवल उन सीमाओं के अधीन होगा जो कानून द्वारा केवल दूसरों के अधिकारों और स्वतंत्रता के लिए उचित मान्यता और सम्मान हासिल करने और नैतिकता, सार्वजनिक की उचित आवश्यकताओं को पूरा करने के उद्देश्य से निर्धारित की जाती हैं। एक लोकतांत्रिक समाज में व्यवस्था और सामान्य कल्याण।

3. इन अधिकारों और स्वतंत्रताओं का प्रयोग किसी भी स्थिति में संयुक्त राष्ट्र के उद्देश्यों और सिद्धांतों के विपरीत नहीं किया जा सकता है।

अनुच्छेद 30 (Article 30)

इस घोषणा में किसी भी राज्य, समूह या व्यक्ति को किसी भी गतिविधि में शामिल होने या यहां दिए गए किसी भी अधिकार और स्वतंत्रता को नष्ट करने के उद्देश्य से कोई कार्य करने का अधिकार नहीं माना जा सकता है।

सभी के लिए शिक्षा हेतु शब्द घोषणा (1990) (Word Declaration for Education for All (1990))

साठ साल पहले शिक्षा को प्रत्येक व्यक्ति के लिए एक बुनियादी मानव अधिकार घोषित किया गया था, और 1948 में मानव अधिकारों पर सार्वभौमिक घोषणा में इसे स्थापित किया गया था। तब से, इसे आर्थिक, सामाजिक और सांस्कृतिक अधिकारों पर अंतर्राष्ट्रीय अनुबंध (1966) में फिर से पुष्टि की गई है। कई अन्य अंतरराष्ट्रीय मानवाधिकार उपकरणों के बीच महिलाओं के खिलाफ भेदभाव के उन्मूलन पर कन्वेंशन (1979) और बाल अधिकारों पर कन्वेंशन (1989)।

1990 में, 150 से अधिक सरकारों ने शिक्षा का अधिकार प्रदान करने की दिशा में प्रयासों को बढ़ावा देने के लिए जोमटियन, थाईलैंड में सभी के लिए शिक्षा पर विश्व घोषणा को अपनाया। दस साल बाद, डकार, सेनेगल में विश्व शिक्षा मंच ने इस प्रतिबद्धता की पुष्टि की और 2015 तक चलने वाले सभी के लिए शिक्षा (ईएफए) के छह लक्ष्यों को अपनाया:

1: व्यापक प्रारंभिक बचपन देखभाल और शिक्षा का विस्तार और सुधार, विशेष रूप से सबसे वंचित और कमजोर बच्चों के लिए।

2: 2015 तक सभी बच्चों, विशेष रूप से लड़कियों, कठिन परिस्थितियों में रहने वाले बच्चों और जातीय अल्पसंख्यकों से संबंधित लोगों को मुफ्त, गुणवत्तापूर्ण और अनिवार्य प्राथमिक शिक्षा तक पहुंच प्राप्त हो।

3: सभी युवाओं और वयस्कों की सीखने की ज़रूरतों को सुनिश्चित करना जो उचित शिक्षण और जीवन कौशल कार्यक्रमों तक समान पहुंच के माध्यम से पूरी की जाती हैं

4: 2015 तक वयस्क साक्षरता के स्तर में 50 प्रतिशत सुधार हासिल करना, विशेष रूप से महिलाओं के लिए, और सभी वयस्कों के लिए बुनियादी और सतत शिक्षा तक समान पहुंच।

5: 2005 तक प्राथमिक और माध्यमिक शिक्षा में लैंगिक असमानताओं को दूर करना, और 2015 तक शिक्षा में लैंगिक समानता हासिल करना, लड़कियों की अच्छी गुणवत्ता की बुनियादी शिक्षा तक पूर्ण और समान पहुंच और उपलब्धि सुनिश्चित करने पर ध्यान केंद्रित करना।

6: शिक्षा की गुणवत्ता के हर पहलू में सुधार करना, और उनकी उत्कृष्टता सुनिश्चित करना ताकि मान्यता प्राप्त और मापने योग्य सीखने के परिणाम सभी द्वारा प्राप्त किए जा सकें, विशेष रूप से साक्षरता, संख्यात्मकता और आवश्यक जीवन कौशल में इन लक्ष्यों को पूरा करने के लिए 180 देशों ने कानूनी ढांचा, नीतियां और वित्त लगाने के लिए प्रतिबद्धता जताते हुए हस्ताक्षर किए। हर किसी को चार कोनों में शिक्षा प्राप्त करने का अधिकार है जो उपलब्ध, सुलभ, स्वीकार्य और अनुकूलनीय है। सबसे अमीर देशों ने कम वित्तीय संसाधनों वाले देशों के प्रति अंतर्राष्ट्रीय सहयोग के सिद्धांतों के प्रति प्रतिबद्ध होकर सभी के लिए शिक्षा को वास्तविकता बनाने में मदद करने का वचन दिया।

शिक्षा के अधिकार के प्रति प्रतिबद्धता संयुक्त राष्ट्र सहस्राब्दी विकास लक्ष्यों में भी प्रतिबिंबित हुई थी, जिसे 2000 में 2015 तक उपलब्धि की समय सीमा के साथ निर्धारित किया गया था। आठ सहस्राब्दी विकास लक्ष्य (एमडीजी) हैं जिनमें से दो शिक्षा पर केंद्रित हैं:

सुनिश्चित करें कि 2015 तक सभी लड़के और लड़कियाँ प्राथमिक स्कूली शिक्षा पूरी कर लें

2005 तक प्राथमिक शिक्षा में और 2015 तक सभी स्तरों पर लैंगिक असमानताओं को दूर करना |

लेकिन प्रगति अत्यंत धीमी रही है। एमडीजी और छह ईएफए लक्ष्यों की स्थापना के तुरंत बाद की अवधि में, इन लक्ष्यों को प्राप्त करने के लिए प्रतिबद्ध सरकारों द्वारा निवेश किया गया था। विदेशी और घरेलू दोनों तरह के शिक्षा बजट में वृद्धि हुई, जिससे कई देशों में प्राथमिक विद्यालय के लिए ट्यूशन फीस को समाप्त करने और बेहतर राष्ट्रीय शैक्षिक योजनाओं के विकास को सक्षम किया गया।

घरेलू बजट का औसतन 8.9% कम आय वाले देशों में शिक्षा पर जा रहा है - उप-सहारा अफ्रीका में औसतन 10% से अधिक की वृद्धि - राज्य अभी भी पीछे चल रहे हैं।

- 2000 के बाद से प्राथमिक विद्यालय में नामांकन में वृद्धि हुई है, लेकिन 2000-2010 की अवधि के अंत तक यह धीमा हो गया है; इससे भी बदतर, पूर्णता दर कम बनी हुई है, अकेले उप-सहारा अफ्रीका में हर साल 10 मिलियन बच्चे प्राथमिक विद्यालय छोड़ देते हैं।
- प्राथमिक विद्यालयों की शिक्षा पूरी करने वाले लाखों बच्चे पढ़ने, लिखने और संख्यात्मकता के अपेक्षित स्तर की तुलना में खराब प्रदर्शन के साथ ऐसा करते हैं, जब वे स्कूलों में होते हैं तो उन्हें खराब गुणवत्ता वाली शिक्षा प्राप्त होती है और - जहां सबसे गरीब लोगों में छात्र-शिक्षक अनुपात काफी अप्राकृतिक होता है। क्षेत्र.

- महिलाएं और लड़कियां भारी नुकसान में हैं: हालांकि प्राथमिक नामांकन में लैंगिक समानता पहुंच के भीतर है, फिर भी लड़कियों की माध्यमिक शिक्षा तक प्रगति की संभावना कम है - अधिकांश अफ्रीकी देशों में, यह संभावना 50% से कम है - और महिलाएं ऐसा करती हैं 796 मिलियन वयस्कों में से लगभग दो-तिहाई के पास बुनियादी कौशल नहीं है। 2015 तक सार्वभौमिक प्राथमिक शिक्षा प्राप्त करने के लिए अन्य 1.8 मिलियन शिक्षकों की आवश्यकता है।

अंतर्राष्ट्रीय सम्मेलन: International Conferences:

भेदभाव के विरुद्ध कन्वेंशन (1990) (Convention against Discrimination (1990))

संयुक्त राष्ट्र शैक्षिक, वैज्ञानिक और सांस्कृतिक संगठन का सामान्य सम्मेलन, 14 नवंबर से 15 दिसंबर 1960 तक पेरिस में अपने ग्यारहवें सत्र में, यह याद करते हुए कि मानवाधिकारों की सार्वभौम घोषणा गैर-भेदभाव के सिद्धांत पर जोर देती है और घोषणा करती है कि प्रत्येक व्यक्ति शिक्षा का अधिकार है, यह मानते हुए कि शिक्षा में भेदभाव उस घोषणा में दिए गए अधिकारों का उल्लंघन है, यह ध्यान में रखते हुए, अपने संविधान की शर्तों के तहत, संयुक्त राष्ट्र शैक्षिक, वैज्ञानिक और सांस्कृतिक संगठन का उद्देश्य राष्ट्रों के बीच सहयोग स्थापित करना है मानव अधिकारों के लिए सभी सार्वभौमिक सम्मान और शैक्षिक अवसर की समानता को आगे बढ़ाने का दृष्टिकोण।

यह स्वीकार करते हुए, परिणामस्वरूप, संयुक्त राष्ट्र शैक्षिक, वैज्ञानिक और सांस्कृतिक संगठन का, राष्ट्रीय शैक्षिक प्रणालियों

की विविधता का सम्मान करते हुए, न केवल शिक्षा में किसी भी प्रकार के भेदभाव को निर्धारित करने का कर्तव्य है, बल्कि शिक्षा में सभी के लिए अवसर और उपचार की समानता को बढ़ावा देना भी है। ,

इसके समक्ष शिक्षा में भेदभाव के विभिन्न पहलुओं से संबंधित प्रस्ताव रखे गए हैं, जो सत्र के एजेंडे की मद 17.1.4 हैं।

इसके दसवें सत्र में निर्णय लिया गया कि इस प्रश्न को एक अंतरराष्ट्रीय सम्मेलन के साथ-साथ सदस्य राज्यों की सिफारिशों का विषय बनाया जाना चाहिए।

दिसंबर 1960 के चौदहवें दिन इस कन्वेंशन को अपनाया गया।

अनुच्छेद 1 (Article 1)

1. इस कन्वेंशन के प्रयोजनों के लिए, 'भेदभाव' शब्द में कोई भी भेद, बहिष्करण, सीमा या प्राथमिकता शामिल है, जो जाति, रंग, लिंग, भाषा, धर्म, राजनीतिक या अन्य राय, राष्ट्रीय या सामाजिक मूल, आर्थिक स्थिति पर आधारित है। या जन्म, का उद्देश्य या प्रभाव शिक्षा में और विशेष रूप से उपचार की समानता को ख़त्म करना या ख़राब करना है:

   a) किसी भी व्यक्ति या व्यक्तियों के समूह को किसी भी प्रकार की या किसी भी स्तर की शिक्षा तक पहुंच से वंचित करना;

   b) किसी व्यक्ति या व्यक्तियों के समूह को निम्न स्तर की शिक्षा तक सीमित करना;

   c) इस कन्वेंशन के अनुच्छेद 2 के प्रावधानों के अधीन, व्यक्तियों या व्यक्तियों के समूहों के लिए अलग शैक्षिक प्रणाली या संस्थान स्थापित करना या बनाए रखना; या

d) किसी व्यक्ति या व्यक्तियों के समूह पर ऐसी स्थितियाँ थोपना जो मनुष्य की गरिमा के साथ असंगत हों।

2. इस कन्वेंशन के प्रयोजनों के लिए, 'शिक्षा' शब्द शिक्षा के सभी प्रकारों और स्तरों को संदर्भित करता है, और इसमें शिक्षा तक पहुंच, शिक्षा के मानक और गुणवत्ता और वे शर्तें शामिल हैं जिनके तहत यह दी जाती है।

अनुच्छेद 2 (Article 2)

जब किसी राज्य में अनुमति दी जाती है, तो इस कन्वेंशन के अनुच्छेद 1 के अर्थ के तहत निम्नलिखित स्थितियों को भेदभाव नहीं माना जाएगा:

a) शिक्षा तक समान पहुंच प्रदान करने वाले दोनों लिंगों के विद्यार्थियों के लिए अलग-अलग शैक्षणिक प्रणालियों या संस्थानों की स्थापना या रखरखाव, समान मानक की योग्यता के साथ-साथ स्कूल परिसर और समान गुणवत्ता के उपकरण के साथ एक शिक्षण स्टाफ प्रदान करना, और वहन करना। अध्ययन के समान या समकक्ष पाठ्यक्रम लेने का अवसर;

b) धार्मिक या भाषाई कारणों से, अलग-अलग शैक्षिक प्रणालियों या संस्थानों की स्थापना या रखरखाव, जो विद्यार्थियों के माता-पिता या कानूनी अभिभावकों की इच्छाओं को ध्यान में रखते हुए शिक्षा प्रदान करते हैं, यदि ऐसी प्रणालियों में भागीदारी या ऐसे संस्थानों में उपस्थिति वैकल्पिक है और यदि शिक्षा ऐसे मानक बनाने का प्रावधान करती है जो सक्षम अधिकारियों द्वारा

निर्धारित या अनुमोदित किए जा सकते हैं, विशेष रूप से समान स्तर की शिक्षा के लिए;

c) निजी शैक्षणिक संस्थानों की स्थापना या रखरखाव, यदि संस्थानों का उद्देश्य किसी समूह के बहिष्कार को सुरक्षित करना नहीं है, बल्कि सार्वजनिक अधिकारियों द्वारा प्रदान की जाने वाली सुविधाओं के अलावा शैक्षणिक सुविधाएं प्रदान करना है, यदि संस्थानों का संचालन इसके अनुसार किया जाता है वह उद्देश्य, और यदि प्रदान की गई शिक्षा ऐसे मानकों के अनुरूप है जो सक्षम अधिकारियों द्वारा निर्धारित या अनुमोदित किए जा सकते हैं, विशेष रूप से समान स्तर की शिक्षा के लिए।

अनुच्छेद 3 (Article 3)

इस कन्वेंशन के अर्थ के अंतर्गत भेदभाव को खत्म करने और रोकने के लिए, इसमें शामिल राज्य पक्ष निम्नलिखित कार्य करते हैं:

a) किसी भी वैधानिक प्रावधान और किसी भी प्रशासनिक निर्देश को निरस्त करना और किसी भी प्रशासनिक प्रथाओं को बंद करना जिसमें शिक्षा में भेदभाव शामिल है;

b) जहां आवश्यक हो, कानून द्वारा यह सुनिश्चित करना कि शैक्षणिक संस्थानों में विद्यार्थियों के प्रवेश में कोई भेदभाव न हो;

c) स्कूल फीस और विद्यार्थियों को छात्रवृत्ति या अन्य प्रकार की सहायता और आवश्यक परमिट और सुविधाओं के मामले में, योग्यता या आवश्यकता के आधार को छोड़कर, नागरिकों के बीच सार्वजनिक अधिकारियों

द्वारा किसी भी तरह के व्यवहार में अंतर की अनुमति नहीं दी जाएगी।

d) सार्वजनिक प्राधिकारियों द्वारा शैक्षणिक संस्थानों को दी जाने वाली किसी भी प्रकार की सहायता में, केवल इस आधार पर किसी प्रतिबंध या प्राथमिकता की अनुमति नहीं दी जाएगी कि छात्र किसी विशेष समूह से संबंधित हैं;

e) अपने क्षेत्र के भीतर रहने वाले विदेशी नागरिकों को शिक्षा तक वही पहुंच प्रदान करना जो उनके अपने नागरिकों को दी जाती है।

अनुच्छेद 4 (Article 4)

इस कन्वेंशन में भाग लेने वाले राज्य एक राष्ट्रीय नीति बनाने, विकसित करने और लागू करने का भी कार्य करते हैं, जो परिस्थितियों और राष्ट्रीय उपयोग के लिए उपयुक्त तरीकों से, शिक्षा के मामले में और विशेष रूप से अवसर की समानता और उपचार को बढ़ावा देगी:

a) प्राथमिक शिक्षा को निःशुल्क और अनिवार्य बनाना; माध्यमिक शिक्षा को उसके विभिन्न रूपों में आम तौर पर सभी के लिए उपलब्ध और सुलभ बनाना; व्यक्तिगत क्षमता के आधार पर उच्च शिक्षा को सभी के लिए समान रूप से सुलभ बनाना; कानून द्वारा निर्धारित स्कूल में उपस्थित होने की बाध्यता का सभी द्वारा अनुपालन सुनिश्चित करना;

b) यह सुनिश्चित करने के लिए कि शिक्षा के मानक समान स्तर के सभी सार्वजनिक शैक्षणिक संस्थानों में समान हैं,

और प्रदान की जाने वाली शिक्षा की गुणवत्ता से संबंधित शर्तें भी समकक्ष हैं;

c) जिन व्यक्तियों ने कोई प्राथमिक शिक्षा प्राप्त नहीं की है या जिन्होंने संपूर्ण प्राथमिक शिक्षा पाठ्यक्रम पूरा नहीं किया है उनकी शिक्षा को उचित तरीकों से प्रोत्साहित और तीव्र करना और व्यक्तिगत क्षमता के आधार पर उनकी शिक्षा को जारी रखना;

d) बिना किसी भेदभाव के शिक्षण पेशे के लिए प्रशिक्षण प्रदान करना।

अनुच्छेद 5 (Article 5)

1. इस कन्वेंशन के सदस्य देश इस बात पर सहमत हैं कि:

   a) शिक्षा को मानव व्यक्तित्व के पूर्ण विकास और मानवाधिकारों और मौलिक स्वतंत्रता के प्रति सम्मान को मजबूत करने के लिए निर्देशित किया जाएगा; यह सभी देशों, नस्लीय या धार्मिक समूहों के बीच समझ, सहिष्णुता और मित्रता को बढ़ावा देगा और शांति बनाए रखने के लिए संयुक्त राष्ट्र की गतिविधियों को आगे बढ़ाएगा;

   b) माता-पिता और, जहां लागू हो, कानूनी अभिभावकों की स्वतंत्रता का सम्मान करना आवश्यक है, सबसे पहले वे अपने बच्चों के लिए सार्वजनिक प्राधिकरणों द्वारा संचालित संस्थानों के अलावा अन्य संस्थानों का चयन करें, लेकिन ऐसे न्यूनतम शैक्षिक मानकों के अनुरूप हों जो निर्धारित या अनुमोदित हों। सक्षम प्राधिकारियों द्वारा और, दूसरे, राज्य में अपने कानून को लागू करने के लिए अपनाई जाने वाली प्रक्रियाओं के अनुरूप तरीके से

बच्चों की धार्मिक और नैतिक शिक्षा को उनके स्वयं के विश्वासों के अनुरूप सुनिश्चित करना; और किसी भी व्यक्ति या व्यक्तियों के समूह को धार्मिक मान्यता प्राप्त करने के लिए बाध्य नहीं किया जाना चाहिए

c) माता-पिता और, जहां लागू हो, कानूनी अभिभावकों की स्वतंत्रता का सम्मान करना आवश्यक है, सबसे पहले वे अपने बच्चों के लिए सार्वजनिक प्राधिकरणों द्वारा संचालित संस्थानों के अलावा अन्य संस्थानों का चयन करें, लेकिन ऐसे न्यूनतम शैक्षिक मानकों के अनुरूप हों जो निर्धारित या अनुमोदित हों। सक्षम प्राधिकारियों द्वारा और, दूसरा, राज्य में अपने कानून को लागू करने के लिए अपनाई जाने वाली प्रक्रियाओं के अनुरूप तरीके से बच्चों की धार्मिक और नैतिक शिक्षा को उनके स्वयं के विश्वासों के अनुरूप सुनिश्चित करना; और किसी भी व्यक्ति या व्यक्तियों के समूह को उसकी मान्यताओं से असंगत धार्मिक शिक्षा प्राप्त करने के लिए बाध्य नहीं किया जाना चाहिए;

d) राष्ट्रीय अल्पसंख्यकों के सदस्यों के अपनी शैक्षिक गतिविधियों को चलाने के अधिकार को मान्यता देना आवश्यक है, जिसमें स्कूलों का रखरखाव और प्रत्येक राज्य की शैक्षिक नीति के आधार पर, अपनी भाषा का उपयोग या शिक्षण शामिल है, बशर्ते तथापि:

(i) इस अधिकार का प्रयोग इस तरह से नहीं किया जाता है जो इन अल्पसंख्यकों के सदस्यों को समग्र रूप से समुदाय की संस्कृति और भाषा को समझने और इसकी गतिविधियों में भाग लेने से रोकता है, या जो राष्ट्रीय संप्रभुता पर प्रतिकूल प्रभाव डालता है;

(ii) शिक्षा का स्तर सक्षम अधिकारियों द्वारा निर्धारित या अनुमोदित सामान्य मानक से कम नहीं है; और
(iii) ऐसे स्कूलों में उपस्थिति वैकल्पिक है।

2. इस कन्वेंशन के सदस्य देश इस अनुच्छेद के पैराग्राफ 1 में प्रतिपादित सिद्धांतों के कार्यान्वयन को सुनिश्चित करने के लिए सभी आवश्यक उपाय करने का वचन देते हैं।

अनुच्छेद 6 (Article 6)

इस कन्वेंशन को लागू करने में, इसमें भाग लेने वाले राज्य संयुक्त राष्ट्र शैक्षिक, वैज्ञानिक और सांस्कृतिक संगठन के सामान्य सम्मेलन द्वारा अपनाई गई किसी भी सिफारिश पर सबसे अधिक ध्यान देने का वचन देते हैं, जिसमें भेदभाव के विभिन्न रूपों के खिलाफ उठाए जाने वाले उपायों को परिभाषित किया गया है। शिक्षा और शिक्षा में अवसर और उपचार की समानता सुनिश्चित करने के उद्देश्य से।

अनुच्छेद 7 (Article 7)

इस कन्वेंशन में भाग लेने वाले राज्य संयुक्त राष्ट्र शैक्षिक, वैज्ञानिक और सांस्कृतिक संगठन के सामान्य सम्मेलन को तारीखों और उसके द्वारा निर्धारित तरीके से प्रस्तुत की जाने वाली अपनी आवधिक रिपोर्ट में, उन विधायी और प्रशासनिक प्रावधानों के बारे में जानकारी देंगे जिन्हें उन्होंने अपनाया है। और अन्य कार्रवाई जो उन्होंने इस कन्वेंशन को लागू करने के लिए की है, जिसमें अनुच्छेद 4 में परिभाषित राष्ट्रीय नीति के निर्माण और विकास के साथ-साथ प्राप्त परिणाम और उस नीति के आवेदन में आने वाली बाधाएं भी शामिल हैं।

अनुच्छेद 8 (Article 8)

कोई भी विवाद जो इस कन्वेंशन की व्याख्या या अनुप्रयोग के संबंध में इस कन्वेंशन के दो या दो से अधिक राज्यों के बीच उत्पन्न हो सकता है, जो बातचीत से नहीं सुलझता है, विवाद के पक्षों के अनुरोध पर विवाद को निपटाने के अन्य तरीकों के अभाव में संदर्भित किया जाएगा। , निर्णय के लिए अंतर्राष्ट्रीय न्यायालय में।

अनुच्छेद 9 (Article 9)

इस सम्मेलन में आरक्षण की अनुमति नहीं दी जाएगी।

अनुच्छेद 10 (Article 10)

इस कन्वेंशन का उन अधिकारों को कम करने का प्रभाव नहीं होगा जो व्यक्ति या समूह दो या दो से अधिक राज्यों के बीच संपन्न समझौतों के आधार पर प्राप्त कर सकते हैं, जहां ऐसे अधिकार इस कन्वेंशन के पत्र या भावना के विपरीत नहीं हैं।

अनुच्छेद 11 (Article 11)

यह कन्वेंशन अंग्रेजी, फ्रेंच, रूसी और स्पेनिश में तैयार किया गया है, चारों पाठ समान रूप से आधिकारिक हैं।

अनुच्छेद 12 (Article 12)

1. यह कन्वेंशन संयुक्त राष्ट्र शैक्षिक, वैज्ञानिक और सांस्कृतिक संगठन के राज्यों के सदस्यों द्वारा उनकी संबंधित संवैधानिक प्रक्रियाओं के अनुसार अनुसमर्थन या स्वीकृति के अधीन होगा।

2. अनुसमर्थन या स्वीकृति के दस्तावेज संयुक्त राष्ट्र शैक्षिक, वैज्ञानिक और सांस्कृतिक संगठन के महानिदेशक के पास जमा किए जाएंगे।

अनुच्छेद 13 (Article 13)

1. यह कन्वेंशन संयुक्त राष्ट्र शैक्षिक, वैज्ञानिक और सांस्कृतिक संगठन के सदस्यों के अलावा सभी राज्यों द्वारा शामिल होने के लिए खुला होगा, जिन्हें संगठन के कार्यकारी बोर्ड द्वारा ऐसा करने के लिए आमंत्रित किया जाता है।

2. परिग्रहण संयुक्त राष्ट्र शैक्षिक, वैज्ञानिक और सांस्कृतिक संगठन के महानिदेशक के पास परिग्रहण पत्र जमा करने से प्रभावी होगा।

अनुच्छेद 14 (Article 14)

यह कन्वेंशन अनुसमर्थन, स्वीकृति या परिग्रहण के तीसरे दस्तावेज़ को जमा करने की तारीख के तीन महीने बाद लागू होगा, लेकिन केवल उन राज्यों के संबंध में जिन्होंने उस तारीख को या उससे पहले अपने संबंधित उपकरण जमा कर दिए हैं। यह अनुसमर्थन, स्वीकृति या परिग्रहण के साधन को जमा करने के तीन महीने बाद किसी अन्य राज्य के संबंध में लागू होगा।

अनुच्छेद 15 (Article 15)

इस कन्वेंशन में भाग लेने वाले राज्य मानते हैं कि यह कन्वेंशन न केवल उनके महानगरीय क्षेत्र पर लागू होता है, बल्कि सभी गैर-स्वशासित, ट्रस्ट, औपनिवेशिक और अन्य क्षेत्रों पर भी लागू होता है, जिनके अंतरराष्ट्रीय संबंधों के लिए वे जिम्मेदार हैं; यदि आवश्यक हो, तो वे उन क्षेत्रों में कन्वेंशन के आवेदन को सुरक्षित

करने की दृष्टि से अनुसमर्थन, स्वीकृति या परिग्रहण पर या उससे पहले इन क्षेत्रों की सरकारों या अन्य सक्षम अधिकारियों से परामर्श करने और संयुक्त राष्ट्र के महानिदेशक को सूचित करने का वचन देते हैं। उन क्षेत्रों के शैक्षिक, वैज्ञानिक और सांस्कृतिक संगठन जहां इसे तदनुसार लागू किया जाता है, अधिसूचना इसकी प्राप्ति की तारीख के तीन महीने बाद प्रभावी होगी।

अनुच्छेद 16 (Article 16)

1. इस कन्वेंशन का प्रत्येक राज्य पक्ष अपनी ओर से या किसी भी क्षेत्र की ओर से, जिसके अंतरराष्ट्रीय संबंधों के लिए वह जिम्मेदार है, कन्वेंशन की निंदा कर सकता है।

2. निंदा को संयुक्त राष्ट्र शैक्षिक, वैज्ञानिक और सांस्कृतिक संगठन के महानिदेशक के पास जमा किए गए लिखित रूप में एक दस्तावेज द्वारा अधिसूचित किया जाएगा।

3. निंदा का दस्तावेज़ प्राप्त होने के बारह महीने बाद निंदा प्रभावी होगी।

अनुच्छेद 17 (Article 17)

संयुक्त राष्ट्र शैक्षिक, वैज्ञानिक और सांस्कृतिक संगठन के महानिदेशक संगठन के राज्यों के सदस्यों को, उन राज्यों को जो संगठन के सदस्य नहीं हैं, जिन्हें अनुच्छेद 13 में संदर्भित किया गया है, साथ ही संयुक्त राष्ट्र को सभी की जमा राशि के बारे में सूचित करेंगे। अनुसमर्थन, स्वीकृति और परिग्रहण के उपकरण क्रमशः अनुच्छेद 12 और 13 में प्रदान किए गए हैं, और अधिसूचनाएं और निंदा क्रमशः अनुच्छेद 15 और 16 में प्रदान की गई हैं।

अनुच्छेद 18 (Article 18)

1. इस कन्वेंशन को यूनाइटेड के जनरल कॉन्फ्रेंस द्वारा संशोधित किया जा सकता है

राष्ट्र शैक्षिक, वैज्ञानिक और सांस्कृतिक संगठन। ऐसा कोई भी संशोधन

हालाँकि, केवल उन राज्यों को बाध्य करेगा जो संशोधित सम्मेलन के पक्षकार बनेंगे।

2. यदि सामान्य सम्मेलन को इस कन्वेंशन को पूर्ण या आंशिक रूप से संशोधित करते हुए एक नया कन्वेंशन अपनाना चाहिए, तो, जब तक कि नया कन्वेंशन अन्यथा प्रदान नहीं करता है, यह कन्वेंशन उस तारीख से अनुसमर्थन, स्वीकृति या परिग्रहण के लिए खुला नहीं रहेगा जिस दिन नया संशोधित कन्वेंशन लागू हो गया है।

अनुच्छेद 19 (Article 19)

संयुक्त राष्ट्र के चार्टर के अनुच्छेद 102 के अनुरूप, यह कन्वेंशन संयुक्त राष्ट्र शैक्षिक, वैज्ञानिक और सांस्कृतिक संगठन के महानिदेशक के अनुरोध पर संयुक्त राष्ट्र के सचिवालय के साथ पंजीकृत किया जाएगा।

दिसंबर 1960 के इस पंद्रहवें दिन पेरिस में किया गया, सामान्य सम्मेलन के ग्यारहवें सत्र के अध्यक्ष और संयुक्त राष्ट्र शैक्षिक, वैज्ञानिक और सांस्कृतिक संगठन के महानिदेशक के हस्ताक्षर वाली दो प्रामाणिक प्रतियों में, जिन्हें जमा किया जाएगा संयुक्त राष्ट्र शैक्षिक, वैज्ञानिक और सांस्कृतिक संगठन के अभिलेखागार में, और जिसकी प्रमाणित सच्ची प्रतियां अनुच्छेद 12 और 13 में

निर्दिष्ट सभी राज्यों के साथ-साथ संयुक्त राष्ट्र को भी वितरित की जाएंगी।

बाल अधिकारों पर कन्वेंशन (1989)

(Convention on the Rights of the Child (1989))

महासभा, अपने पिछले संकल्पों को याद करते हुए, विशेष रूप से 20 दिसंबर 1978 के संकल्प 33/166 और 8 दिसंबर 1988 के 43/112, और मानव अधिकार आयोग और आर्थिक और सामाजिक परिषद के सम्मेलन के प्रश्न से संबंधित बच्चे के अधिकार,

विशेष रूप से, 8 मार्च 1989 के मानवाधिकार आयोग के संकल्प 1989/57 को ध्यान में रखते हुए, जिसके द्वारा आयोग ने आर्थिक और सामाजिक परिषद के माध्यम से, बच्चे के अधिकारों पर मसौदा सम्मेलन को सामान्य तक पहुंचाने का निर्णय लिया।

विधानसभा, और आर्थिक और सामाजिक परिषद संकल्प 1989/79 24 मई 1989,

इस बात की पुष्टि करते हुए कि बच्चों के अधिकारों के लिए विशेष सुरक्षा की आवश्यकता है और दुनिया भर में बच्चों की स्थिति में निरंतर सुधार के साथ-साथ शांति और सुरक्षा की स्थिति में उनके विकास और शिक्षा का आह्वान किया गया है।

इस बात पर गहरी चिंता व्यक्त की कि अपर्याप्त सामाजिक परिस्थितियों, प्राकृतिक आपदाओं, सशस्त्र संघर्षों, शोषण, अशिक्षा, भूख और दिव्यांगता के परिणामस्वरूप दुनिया के कई हिस्सों में बच्चों की स्थिति गंभीर बनी हुई है, और आश्वस्त हैं कि

तत्काल और प्रभावी राष्ट्रीय और अंतर्राष्ट्रीय कार्रवाई की आवश्यकता है। ,

बच्चों की भलाई और उनके विकास को बढ़ावा देने में संयुक्त राष्ट्र बाल कोष और संयुक्त राष्ट्र की महत्वपूर्ण भूमिका को ध्यान में रखते हुए,

विश्वास है कि बाल अधिकारों पर एक अंतर्राष्ट्रीय सम्मेलन, मानवाधिकार के क्षेत्र में संयुक्त राष्ट्र की एक मानक-निर्धारण उपलब्धि के रूप में, बच्चों के अधिकारों की रक्षा करने और उनकी भलाई सुनिश्चित करने में सकारात्मक योगदान देगा,

यह ध्यान में रखते हुए कि 1989 बाल अधिकारों की घोषणा की तीसवीं वर्षगांठ और अंतर्राष्ट्रीय बाल वर्ष की दसवीं वर्षगांठ है,

1. बाल अधिकारों पर सम्मेलन के मसौदे के विस्तार को संपन्न करने के लिए मानवाधिकार आयोग के प्रति अपनी सराहना व्यक्त करता है;

2. वर्तमान संकल्प के अनुबंध में निहित बाल अधिकारों पर कन्वेंशन को अपनाना और हस्ताक्षर, अनुसमर्थन और परिग्रहण के लिए खोलना;

3. सभी सदस्य राज्यों से प्राथमिकता के तौर पर कन्वेंशन पर हस्ताक्षर करने और अनुमोदन करने या इसमें शामिल होने पर विचार करने का आह्वान करता है और आशा व्यक्त करता है कि यह शीघ्र ही लागू हो जाएगा;

4. महासचिव से कन्वेंशन पर सूचना के प्रसार के लिए आवश्यक सभी सुविधाएं और सहायता प्रदान करने का अनुरोध;

5. संयुक्त राष्ट्र एजेंसियों और संगठनों, साथ ही अंतर-सरकारी और गैर-सरकारी संगठनों को कन्वेंशन पर जानकारी का प्रसार करने और इसकी समझ को बढ़ावा देने के उद्देश्य से अपने प्रयासों को तेज करने के लिए आमंत्रित करता है;

6. महासचिव से अपने पैंतालीसवें सत्र में महासभा को बाल अधिकारों पर कन्वेंशन की स्थिति पर एक रिपोर्ट प्रस्तुत करने का अनुरोध करता है;

7. "बाल अधिकारों पर कन्वेंशन का कार्यान्वयन" नामक आइटम के तहत अपने पैंतालीसवें सत्र में महासचिव की रिपोर्ट पर विचार करने का निर्णय लिया गया।

दिव्यांग व्यक्तियों के अधिकारों का संयुक्त राष्ट्र सम्मेलन (यूएनसीआरपीडी) 2006

(United Nations Convention on the Rights of Persons with Disabilities (UNCRPD) 2006)

दिव्यांग व्यक्तियों के अधिकारों पर कन्वेंशन

(Convention on the Rights of Persons with Disabilities)

संयुक्त राष्ट्र की एक अंतरराष्ट्रीय मानवाधिकार संधि है जिसका उद्देश्य दिव्यांग व्यक्तियों के अधिकारों और सम्मान की रक्षा करना है। कन्वेंशन के दलों को दिव्यांग व्यक्तियों द्वारा मानवाधिकारों के पूर्ण आनंद को बढ़ावा देने, सुरक्षा देने और सुनिश्चित करने की आवश्यकता है और यह सुनिश्चित करना है कि वे कानून के तहत पूर्ण समानता का आनंद लें। कन्वेंशन ने दिव्यांग व्यक्तियों को दान, चिकित्सा उपचार और सामाजिक

सुरक्षा की वस्तुओं के रूप में देखने से लेकर उन्हें मानवाधिकारों के साथ समाज के पूर्ण और समान सदस्यों के रूप में देखने की दिशा में वैश्विक आंदोलन में प्रमुख उत्प्रेरक के रूप में कार्य किया है। यह स्पष्ट रूप से सतत विकास आयाम वाला एकमात्र संयुक्त राष्ट्र मानवाधिकार उपकरण भी है। यह कन्वेंशन तीसरी सहस्राब्दी की पहली मानवाधिकार संधि थी।

इस पाठ को 13 दिसंबर 2006 को संयुक्त राष्ट्र महासभा द्वारा अपनाया गया था, और 30 मार्च 2007 को हस्ताक्षर के लिए खोला गया था। 20वीं पार्टी द्वारा अनुसमर्थन के बाद, यह 3 मई 2008 को लागू हुआ। फरवरी 2016 तक, इसमें 160 हस्ताक्षरकर्ता हैं और 161 राज्यों और यूरोपीय संघ (जिसने 23 दिसंबर 2010 को सदस्य राज्यों की जिम्मेदारियों की सीमा तक इसकी पुष्टि की थी) सहित 162 पार्टियां यूरोपीय संघ को हस्तांतरित कर दी गईं। दिसंबर 2012 में, संयुक्त राज्य अमेरिका की सीनेट में एक वोट अनुसमर्थन के लिए आवश्यक दो-तिहाई बहुमत से छह वोट कम हो गया। कन्वेंशन की निगरानी दिव्यांग व्यक्तियों के अधिकारों पर समिति द्वारा की जाती है।

इतिहास

1981 से 1992 तक संयुक्त राष्ट्र का "दिव्यांग व्यक्तियों का दशक" था। 1987 में, प्रगति की समीक्षा के लिए विशेषज्ञों की एक वैश्विक बैठक ने सिफारिश की कि संयुक्त राष्ट्र महासभा को दिव्यांग व्यक्तियों के खिलाफ भेदभाव के उन्मूलन पर एक अंतरराष्ट्रीय सम्मेलन का मसौदा तैयार करना चाहिए। मसौदा सम्मेलन की रूपरेखा इटली और उसके बाद स्वीडन द्वारा प्रस्तावित की गई थी, लेकिन कोई सहमति नहीं बन पाई। कई सरकारी प्रतिनिधियों ने तर्क दिया कि मौजूदा मानवाधिकार

दस्तावेज़ पर्याप्त थे। इसके बजाय, गैर-अनिवार्य "दिव्यांग व्यक्तियों के लिए अवसरों की समानता पर मानक नियम" को 1993 में महासभा द्वारा अपनाया गया था। 2000 में, पांच अंतरराष्ट्रीय दिव्यांगता गैर सरकारी संगठनों के नेताओं ने एक घोषणा जारी की, जिसमें सभी सरकारों से एक कन्वेंशन का समर्थन करने का आह्वान किया गया। 2001 में, मेक्सिको के एक प्रस्ताव के बाद, महासभा ने समग्र दृष्टिकोण के आधार पर दिव्यांग व्यक्तियों के अधिकारों और सम्मान को बढ़ावा देने और उनकी रक्षा करने के लिए एक व्यापक और अभिन्न सम्मेलन के प्रस्तावों पर विचार करने के लिए एक तदर्थ समिति की स्थापना की। तदर्थ अंतर्राष्ट्रीय दिव्यांगता कॉकस के समन्वयक के रूप में अंतर्राष्ट्रीय दिव्यांगता गठबंधन सहित दिव्यांगता अधिकार संगठनों ने मसौदा तैयार करने की प्रक्रिया में सक्रिय रूप से भाग लिया, विशेष रूप से कन्वेंशन के कार्यान्वयन और निगरानी में दिव्यांग लोगों और उनके संगठनों के लिए भूमिका की मांग की।

मेक्सिको ने GRULAC (लैटिन अमेरिकी क्षेत्रीय समूह) के सक्रिय समर्थन से बातचीत शुरू की। जब WEOG के विरोध के कारण 2002 में एक कन्वेंशन के लिए समर्थन मिल रहा था, तो न्यूजीलैंड ने अंतर-क्षेत्रीय गति प्राप्त करने में महत्वपूर्ण भूमिका निभाई। 2002-03 तक सुविधाप्रदाता के रूप में कार्य करते हुए, न्यूजीलैंड ने अंततः तदर्थ समिति के अध्यक्ष की औपचारिक भूमिका निभाई और ब्यूरो के अन्य सदस्यों जॉर्डन, कोस्टा रिका, चेक गणराज्य और दक्षिण अफ्रीका के साथ मिलकर काम करते हुए अगस्त 2006 में एक आम सहमति समझौते पर बातचीत का नेतृत्व किया। , साथ ही कोरिया और मैक्सिको भी। सभी क्षेत्रीय समूहों के मजबूत समर्थन के साथ, यह कन्वेंशन इतिहास में सबसे तेजी

से समर्थित मानवाधिकार उपकरणों में से एक बन गया। 2007 में इसके आरंभ होने पर 160 राज्यों ने इस कन्वेंशन पर हस्ताक्षर किए तथा इसके पहले पांच वर्षों में 126 राज्यों ने कन्वेंशन की पुष्टि की। कन्वेंशन के निर्माण में अपनी भूमिका के साथ-साथ न्यूजीलैंड की ऐतिहासिक राष्ट्रीय दिव्यांगता रणनीति की गुणवत्ता के सम्मान में, न्यूजीलैंड के गवर्नर जनरल आनंद सत्यानंद ने राष्ट्र की ओर से 2008 का विश्व दिव्यांगता पुरस्कार प्राप्त किया।

सारांश

यह सम्मेलन नागरिक कानून परंपरा का पालन करता है, जिसमें एक प्रस्तावना है, जिसमें वियना घोषणा और कार्य योजना के "सभी मानवाधिकार सार्वभौमिक, अविभाज्य, अन्योन्याश्रित और परस्पर संबंधित हैं" के सिद्धांत का हवाला दिया गया है, जिसके बाद 50 अनुच्छेद हैं। कई संयुक्त राष्ट्र अनुबंधों और सम्मेलनों के विपरीत, इसे औपचारिक रूप से भागों में विभाजित नहीं किया गया है।

अनुच्छेद 1 सम्मेलन के उद्देश्य को परिभाषित करता है:

(Article 1 defines the purpose of the Convention:)

दिव्यांग व्यक्तियों द्वारा सभी मानवाधिकारों और मौलिक स्वतंत्रताओं के पूर्ण और समान आनंद को बढ़ावा देना, उनकी रक्षा करना और सुनिश्चित करना, और उनकी अंतर्निहित गरिमा के लिए सम्मान को बढ़ावा देना

अनुच्छेद 2 और 3 संचार (Article 2 and 3 Communication,) उचित समायोजन और सार्वभौमिक डिजाइन सहित परिभाषाएँ और सामान्य सिद्धांत प्रदान करते हैं।

अनुच्छेद 4-32 दिव्यांग व्यक्तियों के अधिकारों और उनके प्रति राज्यों के दायित्वों को परिभाषित करते हैं। इनमें से कई अन्य संयुक्त राष्ट्र सम्मेलनों जैसे नागरिक और राजनीतिक अधिकारों पर अंतर्राष्ट्रीय वाचा, आर्थिक, सामाजिक और सांस्कृतिक अधिकारों पर अंतर्राष्ट्रीय वाचा या यातना के खिलाफ सम्मेलन में पुष्टि किए गए अधिकारों को दर्शाते हैं, लेकिन विशिष्ट दायित्वों के साथ यह सुनिश्चित करते हैं कि दिव्यांग व्यक्तियों द्वारा उन्हें पूरी तरह से महसूस किया जा सके।

इस कन्वेंशन के लिए विशिष्ट अधिकारों में सूचना प्रौद्योगिकी सहित पहुँच के अधिकार, स्वतंत्र रूप से रहने और समुदाय में शामिल होने के अधिकार (अनुच्छेद 19), व्यक्तिगत गतिशीलता (अनुच्छेद 20), पुनर्वास और पुनर्वास (अनुच्छेद 26), और राजनीतिक और सार्वजनिक जीवन, सांस्कृतिक जीवन, मनोरंजन और खेल में भागीदारी (अनुच्छेद 29 और 30) शामिल हैं। इसके अलावा, कन्वेंशन के पक्षों को दिव्यांग व्यक्तियों के मानवाधिकारों के बारे में जागरूकता बढ़ानी चाहिए (अनुच्छेद 8), और सड़कों, इमारतों और सूचना तक पहुँच सुनिश्चित करनी चाहिए (अनुच्छेद 9)।

अनुच्छेद 33-39 राष्ट्रीय मानवाधिकार संस्थानों (अनुच्छेद 33) और दिव्यांग व्यक्तियों के अधिकारों पर समिति (अनुच्छेद 34) द्वारा कन्वेंशन की रिपोर्टिंग और निगरानी को नियंत्रित करते हैं।

अनुच्छेद 40-50 कन्वेंशन के अनुसमर्थन, बल में प्रवेश और संशोधन को नियंत्रित करते हैं। अनुच्छेद 49 में यह भी आवश्यक है कि कन्वेंशन सुलभ प्रारूपों में उपलब्ध हो।

मुख्य प्रावधान (Key Provisions)

सम्मेलन के मार्गदर्शक सिद्धांत (Guiding Principles of the Conference)

सम्मेलन के आठ मार्गदर्शक सिद्धांत हैं:

1. अंतर्निहित गरिमा का सम्मान, अपनी पसंद बनाने की स्वतंत्रता सहित व्यक्तिगत स्वायत्तता, और व्यक्तियों की स्वतंत्रता

2. गैर-भेदभाव

3. समाज में पूर्ण और प्रभावी भागीदारी और समावेशन

4. भिन्नता का सम्मान और दिव्यांग व्यक्तियों को मानव विविधता और मानवता के हिस्से के रूप में स्वीकार करना

5. अवसर की समानता

6. अभिगम्यता

7. पुरुषों और महिलाओं के बीच समानता

8. दिव्यांग बच्चों की विकसित होती क्षमताओं का सम्मान और दिव्यांग बच्चों के अपनी पहचान को संरक्षित करने के अधिकार का सम्मान

दिव्यांगता की परिभाषा (Definition of Disability)

सम्मेलन दिव्यांगता के एक सामाजिक मॉडल को अपनाता है, और दिव्यांगता को उन लोगों के रूप में परिभाषित करता है जिनमें दीर्घकालिक शारीरिक, मानसिक, बौद्धिक या संवेदी दिव्यांगताएं हैं जो विभिन्न बाधाओं के साथ बातचीत में दूसरों के साथ समान आधार पर समाज में उनकी पूर्ण और प्रभावी भागीदारी में बाधा डाल सकती हैं।

"उचित समायोजन" का सिद्धांत (The principle of "proper adjustment")

अनुच्छेद 2 में "उचित समायोजन" को "आवश्यक और उचित संशोधन और समायोजन के रूप में परिभाषित किया गया है, जो किसी विशेष मामले में, दिव्यांग व्यक्तियों को अन्य लोगों के साथ समान आधार पर सभी मानवाधिकारों और मौलिक स्वतंत्रताओं का आनंद या प्रयोग सुनिश्चित करने के लिए, असंगत या अनुचित बोझ नहीं डालता है" और समावेशी शिक्षा सहित जीवन के सभी पहलुओं की मांग करता है।

भेदभाव की रोकथाम (Prevention of discrimination)

अनुच्छेद 8 में भेदभाव के विरुद्ध अधिकारों और सम्मान के लिए सम्मान को बढ़ावा देने के लिए जागरूकता बढ़ाने पर जोर दिया गया है:

1. दिव्यांग व्यक्तियों के बारे में, परिवार के स्तर सहित, पूरे समाज में जागरूकता बढ़ाना और दिव्यांग व्यक्तियों के अधिकारों और सम्मान के लिए सम्मान को बढ़ावा देना।

2. जीवन के सभी क्षेत्रों में लिंग और आयु के आधार पर दिव्यांग व्यक्तियों से संबंधित रूढ़िवादिता, पूर्वाग्रहों और हानिकारक प्रथाओं का मुकाबला करना।

3. दिव्यांग व्यक्तियों की क्षमताओं और योगदान के बारे में जागरूकता को बढ़ावा देना।

4. प्रभावी सार्वजनिक जागरूकता अभियान शुरू करना और बनाए रखना, जो इस प्रकार डिज़ाइन किए गए हैं: (i) दिव्यांग व्यक्तियों के अधिकारों के प्रति ग्रहणशीलता को बढ़ावा देना। (ii)

दिव्यांग व्यक्तियों के प्रति सकारात्मक धारणा और अधिक सामाजिक जागरूकता को बढ़ावा देना। (iii) दिव्यांग व्यक्तियों के कौशल, योग्यता और क्षमताओं की मान्यता को बढ़ावा देना, तथा कार्यस्थल और श्रम बाजार में उनके योगदान को बढ़ावा देना।

5. जनसंचार माध्यमों के सभी अंगों को दिव्यांग व्यक्तियों को वर्तमान कन्वेंशन के उद्देश्य के अनुरूप तरीके से चित्रित करने के लिए प्रोत्साहित करना।

6. दिव्यांग व्यक्तियों और दिव्यांग व्यक्तियों के अधिकारों के बारे में जागरूकता-प्रशिक्षण कार्यक्रमों को बढ़ावा देना।

अभिगम्यता

कन्वेंशन इस बात पर जोर देता है कि दिव्यांग व्यक्तियों को स्वतंत्र रूप से रहने और जीवन के सभी पहलुओं में पूरी तरह से भाग लेने में सक्षम होना चाहिए। इस उद्देश्य के लिए, राज्यों को यह सुनिश्चित करने के लिए उचित उपाय करने चाहिए कि दिव्यांग व्यक्तियों को भौतिक वातावरण, परिवहन, सूचना और संचार प्रौद्योगिकी, तथा जनता के लिए उपलब्ध या उपलब्ध कराई गई अन्य सुविधाओं और सेवाओं तक पहुँच प्राप्त हो। अभिगम्यता को तीन मुख्य समूहों में बांटा जा सकता है। 1. भौतिक पहुँच 2. सेवा पहुँच 3. संचार और सूचना तक पहुँच।

जोखिम और मानवीय आपातकाल की स्थितियाँ (Risk and humanitarian emergency situations)

कन्वेंशन का अनुच्छेद 11 पुष्टि करता है कि राज्य पक्ष अंतर्राष्ट्रीय मानवीय कानून और अंतर्राष्ट्रीय मानवाधिकार कानून सहित अंतर्राष्ट्रीय कानून के तहत अपने दायित्वों के अनुसार सशस्त्र संघर्ष, मानवीय आपातकाल और प्राकृतिक आपदा की स्थिति में

दिव्यांग व्यक्तियों की सुरक्षा और संरक्षण सुनिश्चित करने के लिए सभी आवश्यक उपाय करेंगे।

कानून के समक्ष मान्यता और कानूनी क्षमता (Recognition and legal capacity before the law)

कन्वेंशन का अनुच्छेद 12 दिव्यांग व्यक्तियों की कानून के समक्ष समान मान्यता और कानूनी क्षमता की पुष्टि करता है। राज्यों को चाहिए:

1. पुष्टि करें कि दिव्यांग व्यक्तियों को कानून के समक्ष एक व्यक्ति के रूप में हर जगह मान्यता का अधिकार है।

2. पहचानें कि दिव्यांग व्यक्ति जीवन के सभी पहलुओं में दूसरों के साथ समान आधार पर कानूनी क्षमता का आनंद लेते हैं।

3. दिव्यांग व्यक्तियों को उनकी कानूनी क्षमता का प्रयोग करने में आवश्यक सहायता तक पहुँच प्रदान करने के लिए उचित उपाय करें।

4. 4. सुनिश्चित करें कि कानूनी क्षमता के प्रयोग से संबंधित सभी उपाय अंतर्राष्ट्रीय मानवाधिकार कानून के अनुसार दुरुपयोग को रोकने के लिए उचित और प्रभावी सुरक्षा प्रदान करते हैं। ऐसे सुरक्षा उपाय यह सुनिश्चित करेंगे कि कानूनी क्षमता के प्रयोग से संबंधित उपाय व्यक्ति के अधिकारों, इच्छा और प्राथमिकताओं का सम्मान करते हैं, हितों के टकराव और अनुचित प्रभाव से मुक्त हैं, आनुपातिक हैं और व्यक्ति की परिस्थिति के अनुरूप हैं, कम से कम समय के लिए लागू होते हैं और एक सक्षम, स्वतंत्र और निष्पक्ष प्राधिकरण या न्यायिक निकाय द्वारा नियमित समीक्षा के अधीन हैं। सुरक्षा उपाय उस सीमा के समानुपातिक होंगे जिस

सीमा तक ऐसे उपाय व्यक्ति के अधिकारों और हितों को प्रभावित करते हैं।

न्याय तक पहुंच (Access to Justice)

कन्वेंशन का अनुच्छेद 13 दिव्यांग व्यक्तियों के लिए न्याय तक प्रभावी पहुँच की पुष्टि करता है, जिसमें कहा गया है कि:

1. राज्य पक्ष दिव्यांग व्यक्तियों के लिए न्याय तक प्रभावी पहुँच सुनिश्चित करेंगे, जिसमें प्रक्रियात्मक और आयु-उपयुक्त समायोजन के प्रावधान के माध्यम से अन्य लोगों के साथ समान आधार पर शामिल है, ताकि प्रत्यक्ष और अप्रत्यक्ष प्रतिभागियों के रूप में उनकी प्रभावी भूमिका को सुविधाजनक बनाया जा सके, जिसमें गवाह के रूप में, सभी कानूनी कार्यवाही में, जाँच और अन्य प्रारंभिक चरणों में शामिल है।

2. दिव्यांग व्यक्तियों के लिए न्याय तक प्रभावी पहुँच सुनिश्चित करने में मदद करने के लिए, राज्य पक्ष पुलिस और जेल कर्मचारियों सहित न्याय प्रशासन के क्षेत्र में काम करने वालों के लिए उचित प्रशिक्षण को बढ़ावा देंगे। इस अनुच्छेद के साथ अनुच्छेद 12 को संयुक्त राष्ट्र कार्यालय द्वारा ड्रग्स और अपराध पर "विशेष आवश्यकताओं वाले कैदियों पर पुस्तिका" [7] द्वारा उद्धृत किया गया है।

शिक्षा का अधिकार (Right to Education)

कन्वेंशन में कहा गया है कि दिव्यांग व्यक्तियों को सभी स्तरों पर, उम्र की परवाह किए बिना, बिना भेदभाव के और समान अवसर के आधार पर समावेशी शिक्षा के अधिकार की गारंटी दी जानी चाहिए।

राज्य पक्षों को यह सुनिश्चित करना चाहिए कि:

1. दिव्यांग बच्चों को मुफ्त और अनिवार्य प्राथमिक शिक्षा, या माध्यमिक शिक्षा से वंचित नहीं किया जाना चाहिए;

2. दिव्यांग वयस्कों को सामान्य तृतीयक शिक्षा, व्यावसायिक प्रशिक्षण, वयस्क शिक्षा और आजीवन शिक्षा तक पहुँच प्राप्त हो;

3. दिव्यांग व्यक्तियों को उनकी प्रभावी शिक्षा की सुविधा के लिए सामान्य शिक्षा प्रणाली के भीतर आवश्यक सहायता प्राप्त हो; और

4. शैक्षणिक और सामाजिक विकास को अधिकतम करने के लिए प्रभावी व्यक्तिगत सहायता उपाय किए जाएँ।

राज्य पक्षों को उचित उपाय करने चाहिए, जैसे:

(State Parties should take appropriate measures, such as:)

1. ब्रेल, वैकल्पिक लिपि, संवर्द्धन और वैकल्पिक विधाओं, संचार के साधनों और स्वरूपों और अभिविन्यास और गतिशीलता कौशलों को सीखने का समर्थन करना, और साथियों के समर्थन और सलाह को सुविधाजनक बनाना;

2. सांकेतिक भाषा सीखने का समर्थन करना और बधिर समुदाय की भाषाई पहचान को बढ़ावा देना;

3. इस बात की वकालत करना कि व्यक्तियों, विशेष रूप से बच्चों, जो अंधे और/या बधिर हैं, की शिक्षा व्यक्ति के लिए सबसे उपयुक्त भाषाओं और संचार के साधनों में दी जाए; और

4. दिव्यांग शिक्षकों सहित शिक्षकों को नियुक्त करना, जो सांकेतिक भाषा और/या ब्रेल में योग्य हों, और शिक्षा पेशेवरों और

कर्मचारियों को दिव्यांगता जागरूकता, संवर्द्धन और वैकल्पिक विधाओं और स्वरूपों के उपयोग, और दिव्यांग व्यक्तियों का समर्थन करने के लिए शैक्षिक तकनीकों और सामग्रियों के बारे में प्रशिक्षित करना।

स्वास्थ्य का अधिकार (Right to Health)

अनुच्छेद 25 निर्दिष्ट करता है कि "दिव्यांग व्यक्तियों को दिव्यांगता के आधार पर भेदभाव के बिना स्वास्थ्य के उच्चतम प्राप्त करने योग्य मानक का आनंद लेने का अधिकार है।"\

व्यक्ति की अखंडता की रक्षा करना (Protecting the integrity of the individual)

- कन्वेंशन के अनुच्छेद 17 में कहा गया है कि प्रत्येक दिव्यांग व्यक्ति को दूसरों के साथ समान आधार पर अपनी शारीरिक और मानसिक अखंडता के सम्मान का अधिकार है।

परिवार के प्रति सम्मान (Respect for family)

- कन्वेंशन का अनुच्छेद 23 दिव्यांग व्यक्तियों की अनिवार्य नसबंदी[9] पर प्रतिबंध लगाता है और बच्चों को गोद लेने के उनके अधिकार की गारंटी देता है।

आवास एवं पुनर्वास (Housing & Rehabilitation)

- कन्वेंशन के अनुच्छेद 26 में पुष्टि की गई है कि "राज्य पक्ष दिव्यांग व्यक्तियों को अधिकतम स्वतंत्रता, पूर्ण शारीरिक, मानसिक, सामाजिक और व्यावसायिक क्षमता प्राप्त करने और बनाए रखने तथा जीवन के सभी पहलुओं में पूर्ण समावेश और भागीदारी करने में सक्षम

बनाने के लिए, सहकर्मी समर्थन सहित, प्रभावी और उचित उपाय करेंगे। इस उद्देश्य के लिए, राज्य पक्ष व्यापक पुनर्वास और पुनर्वास सेवाओं और कार्यक्रमों को व्यवस्थित, मजबूत और विस्तारित करेंगे, विशेष रूप से स्वास्थ्य, रोजगार, शिक्षा और सामाजिक सेवाओं के क्षेत्रों में, इस तरह से कि ये सेवाएँ और कार्यक्रम:

1. यथासंभव प्रारंभिक चरण में शुरू हों, और व्यक्तिगत आवश्यकताओं और शक्तियों के बहु-विषयक मूल्यांकन पर आधारित हों;

2. समुदाय और समाज के सभी पहलुओं में भागीदारी और समावेश का समर्थन करें, स्वैच्छिक हों, और दिव्यांग व्यक्तियों के लिए ग्रामीण क्षेत्रों सहित उनके अपने समुदायों के जितना संभव हो सके उतना करीब उपलब्ध हों।

3. राज्य पक्षकार पुनर्वास और सामर्थ्य प्रदान करने वाली सेवा में काम करने वाले पेशेवरों और कर्मचारियों के लिए प्रारंभिक और निरंतर प्रशिक्षण के विकास को बढ़ावा देंगे।

4. राज्यों की पार्टियाँ दिव्यांग व्यक्तियों के लिए डिज़ाइन किए गए सहायक उपकरणों और प्रौद्योगिकियों की उपलब्धता, ज्ञान और उपयोग को बढ़ावा देंगी, क्योंकि वे पुनर्वास और पुनर्वास से संबंधित हैं।

भागीदारी अधिकार (Participation Rights)

दिव्यांग व्यक्तियों के अधिकार पर कन्वेंशन ने माना कि "दिव्यांगता दिव्यांग व्यक्तियों और मनोवृत्ति और पर्यावरणीय बाधाओं के बीच बातचीत से उत्पन्न होती है जो समाज में दूसरों के साथ समान आधार पर उनकी पूर्ण और प्रभावी भागीदारी में बाधा

डालती है" और यह कि "दिव्यांग व्यक्तियों को समाज के समान सदस्यों के रूप में उनकी भागीदारी में बाधाओं का सामना करना पड़ता है।"

कन्वेंशन विकलांगों की भागीदारी को अपने सिद्धांतों में से एक बनाता है, जिसमें कहा गया है कि "वर्तमान कन्वेंशन के सिद्धांत होंगे:...समाज में पूर्ण और प्रभावी भागीदारी और समावेश", इसके बाद विकलांगों को समुदाय, शिक्षा, जीवन के सभी पहलुओं (सशक्तीकरण और पुनर्वास के संदर्भ में), राजनीतिक और सार्वजनिक जीवन, सांस्कृतिक जीवन, अवकाश और खेल में पूरी तरह से और समान रूप से भाग लेने का अधिकार सुनिश्चित करता है।

राज्यों को उचित उपाय करने चाहिए जैसे:

1. दिव्यांग व्यक्तियों को न केवल अपने लाभ के लिए, बल्कि समाज के संवर्धन के लिए भी अपनी रचनात्मक, कलात्मक और बौद्धिक क्षमता को विकसित करने और उपयोग करने का अवसर प्रदान करना।

2. अंतर्राष्ट्रीय कानून के अनुसार, यह सुनिश्चित करना कि बौद्धिक संपदा अधिकारों की रक्षा करने वाले कानून दिव्यांग व्यक्तियों द्वारा सांस्कृतिक सामग्रियों तक पहुँच में अनुचित या भेदभावपूर्ण बाधा उत्पन्न न करें।

3. ताकि दिव्यांग व्यक्तियों को दूसरों के साथ समान आधार पर, सांकेतिक भाषाओं और बधिर संस्कृति सहित उनकी विशिष्ट सांस्कृतिक और भाषाई पहचान की मान्यता और समर्थन का अधिकार मिले।

काम और रोजगार (Work & Employment)

अनुच्छेद 27 के अनुसार राज्यों को दिव्यांग व्यक्तियों के काम करने के अधिकार को दूसरों के समान आधार पर मान्यता देनी चाहिए; इसमें श्रम बाजार और कार्य वातावरण में स्वतंत्र रूप से चुने गए या स्वीकार किए गए काम से जीविका प्राप्त करने के अवसर का अधिकार शामिल है जो दिव्यांग व्यक्तियों के लिए खुला, समावेशी और सुलभ है। और यह कि राज्य पक्षकार, रोजगार के दौरान दिव्यांगता प्राप्त करने वाले व्यक्तियों सहित, काम करने के अधिकार की प्राप्ति की रक्षा करेंगे और उसे बढ़ावा देंगे, इसके लिए उचित कदम उठाएंगे, जिसमें कानून बनाना भी शामिल है, अन्य बातों के साथ-साथ:

1. सभी प्रकार के रोजगार, रोजगार की निरंतरता, कैरियर में उन्नति और सुरक्षित और स्वस्थ कार्य स्थितियों से संबंधित सभी मामलों के संबंध में दिव्यांगता के आधार पर भेदभाव का निषेध करना;

2. दिव्यांग व्यक्तियों के अधिकारों की रक्षा, दूसरों के साथ समान आधार पर, समान अवसर और समान मूल्य के काम के लिए समान पारिश्रमिक, उत्पीड़न से सुरक्षा सहित सुरक्षित और स्वस्थ कार्य स्थितियों और शिकायतों के निवारण सहित काम की न्यायसंगत और अनुकूल स्थितियों के लिए करना;

3. सुनिश्चित करें कि दिव्यांग व्यक्ति दूसरों के साथ समान आधार पर अपने श्रम और व्यापार संघ अधिकारों का प्रयोग करने में सक्षम हैं;

4. दिव्यांग व्यक्तियों को सामान्य तकनीकी और व्यावसायिक मार्गदर्शन कार्यक्रमों, प्लेसमेंट सेवाओं और व्यावसायिक और सतत प्रशिक्षण तक प्रभावी पहुंच प्रदान करना;

5. श्रम बाजार में दिव्यांग व्यक्तियों के लिए रोजगार के अवसरों और कैरियर में उन्नति को बढ़ावा देना, साथ ही रोजगार खोजने, प्राप्त करने, बनाए रखने और वापस लौटने में सहायता करना;

6. स्वरोजगार, उद्यमिता, सहकारिता के विकास और अपना खुद का व्यवसाय शुरू करने के अवसरों को बढ़ावा देना|

7. सुनिश्चित करें कि कार्यस्थल पर दिव्यांग व्यक्तियों को उचित आवास प्रदान किया जाता है।

8. दिव्यांग व्यक्तियों द्वारा खुले श्रम बाजार में कार्य अनुभव प्राप्त करने को बढ़ावा दें।

9. दिव्यांग व्यक्तियों के लिए व्यावसायिक और पेशेवर पुनर्वास, नौकरी बनाए रखने और काम पर वापस लौटने के कार्यक्रमों को बढ़ावा दें।

राज्य पक्ष यह सुनिश्चित करेंगे कि दिव्यांग व्यक्तियों को गुलामी या दासता में न रखा जाए, और उन्हें दूसरों के साथ समान आधार पर बल या अनिवार्य श्रम से संरक्षित किया जाए।

पर्याप्त जीवन स्तर और सामाजिक सुरक्षा (Adequate standard of living and social security)

अनुच्छेद 28 के लिए आवश्यक है कि राज्य पक्ष दिव्यांग व्यक्तियों के अपने और अपने परिवार के लिए पर्याप्त जीवन स्तर, जिसमें पर्याप्त भोजन, कपड़े और आवास, और रहने की स्थिति में निरंतर सुधार शामिल हैं, के अधिकार को पहचानें और सुरक्षा के लिए

उचित कदम उठाएँ। दिव्यांगता के आधार पर भेदभाव किए बिना इस अधिकार की प्राप्ति को बढ़ावा देना।

राज्य पक्ष दिव्यांग व्यक्तियों के सामाजिक संरक्षण और दिव्यांगता के आधार पर भेदभाव के बिना उन अधिकारों के आनंद के अधिकार को मान्यता देते हैं, और उपायों सहित अधिकारों की प्राप्ति को सुरक्षित रखने और बढ़ावा देने के लिए उचित कदम उठाएंगे; 1. दिव्यांग व्यक्तियों को स्वच्छ जल सेवा तक समान पहुँच सुनिश्चित करना, तथा दिव्यांगता से संबंधित आवश्यकताओं के लिए उचित और किफायती सेवा, उपकरण और अन्य सहायता तक पहुँच सुनिश्चित करना।

2. दिव्यांग व्यक्तियों, विशेष रूप से दिव्यांग महिलाओं और लड़कियों तथा दिव्यांग वृद्ध व्यक्तियों को सामाजिक सुरक्षा कार्यक्रमों और गरीबी उन्मूलन कार्यक्रमों तक पहुँच सुनिश्चित करना।

3. गरीबी की स्थिति में रहने वाले दिव्यांग व्यक्तियों और उनके परिवारों को राज्य से दिव्यांगता से संबंधित व्ययों के लिए सहायता प्राप्त करना, जिसमें पर्याप्त प्रशिक्षण, परामर्श, वित्तीय सहायता और राहत देखभाल शामिल है।

4. दिव्यांग व्यक्तियों को सार्वजनिक आवास कार्यक्रमों तक पहुँच सुनिश्चित करना।

5. दिव्यांग व्यक्तियों को सेवानिवृत्ति लाभों और कार्यक्रमों तक समान पहुँच सुनिश्चित करना।

मतदान का अधिकार (Right to Vote)

अनुच्छेद 29 के अनुसार सभी अनुबंधित राज्य "चुनावों और सार्वजनिक जनमत संग्रह में गुप्त मतदान द्वारा दिव्यांग व्यक्तियों के मतदान के अधिकार" की रक्षा करेंगे। इस प्रावधान के अनुसार, प्रत्येक अनुबंधित राज्य को मतदान उपकरण प्रदान करना चाहिए जो दिव्यांग मतदाताओं को स्वतंत्र रूप से और गुप्त रूप से मतदान करने में सक्षम बनाए। कुछ लोकतंत्र, जैसे कि यू.एस., जापान, नीदरलैंड, स्लोवेनिया, अल्बानिया या भारत दिव्यांग मतदाताओं को इलेक्ट्रॉनिक वोटिंग मशीन या इलेक्ट्रॉनिक सहायक का उपयोग करने की अनुमति देते हैं जो दिव्यांग मतदाताओं को पेपर बैलेट भरने में मदद करते हैं। अन्य देशों में, जिनमें अज़रबैजान, कोसोवो, कनाडा, घाना, यूनाइटेड किंगडम और अधिकांश अफ्रीकी और एशियाई देश शामिल हैं, दृष्टिहीन मतदाता ब्रेल या पेपर बैलेट टेम्पलेट में मतपत्र का उपयोग कर सकते हैं। इनमें से कई और कुछ अन्य लोकतंत्र, उदाहरण के लिए चिली, समायोज्य डेस्क का उपयोग करते हैं ताकि व्हीलचेयर पर मतदाता उनके पास आ सकें। कुछ लोकतंत्र केवल किसी अन्य व्यक्ति को अंधे या दिव्यांग मतदाता के लिए मतदान करने की अनुमति देते हैं। हालाँकि, ऐसी व्यवस्था मतपत्र की गोपनीयता सुनिश्चित नहीं करती है।

अनुच्छेद 29 में यह भी आवश्यक है कि अनुबंध करने वाले राज्य यह सुनिश्चित करें कि "मतदान प्रक्रियाएँ, सुविधाएँ और सामग्री उचित, सुलभ और समझने और उपयोग करने में आसान हों।" कुछ लोकतंत्रों में, यानी स्वीडन और यू.एस. में, सभी मतदान स्थल पहले से ही दिव्यांग मतदाताओं के लिए पूरी तरह से सुलभ हैं।

आरक्षण (Reservation)

कई दलों ने कन्वेंशन के अपने आवेदन के लिए आरक्षण और व्याख्यात्मक घोषणाएँ की हैं। ऑस्ट्रेलिया खुद को मानसिक रूप से बीमार करार दिए गए लोगों को जबरन दवा देना बंद करने के लिए बाध्य नहीं मानता है, जब इसे अंतिम उपाय माना जाता है।

एल साल्वाडोर कन्वेंशन को इस हद तक स्वीकार करता है कि यह उसके संविधान के अनुकूल है।

माल्टा कन्वेंशन के अनुच्छेद 25 में स्वास्थ्य के अधिकार की व्याख्या गर्भपात के किसी भी अधिकार को लागू न करने के रूप में करता है। यह पहुँच और सहायता के आसपास अपने स्वयं के चुनाव कानूनों को लागू करना जारी रखने का अधिकार भी सुरक्षित रखता है।

मॉरीशस खुद को प्राकृतिक आपदाओं, सशस्त्र संघर्ष या मानवीय आपात स्थितियों के दौरान दिव्यांग लोगों की सुरक्षा के लिए सभी आवश्यक उपाय करने के लिए अनुच्छेद 11 के दायित्व से बाध्य नहीं मानता है, जब तक कि घरेलू कानून द्वारा अनुमति न दी जाए।

नीदरलैंड अपने घरेलू कानूनों के ढांचे के भीतर अनुच्छेद 10 में जीवन के अधिकार की व्याख्या करता है। यह अनुच्छेद 25 (एफ) की भी व्याख्या करता है, जो स्वास्थ्य देखभाल के भेदभावपूर्ण इनकार को रोकता है, किसी व्यक्ति को भोजन या तरल पदार्थ सहित चिकित्सा उपचार से इनकार करने की अनुमति देता है।

पोलैंड अनुच्छेद 23 और 25 की व्याख्या गर्भपात के किसी भी अधिकार को प्रदान नहीं करने के रूप में करता है।

यूनाइटेड किंगडम में शिक्षा, आव्रजन, सशस्त्र बलों में सेवा और सामाजिक सुरक्षा कानून के एक पहलू से संबंधित आरक्षण हैं।

अंतर्राष्ट्रीय रूपरेखा: (International Framework):

सलामांका रूपरेखा

92 सरकारों और 25 अंतर्राष्ट्रीय संगठनों का प्रतिनिधित्व करने वाले 300 से अधिक प्रतिभागियों ने 1994 में सलामांका में शिक्षा के उद्देश्य को आगे बढ़ाने के लिए समावेशी शिक्षा के दृष्टिकोण को बढ़ावा देने के लिए आवश्यक मौलिक नीतिगत बदलावों पर विचार किया, अर्थात स्कूलों को सभी बच्चों, विशेष रूप से विशेष शैक्षिक आवश्यकताओं वाले बच्चों की सेवा करने में सक्षम बनाना। यूनेस्को के सहयोग से स्पेन सरकार द्वारा आयोजित इस सम्मेलन में वरिष्ठ शिक्षा अधिकारी, प्रशासक, नीति-निर्माता और विशेषज्ञ, साथ ही संयुक्त राष्ट्र और विशेष एजेंसियों, अन्य अंतर्राष्ट्रीय सरकारी संगठनों, गैर-सरकारी संगठनों और दाता एजेंसियों के प्रतिनिधि शामिल हुए। सम्मेलन ने विशेष आवश्यकता शिक्षा में सिद्धांतों, नीति और अभ्यास पर सलामांका वक्तव्य और कार्रवाई के लिए रूपरेखा को अपनाया। ये दस्तावेज़ समावेश के सिद्धांत, "सभी के लिए स्कूल" की दिशा में काम करने की आवश्यकता की मान्यता द्वारा सूचित हैं - ऐसी संस्थाएँ जो सभी को शामिल करती हैं, मतभेदों का जश्न मनाती हैं, सीखने का समर्थन करती हैं और व्यक्तिगत आवश्यकताओं का जवाब देती हैं। इस प्रकार, वे सभी के लिए शिक्षा प्राप्त करने और स्कूलों को शैक्षिक रूप से अधिक प्रभावी बनाने के एजेंडे में एक महत्वपूर्ण योगदान देते हैं।

विशेष आवश्यकता शिक्षा पर कार्रवाई के लिए इस ढांचे को यूनेस्को के सहयोग से स्पेन सरकार द्वारा आयोजित विशेष आवश्यकता शिक्षा पर विश्व सम्मेलन द्वारा अपनाया गया था और 7 से 10 जून 1994 तक सलामांका में आयोजित किया गया था। इसका उद्देश्य विशेष आवश्यकता शिक्षा में सिद्धांतों, नीति और व्यवहार पर सलामांका वक्तव्य को लागू करने में सरकारों, अंतर्राष्ट्रीय संगठनों, राष्ट्रीय सहायता एजेंसियों, गैर-सरकारी संगठनों और अन्य निकायों द्वारा नीति को सूचित करना और कार्रवाई का मार्गदर्शन करना है। यह ढांचा भाग लेने वाले देशों के राष्ट्रीय अनुभव के साथ-साथ संयुक्त राष्ट्र प्रणाली और अन्य अंतर-सरकारी संगठनों के प्रस्तावों, सिफारिशों और प्रकाशनों, विशेष रूप से 'दिव्यांग व्यक्तियों के लिए अवसरों के समानीकरण पर मानक नियमों' पर व्यापक रूप से आधारित है। यह विश्व सम्मेलन की तैयारी के लिए आयोजित पांच क्षेत्रीय सेमिनारों से उत्पन्न प्रस्तावों, दिशानिर्देशों और सिफारिशों को भी ध्यान में रखता है।

हर बच्चे को शिक्षा का अधिकार मानवाधिकारों की सार्वभौमिक घोषणा में घोषित किया गया है दिव्यांगता वाले प्रत्येक व्यक्ति को अपनी शिक्षा के संबंध में अपनी इच्छाएँ व्यक्त करने का अधिकार है, जहाँ तक यह सुनिश्चित किया जा सकता है। माता-पिता को अपने बच्चों की आवश्यकताओं, परिस्थितियों और आकांक्षाओं के लिए सबसे उपयुक्त शिक्षा के स्वरूप पर परामर्श लेने का अंतर्निहित अधिकार है। इस रूपरेखा को सूचित करने वाला मार्गदर्शक सिद्धांत यह है कि स्कूलों को सभी बच्चों को उनकी शारीरिक, बौद्धिक, सामाजिक, भावनात्मक, भाषाई या अन्य स्थितियों की परवाह किए बिना समायोजित करना चाहिए। इसमें दिव्यांग और प्रतिभाशाली बच्चे, सड़क पर रहने वाले और काम

करने वाले बच्चे, दूरदराज या खानाबदोश आबादी के बच्चे, भाषाई, जातीय या सांस्कृतिक अल्पसंख्यकों के बच्चे और अन्य वंचित या हाशिए के क्षेत्रों या समूहों के बच्चे शामिल होने चाहिए। ये स्थितियाँ स्कूल प्रणालियों के लिए विभिन्न प्रकार की चुनौतियाँ पैदा करती हैं। इस रूपरेखा के संदर्भ में, 'विशेष शैक्षिक आवश्यकताएँ' शब्द का अर्थ उन सभी बच्चों और युवाओं से है|

जिनकी ज़रूरतें दिव्यांगता या सीखने की कठिनाइयों से उत्पन्न होती हैं। कई बच्चे सीखने की कठिनाइयों का अनुभव करते हैं और इस प्रकार उनकी स्कूली शिक्षा के दौरान कभी-कभी विशेष शैक्षिक आवश्यकताएँ होती हैं। स्कूलों को सभी बच्चों को सफलतापूर्वक शिक्षित करने के तरीके खोजने होंगे, जिनमें वे बच्चे भी शामिल हैं जो गंभीर रूप से वंचित और दिव्यांग हैं। इस बात पर आम सहमति बन रही है कि विशेष शैक्षिक आवश्यकताओं वाले बच्चों और युवाओं को अधिकांश बच्चों के लिए शैक्षिक व्यवस्था में शामिल किया जाना चाहिए। इससे समावेशी स्कूल की अवधारणा सामने आई है। समावेशी स्कूल के सामने चुनौती एक ऐसा बाल-केंद्रित शिक्षण विकसित करना है जो सभी बच्चों को सफलतापूर्वक शिक्षित करने में सक्षम हो, जिसमें गंभीर रूप से वंचित और दिव्यांग बच्चे भी शामिल हैं। ऐसे स्कूलों की खूबी सिर्फ यह नहीं है कि वे सभी बच्चों को गुणवत्तापूर्ण शिक्षा प्रदान करने में सक्षम हैं; बल्कि उनकी स्थापना भेदभावपूर्ण दृष्टिकोण को बदलने, स्वागत करने वाले समुदायों का निर्माण करने और एक समावेशी समाज विकसित करने में मदद करने में एक महत्वपूर्ण कदम है। सामाजिक दृष्टिकोण में बदलाव जरूरी है। बहुत लंबे समय से दिव्यांग लोगों की समस्याओं को एक अक्षम समाज ने और बढ़ा दिया है जिसने उनकी क्षमता के बजाय उनकी कमियों पर ध्यान

केंद्रित किया है। विशेष आवश्यकता वाली शिक्षा में ध्वनि शिक्षण के पुराने सिद्धांत शामिल हैं जिनसे सभी बच्चे लाभान्वित हो सकते हैं। तदनुसार इसे बच्चे की जरूरतों के अनुसार अनुकूलित किया जाना चाहिए न कि बच्चे को सीखने की प्रक्रिया की गति और प्रकृति के बारे में पूर्वनिर्धारित धारणाओं के अनुसार ढाला जाना चाहिए। बाल-केंद्रित शिक्षाशास्त्र सभी छात्रों के लिए और परिणामस्वरूप, पूरे समाज के लिए लाभदायक है। अनुभव ने प्रदर्शित किया है कि यह ड्रॉप-आउट और पुनरावृत्ति को काफी हद तक कम कर सकता है जो कई शिक्षा प्रणालियों का इतना बड़ा हिस्सा है जबकि उपलब्धि के उच्च औसत स्तर को सुनिश्चित करता है। बाल-केन्द्रित शिक्षण-पद्धति संसाधनों की बर्बादी और आशाओं के टूटने से बचा सकती है, जो प्रायः खराब गुणवत्ता वाली शिक्षा और शिक्षा के प्रति 'सबके लिए एक ही तरीका' की मानसिकता का परिणाम है। इसके अतिरिक्त, बाल-केन्द्रित विद्यालय एक ऐसे जन-उन्मुख समाज के लिए प्रशिक्षण स्थल हैं, जो सभी मनुष्यों की भिन्नताओं और गरिमा का सम्मान करता है। इस कार्य-रूपरेखा में निम्नलिखित खंड शामिल हैं:

I. विशेष आवश्यकता शिक्षा में नई सोच
II. राष्ट्रीय स्तर पर कार्रवाई के लिए दिशा-निर्देश
    A. नीति और संगठन
    B. स्कूल कारक
    C. शैक्षिक कर्मियों की भर्ती और प्रशिक्षण
    D. बाहरी सहायता सेवाएँ
    E. प्राथमिकता वाले क्षेत्र
    F. सामुदायिक दृष्टिकोण
    G. संसाधन आवश्यकताएँ

III. क्षेत्रीय और अंतर्राष्ट्रीय स्तर पर कार्रवाई के लिए दिशा-निर्देश।

बिवाको मिलेनियम फ़्रेमवर्क ऑफ़ एक्शन 2002

(Biwako Millennium Framework of Action 2002)

मई 2002 में, ESCAP ने "21वीं सदी में एशियाई और प्रशांत क्षेत्रों में दिव्यांग लोगों के लिए एक समावेशी, बाधा रहित और अधिकार आधारित समाज को बढ़ावा देना" संकल्प को अपनाया। संकल्प ने दिव्यांग व्यक्तियों के एशियाई और प्रशांत दशक 1993-2002 को एक और दशक, 2003-2012 के लिए विस्तारित करने की भी घोषणा की। अक्टूबर 2002 में, दिव्यांग व्यक्तियों के एशियाई और प्रशांत दशक 1993-2002 को समाप्त करने के लिए उच्च स्तरीय अंतर-सरकारी बैठक में सरकारों ने नए दशक के लिए क्षेत्रीय नीति दिशानिर्देश के रूप में "एशिया और प्रशांत क्षेत्र में दिव्यांग व्यक्तियों के लिए एक समावेशी, बाधा-मुक्त और अधिकार-आधारित समाज की दिशा में कार्रवाई के लिए बिवाको मिलेनियम फ़्रेमवर्क" को अपनाया। "बिवाको मिलेनियम फ़्रेमवर्क" दिव्यांग व्यक्तियों के लिए एक समावेशी, बाधा-मुक्त और अधिकार-आधारित समाज की दिशा में मुद्दों, कार्य योजनाओं और रणनीतियों की रूपरेखा तैयार करता है। लक्ष्य को प्राप्त करने के लिए, फ़्रेमवर्क कार्रवाई के लिए सात प्राथमिकता वाले क्षेत्रों की पहचान करता है, जिसमें महत्वपूर्ण मुद्दे, विशिष्ट समय-सीमा वाले लक्ष्य और कार्रवाई निर्दिष्ट की जाती है। कुल मिलाकर, सभी लक्ष्यों की प्राप्ति का समर्थन करने वाले 21 लक्ष्य और 17 रणनीतियों की पहचान की गई है। नया दशक (2003-2012) दिव्यांग व्यक्तियों के नागरिक, सांस्कृतिक, आर्थिक, राजनीतिक और सामाजिक अधिकारों की रक्षा के लिए दान-आधारित

दृष्टिकोण से अधिकार-आधारित दृष्टिकोण की ओर प्रतिमान बदलाव सुनिश्चित करेगा। लक्ष्यों और रणनीतियों को आगे बढ़ाने के लिए, नागरिक समाजों, अन्य बातों के साथ-साथ, स्वयं सहायता संगठनों और संबंधित गैर सरकारी संगठनों के साथ परामर्श और भागीदारी आवश्यक है।

निम्नलिखित कार्रवाई के लिए सात प्राथमिकता वाले क्षेत्रों, लक्ष्यों, रणनीतियों, समय-सीमा और समर्थन/निगरानी तंत्रों का सारांश प्रस्तुत करता है।

(1) दिव्यांग व्यक्तियों के स्वयं सहायता संगठन और संबंधित परिवार और अभिभावक संघ।

(2) दिव्यांग महिलाएँ।

(3) प्रारंभिक पहचान, प्रारंभिक हस्तक्षेप और शिक्षा।

(4) स्व-रोजगार सहित प्रशिक्षण और रोजगार।

(5) निर्माण पर्यावरण और सार्वजनिक परिवहन तक पहुँच।

(6) सूचना और संचार तक पहुँच, जिसमें सूचना, संचार और मुखर प्रौद्योगिकियाँ शामिल हैं।

(7) सामाजिक सुरक्षा और आजीविका कार्यक्रमों के माध्यम से गरीबी उन्मूलन।

(8) निर्माण पर्यावरण और सार्वजनिक परिवहन तक पहुँच।

सार्वजनिक परिवहन प्रणालियों सहित निर्मित पर्यावरण तक पहुँच की कमी अभी भी दिव्यांग व्यक्तियों के लिए प्रमुख बाधा है। यह समस्या और भी गंभीर हो जाएगी, क्योंकि इस क्षेत्र में दिव्यांग वृद्ध लोगों की संख्या बढ़ती जा रही है। सार्वभौमिक डिजाइन दृष्टिकोण

समाज के सभी लोगों को लाभ पहुंचाता है, जिसमें वृद्ध व्यक्ति, गर्भवती महिलाएं और छोटे बच्चों वाले माता-पिता शामिल हैं। इसके आर्थिक लाभों को वैध बनाया गया है, फिर भी नीति स्तर पर ठोस पहल नहीं की गई है। स्थिति को सुधारने के लिए तीन लक्ष्य निर्धारित किए गए हैं: सरकार को ग्रामीण/कृषि संदर्भों सहित सार्वजनिक सुविधाओं, बुनियादी ढांचे और परिवहन की योजना के लिए सुगमता मानकों को अपनाना और लागू करना चाहिए। मौजूदा सार्वजनिक परिवहन प्रणालियों और सभी नई और पुनर्निर्मित सार्वजनिक परिवहन प्रणालियों को यथासंभव जल्दी सुलभ बनाया जाना चाहिए। बुनियादी ढांचे के विकास के लिए सभी अंतरराष्ट्रीय और क्षेत्रीय वित्त पोषण एजेंसियों को अपने ऋण/अनुदान पुरस्कार मानदंडों में सार्वभौमिक और समावेशी डिजाइन अवधारणाओं को शामिल करना चाहिए।

राष्ट्रीय आयोग और नीतियां (National Commissions and Policies)

कोठारी आयोग (1964) (Kothari Commission (1964))

भारतीय शिक्षा आयोग (1964-1966), जिसे लोकप्रिय रूप से कोठारी आयोग के नाम से जाना जाता है, भारत सरकार द्वारा भारत में शिक्षा क्षेत्र के सभी पहलुओं की जांच करने, शिक्षा का एक सामान्य पैटर्न विकसित करने और भारत में शिक्षा के विकास के लिए दिशा-निर्देशों और नीतियों पर सलाह देने के लिए स्थापित एक तदर्थ आयोग था। इसका गठन 14 जुलाई 1964 को विश्वविद्यालय अनुदान आयोग के तत्कालीन अध्यक्ष दौलत सिंह कोठारी की अध्यक्षता में किया गया था। आयोग के संदर्भ की शर्तें प्राथमिक स्तर से उच्चतम स्तर तक शिक्षा के विकास के लिए सामान्य सिद्धांत और दिशानिर्देश तैयार करना और भारत में

शिक्षा के एक मानकीकृत राष्ट्रीय पैटर्न पर सरकार को सलाह देना था। हालाँकि, चिकित्सा और कानूनी अध्ययनों को आयोग के दायरे से बाहर रखा गया था। आयोग का कार्यकाल 1964 से 1966 तक था और आयोग ने 29 जून 1966 को अपनी रिपोर्ट प्रस्तुत की थी। आयोग के चार मुख्य विषय थे:

1. उत्पादकता में वृद्धि
2. सामाजिक और राष्ट्रीय एकीकरण को बढ़ावा देना
3. शिक्षा और आधुनिकीकरण
4. सामाजिक, नैतिक और आध्यात्मिक मूल्यों का विकास करना

मुख्य सिफारिशें (Key Recommendations)

आयोग की मुख्य सिफारिशों में से एक देश भर में 10+2+3 पैटर्न पर शिक्षा प्रणाली का मानकीकरण था। इसने सलाह दी कि प्रीप्राइमरी शिक्षा जिसके अलग-अलग नाम थे जैसे कि किंडरगार्टन, मोंटेसरी और प्री-बेसिक का नाम बदलकर प्री-प्राइमरी कर दिया जाना चाहिए और प्राथमिक शिक्षा (जिसे लोअर प्राइमरी नाम दिया गया) को चौथी कक्षा तक कर दिया जाना चाहिए। इसने स्कूली शिक्षा को उच्च प्राथमिक या उच्च प्राथमिक और हाई स्कूल (दसवीं कक्षा तक) के रूप में वर्गीकृत किया। स्नातक शिक्षा को ग्यारहवीं और बारहवीं कक्षा के रूप में पहचाना गया, जिसे उच्चतर माध्यमिक या पूर्व विश्वविद्यालय नाम दिया गया। स्नातक अध्ययन को तीन साल के पाठ्यक्रम के रूप में मानकीकृत करने की सिफारिश की गई। मास्टर डिग्री तक की शिक्षा प्रणाली को पहले (प्राथमिक शिक्षा), दूसरे (बारहवीं तक माध्यमिक शिक्षा) और तीसरे स्तर की शिक्षा (उच्च अध्ययन) के रूप में वर्गीकृत किया गया।

आयोग ने सिफारिश की कि एक आम सार्वजनिक शिक्षा प्रणाली शुरू की जानी चाहिए और शिक्षा के एक हिस्से के रूप में कार्य अनुभव को पेश करके इसे सामान्य और विशेष धाराओं में व्यावसायिक बनाया जाना चाहिए। इसने कार्य अनुभव और सामाजिक/राष्ट्रीय सेवा को शिक्षा का एक अभिन्न अंग बनाने की आवश्यकता पर भी जोर दिया। विषयों की विशेषज्ञता उच्चतर माध्यमिक स्तर से शुरू करने की सलाह दी गई। स्कूलों के लिए शिक्षण के दिन बढ़ाकर 234 और कॉलेजों के लिए 216 करने की सिफारिश की गई और कार्य के घंटे प्रति शैक्षणिक वर्ष 1000 घंटे से कम नहीं, अधिमानतः 1100 या 1200 घंटे तय किए जाने चाहिए। इसने राष्ट्रीय छुट्टियों को कम करने की भी सलाह दी। कॉलेजों को आस-पास के कई स्कूलों से जोड़ना, पूरे साल स्कूल की सुविधाओं का 8 घंटे प्रतिदिन उपयोग, पुस्तक बैंकों की स्थापना, प्रतिभाओं की पहचान और छात्रवृत्ति का प्रावधान, दिन के अध्ययन और आवासीय सुविधाओं की स्थापना और छात्रों को पढ़ाई के दौरान कमाई के अवसर प्रदान करना आयोग की कुछ अन्य सिफारिशें थीं। इसने निम्न माध्यमिक स्तर तक मुफ्त शिक्षा पर भी जोर दिया। आयोग ने महिला शिक्षा पर जोर दिया और महिला शिक्षा की देखरेख के लिए राज्य और केंद्रीय स्तर की समितियों की स्थापना की सलाह दी। इसने महिलाओं के लिए स्कूल और छात्रावास स्थापित करने का सुझाव दिया और शैक्षिक क्षेत्र में महिलाओं के लिए रोजगार के अवसर खोजने के तरीकों की पहचान करने का आग्रह किया।[9] जाति, धर्म और लिंग से परे सभी को समान अवसर प्रदान करने और सामाजिक और राष्ट्रीय एकीकरण प्राप्त करने पर ध्यान केंद्रित करते हुए, स्कूलों को पिछड़े वर्गों को प्राथमिकता के आधार पर शिक्षा प्रदान करने की सलाह दी गई और माध्यमिक विद्यालय में नामांकन का

न्यूनतम स्तर हर साल 360 से कम नहीं होने की सलाह दी गई। पाठ्यक्रम के दो सेट निर्धारित किए गए, एक राज्य स्तर पर और एक राष्ट्रीय स्तर पर और स्कूलों को पाठ्यक्रम के साथ प्रयोग करने की सिफारिश की गई। इसने यह भी प्रस्ताव दिया कि प्रत्येक विषय के लिए तीन या चार पाठ्य पुस्तकें निर्धारित की जाएँ और नैतिक और धार्मिक शिक्षा को पाठ्यक्रम का हिस्सा बनाया जाए। आयोग द्वारा निर्धारित पाठ्यक्रम इस प्रकार था:

निम्न प्राथमिक स्तर (1 से 4) (Lower Primary Level (1 to 4))

- एक भाषा (क्षेत्रीय)
- गणितीय अध्ययन
- पर्यावरण अध्ययन
- रचनात्मक अध्ययन
- स्वास्थ्य अध्ययन
- कार्य अनुभव

उच्च प्राथमिक स्तर (5 से 8) (Upper Primary Level (5 to 8))

- दो भाषाएँ (एक क्षेत्रीय और एक राष्ट्रीय) और अधिमानतः एक तीसरी भाषा • गणितीय अध्ययन
- विज्ञान अध्ययन
- सामाजिक अध्ययन
- कला
- शारीरिक शिक्षा
- कार्य अनुभव
- नैतिक अध्ययन

निम्न माध्यमिक स्तर (IX और X) (Lower Secondary Level (IX & X))

- तीन भाषाएँ
- गणितीय अध्ययन
- विज्ञान अध्ययन
- सामाजिक अध्ययन
- कला
- शारीरिक शिक्षा
- कार्य अनुभव
- नैतिक अध्ययन

उच्च माध्यमिक स्तर (XI और XII) (Higher Secondary Level (XI & XII))

- दो भाषाएँ (एक आधुनिक भारतीय भाषा और एक शास्त्रीय या विदेशी भाषा)

- कोई भी तीन विषय (a) एक अतिरिक्त भाषा, (b) इतिहास (c) अर्थशास्त्र (d) तर्कशास्त्र (e) भूगोल (f) मनोविज्ञान (g) समाजशास्त्र (h) कला (i) भौतिकी (j) रसायन विज्ञान (k) गणित (l) जीव विज्ञान (m) भूविज्ञान (n) गृह विज्ञान

- कला

- शारीरिक शिक्षा

- कार्य अनुभव

- नैतिक अध्ययन

इसने मार्गदर्शन और परामर्श केंद्रों की स्थापना और छात्र प्रदर्शन के मूल्यांकन में एक नए दृष्टिकोण की भी सिफारिश की। आयोग

ने सामाजिक या धार्मिक अलगाव के बिना पड़ोस स्कूल प्रणाली और प्राथमिक और माध्यमिक स्तर की शिक्षा को एकीकृत करने वाली एक स्कूल परिसर प्रणाली का सुझाव दिया। इसने सुझाव दिया कि राज्य और राष्ट्रीय परीक्षा बोर्ड स्थापित किए जाएं और राज्य स्तरीय मूल्यांकन मशीनरी लगाई जाए।

आयोग ने शिक्षा क्षेत्र में पेशेवर प्रबंधन लाने के लिए भारतीय प्रशासनिक सेवा की तर्ज पर भारतीय शिक्षा सेवा की स्थापना की सिफारिश की। इसने शिक्षण, गैर-शिक्षण और प्रशासनिक कर्मचारियों के वेतनमानों के मानकीकरण और संशोधन का प्रस्ताव रखा और उनके स्थान के आधार पर न्यूनतम वेतन स्तर निर्धारित किए। इसने विभिन्न प्रबंधनों जैसे कि सरकारी, निजी और स्थानीय निकायों के तहत काम करने वाले वेतनमानों के मानकीकरण की भी सलाह दी। शिक्षा क्षेत्र के प्राथमिक, माध्यमिक और उच्च स्तरों में शिक्षकों के लिए न्यूनतम वेतनमान 1:2:3 के अनुपात में होने का सुझाव दिया गया। एक अन्य प्रस्ताव शिक्षण कर्मचारियों के निरंतर ऑन-जॉब प्रशिक्षण के लिए मशीनरी की स्थापना और पेशे में प्रतिभाओं को आकर्षित करने के लिए शिक्षकों की स्थिति को ऊपर उठाने के प्रयासों के लिए था। इसने शैक्षिक मानकों को वैध बनाने के लिए कानून पारित करने और शिक्षा व्यय को सकल घरेलू उत्पाद के तत्कालीन 2.9 प्रतिशत के स्तर से बढ़ाकर 6 प्रतिशत करने का आग्रह किया, जिसे वित्तीय वर्ष 1985-86 तक हासिल किया जाना था। एक महत्वपूर्ण सुझाव यह था कि भारत सरकार द्वारा एक राष्ट्रीय शिक्षा नीति जारी की जाए, जो राज्य और स्थानीय निकायों के लिए उनकी शैक्षिक योजनाओं के डिजाइन और कार्यान्वयन में एक दिशानिर्देश के रूप में काम करे।

राष्ट्रीय शिक्षा नीति 1968 (National Policy on Education 1968)

राष्ट्रीय शिक्षा नीति (एनपीई) भारत सरकार द्वारा भारत के लोगों के बीच शिक्षा को बढ़ावा देने के लिए तैयार की गई नीति है। यह नीति ग्रामीण और शहरी भारत दोनों में प्राथमिक शिक्षा से लेकर कॉलेजों तक को कवर करती है। पहली एनपीई 1968 में प्रधानमंत्री इंदिरा गांधी की सरकार द्वारा और दूसरी 1986 में प्रधानमंत्री राजीव गांधी द्वारा प्रख्यापित की गई थी।

1947 में देश की स्वतंत्रता के बाद से, भारत सरकार ने ग्रामीण और शहरी भारत दोनों में निरक्षरता की समस्याओं को दूर करने के लिए कई तरह के कार्यक्रम प्रायोजित किए। भारत के पहले शिक्षा मंत्री मौलाना अबुल कलाम आज़ाद ने एक समान शिक्षा प्रणाली के साथ पूरे देश में शिक्षा पर मजबूत केंद्र सरकार के नियंत्रण की परिकल्पना की थी। केंद्र सरकार ने भारत की शिक्षा प्रणाली को आधुनिक बनाने के प्रस्तावों को विकसित करने के लिए विश्वविद्यालय शिक्षा आयोग (1948-1949) और माध्यमिक शिक्षा आयोग (1952-1953) की स्थापना की। वैज्ञानिक नीति पर प्रस्ताव भारत के पहले प्रधानमंत्री जवाहरलाल नेहरू की सरकार द्वारा अपनाया गया था। नेहरू सरकार ने भारतीय प्रौद्योगिकी संस्थान जैसे उच्च गुणवत्ता वाले वैज्ञानिक शिक्षा संस्थानों के विकास को प्रायोजित किया। 1961 में, केंद्र सरकार ने एक स्वायत्त संगठन के रूप में राष्ट्रीय शैक्षिक अनुसंधान और प्रशिक्षण परिषद (NCERT) का गठन किया, जो शिक्षा नीतियों को तैयार करने और लागू करने पर केंद्र और राज्य सरकारों दोनों को सलाह देगा। शिक्षा आयोग (1964-1966) की रिपोर्ट और सिफारिशों के आधार पर, प्रधान मंत्री इंदिरा गांधी की सरकार ने

1968 में शिक्षा पर पहली राष्ट्रीय नीति की घोषणा की, जिसमें राष्ट्रीय एकीकरण और अधिक सांस्कृतिक और आर्थिक विकास को प्राप्त करने के लिए "आमूल-चूल पुनर्गठन" और शैक्षिक अवसरों को समान बनाने का आह्वान किया गया। नीति में भारत के संविधान द्वारा निर्धारित 14 वर्ष की आयु तक के सभी बच्चों के लिए अनिवार्य शिक्षा को पूरा करने और शिक्षकों के बेहतर प्रशिक्षण और योग्यता की मांग की गई। नीति में क्षेत्रीय भाषाओं को सीखने पर ध्यान केंद्रित करने का आह्वान किया गया, जिसमें माध्यमिक शिक्षा में लागू किए जाने वाले "तीन भाषा सूत्र" की रूपरेखा तैयार की गई - अंग्रेजी भाषा की शिक्षा, जिस राज्य में स्कूल स्थित था, वहां की आधिकारिक भाषा और हिंदी, राष्ट्रीय भाषा। बुद्धिजीवियों और आम जनता के बीच की खाई को कम करने के लिए भाषा शिक्षा को आवश्यक माना गया। हालाँकि हिंदी को राष्ट्रीय भाषा के रूप में अपनाने का निर्णय विवादास्पद साबित हुआ था, लेकिन नीति में सभी भारतीयों के लिए एक समान भाषा को बढ़ावा देने के लिए समान रूप से हिंदी के उपयोग और सीखने को प्रोत्साहित करने का आह्वान किया गया था। नीति ने प्राचीन संस्कृत भाषा के शिक्षण को भी प्रोत्साहित किया, जिसे भारत की संस्कृति और विरासत का एक अनिवार्य हिस्सा माना जाता था। 1968 की एनपीई ने शिक्षा व्यय को राष्ट्रीय आय के छह प्रतिशत तक बढ़ाने का आह्वान किया। 2013 तक, एनपीई 1968 राष्ट्रीय वेबसाइट पर स्थानांतरित हो गई है।

राष्ट्रीय शिक्षा नीति 1986 (National Policy on Education 1986)

जनवरी, 1985 में यह घोषणा करने के बाद कि एक नई नीति विकास में थी, प्रधान मंत्री राजीव गांधी की सरकार ने मई, 1986

में शिक्षा पर एक नई राष्ट्रीय नीति पेश की। नई नीति ने "असमानताओं को दूर करने और शैक्षिक अवसर को समान बनाने पर विशेष जोर" देने का आह्वान किया, विशेष रूप से भारतीय महिलाओं, अनुसूचित जनजातियों (एसटी) और अनुसूचित जाति (एससी) समुदायों के लिए। इन्हें प्राप्त करने के लिए, नीति में छात्रवृत्तियों का विस्तार, वयस्क शिक्षा, अनुसूचित जातियों से अधिक शिक्षकों की भर्ती, गरीब परिवारों को अपने बच्चों को नियमित रूप से स्कूल भेजने के लिए प्रोत्साहन, नए संस्थानों का विकास और आवास और सेवाएं प्रदान करने का आह्वान किया गया। एनपीई ने प्राथमिक शिक्षा में "बाल-केंद्रित दृष्टिकोण" का आह्वान किया और देश भर में प्राथमिक विद्यालयों को बेहतर बनाने के लिए "ऑपरेशन ब्लैकबोर्ड" शुरू किया। नीति ने इंदिरा गांधी राष्ट्रीय मुक्त विश्वविद्यालय के साथ मुक्त विश्वविद्यालय प्रणाली का विस्तार किया, जिसे 1985 में बनाया गया था। नीति ने ग्रामीण भारत में जमीनी स्तर पर आर्थिक और सामाजिक विकास को बढ़ावा देने के लिए भारतीय नेता महात्मा गांधी के दर्शन पर आधारित "ग्रामीण विश्वविद्यालय" मॉडल के निर्माण का भी आह्वान किया।

संशोधित राष्ट्रीय शिक्षा नीति 1992 (Revised National Policy on Education 1992)

1986 की राष्ट्रीय शिक्षा नीति को 1992 में पी.वी. नरसिंह राव सरकार द्वारा संशोधित किया गया था। 2005 में, प्रधान मंत्री मनमोहन सिंह ने अपनी संयुक्त प्रगतिशील गठबंधन (यूपीए) सरकार के "सामान्य न्यूनतम कार्यक्रम" के आधार पर एक नई नीति अपनाई। राष्ट्रीय शिक्षा नीति (एनपीई), 1986 के तहत कार्य योजना (पीओए), 1992 में देश में व्यावसायिक और तकनीकी

कार्यक्रमों में प्रवेश के लिए अखिल भारतीय आधार पर एक सामान्य प्रवेश परीक्षा आयोजित करने की परिकल्पना की गई थी। इंजीनियरिंग और वास्तुकला/योजना कार्यक्रमों में प्रवेश के लिए, भारत सरकार ने 18 अक्टूबर 2001 के संकल्प के तहत तीन-परीक्षा योजना (राष्ट्रीय स्तर पर जेईई और एआईईईई और राज्य स्तरीय संस्थानों के लिए राज्य स्तरीय इंजीनियरिंग प्रवेश परीक्षा (एसएलईईई) - एआईईईई में शामिल होने के विकल्प के साथ) निर्धारित की है।

यह इन कार्यक्रमों में अलग-अलग प्रवेश मानकों का ख्याल रखता है और व्यावसायिक मानकों को बनाए रखने में मदद करता है। यह ओवरलैप की समस्याओं को भी हल करता है और प्रवेश परीक्षाओं की बहुलता के कारण छात्रों और उनके अभिभावकों पर शारीरिक, मानसिक और वित्तीय बोझ को कम करता है। राष्ट्रीय शिक्षा नीति-1986 को 1992 में संशोधित किया गया था। यह देश में शिक्षा के विकास को निर्देशित करने के लिए एक व्यापक ढांचा है। एनपीई-1968 में शामिल सिद्धांतों को कुछ संशोधनों के साथ नई नीति में भी शामिल किया गया है।

संशोधन और परिवर्धन (Modifications and additions)

- नई शिक्षा नीति प्राथमिक स्तर पर स्कूलों में बच्चों को बनाए रखने पर जोर देगी। योजना बनाकर बच्चों के स्कूल छोड़ने के कारणों को रणनीतिक रूप से संभाला जाना चाहिए। देश में अनौपचारिक शिक्षा का नेटवर्क शुरू किया जाना चाहिए और 14 वर्ष की आयु तक शिक्षा को अनिवार्य बनाया जाना चाहिए।

- पिछड़े वर्गों, शारीरिक रूप से दिव्यांग और अल्पसंख्यक बच्चों के विकास के लिए शिक्षा पर अधिक ध्यान दिया जाना चाहिए।

- महिलाओं में निरक्षरता की खराब दर को दूर करने के लिए महिला शिक्षा पर अधिक जोर दिया जाएगा। उन्हें विभिन्न शिक्षण संस्थानों में प्राथमिकता दी जाएगी तथा व्यावसायिक, तकनीकी और पेशेवर शिक्षा में उनके लिए विशेष प्रावधान किए जाएंगे।

- संस्थानों को बुनियादी ढांचे, कंप्यूटर, पुस्तकालय जैसे संसाधन उपलब्ध कराए जाएंगे। छात्रों के लिए आवास की व्यवस्था की जाएगी, खासकर छात्राओं के लिए। शिक्षकों को पढ़ाने, सीखने और शोध करने का अधिकार होगा।

- केंद्रीय शिक्षा सलाहकार बोर्ड शैक्षिक विकास की समीक्षा करने और देश में शिक्षा में सुधार के लिए आवश्यक बदलावों को निर्धारित करने में महत्वपूर्ण भूमिका निभाएगा।

- राज्य सरकार शिक्षा में राज्य की प्रगति की देखभाल के लिए राज्य शिक्षा सलाहकार बोर्ड की स्थापना कर सकती है।

- देश में शिक्षा को सुविधाजनक बनाने के लिए गैर-सरकारी संगठनों को प्रोत्साहित किया जाएगा। साथ ही शिक्षा के व्यावसायीकरण के लिए संस्थानों की स्थापना को रोकने के लिए कदम उठाए जाएंगे।

राष्ट्रीय पाठ्यचर्या की रूपरेखा 2005 (National Curriculum Framework 2005)

राष्ट्रीय पाठ्यचर्या की रूपरेखा (एनसीएफ 2005) भारत में राष्ट्रीय शैक्षिक अनुसंधान और प्रशिक्षण परिषद (एनसीईआरटी) द्वारा 1975, 1988, 2000 और 2005 में प्रकाशित चार राष्ट्रीय पाठ्यचर्या की रूपरेखाओं में से एक है।

यह रूपरेखा भारत में स्कूली शिक्षा कार्यक्रमों के भीतर पाठ्यक्रम, पाठ्यपुस्तकें और शिक्षण पद्धतियाँ बनाने के लिए रूपरेखा प्रदान करती है। एनसीएफ 2005 दस्तावेज़ शिक्षा पर पहले की सरकारी रिपोर्टों जैसे लर्निंग विदाउट बर्डन और राष्ट्रीय शिक्षा नीति 1986-1992 और फ़ोकस समूह चर्चा से अपना नीतिगत आधार लेता है। व्यापक विचार-विमर्श के बाद एनसीएफ-2005 के तत्वावधान में 21 राष्ट्रीय फ़ोकस समूह स्थिति पत्र विकसित किए गए हैं। अत्याधुनिक स्थिति पत्रों ने एनसीएफ-2005 के निर्माण के लिए इनपुट प्रदान किए। दस्तावेज़ और इसकी सहायक पाठ्यपुस्तकें प्रेस में विभिन्न प्रकार की समीक्षाओं के घेरे में आई हैं।

इसका मसौदा दस्तावेज़ केंद्रीय शिक्षा सलाहकार बोर्ड (सीएबीई) की आलोचना के घेरे में आया। फरवरी 2008 में निदेशक कृष्ण कुमार ने एक साक्षात्कार में इस दस्तावेज के समक्ष आने वाली चुनौतियों पर भी चर्चा की थी। एनसीएफ-2005 का दृष्टिकोण और सिफारिशें पूरी शिक्षा व्यवस्था के लिए हैं। उदाहरण के लिए, इसकी कई सिफारिशें ग्रामीण स्कूलों पर केंद्रित हैं। इस पर आधारित पाठ्यक्रम और पाठ्यपुस्तकें सभी सीबीएसई स्कूलों द्वारा उपयोग की जा रही हैं, लेकिन एनसीएफ-आधारित सामग्री का उपयोग कई राज्य स्कूलों में भी किया जा रहा है। एनसीएफ 2005 का 22 भाषाओं में अनुवाद किया गया है और इसने 17 राज्यों के पाठ्यक्रमों को प्रभावित किया है। एनसीईआरटी ने प्रत्येक राज्य को राज्य की भाषा में एनसीएफ को बढ़ावा देने और इसके वर्तमान पाठ्यक्रम की तुलना प्रस्तावित पाठ्यक्रम से करने के लिए 10 लाख रुपये का अनुदान दिया, ताकि भविष्य में सुधारों की योजना बनाई जा सके। कई राज्यों ने इस चुनौती को स्वीकार

किया है। यह अभ्यास राज्य शैक्षिक अनुसंधान और प्रशिक्षण परिषदों [एससीईआरटी] और जिला शिक्षा और प्रशिक्षण संस्थानों [डीआईईटी] की भागीदारी के साथ किया जा रहा है।

एनसीएफ 2005 की मुख्य विशेषताएं (Salient Features of NCF 2005)

दस्तावेज को 5 क्षेत्रों में विभाजित किया गया है:

एनसीएफ का परिप्रेक्ष्य (NCF's Perspective)

एनसीएफ को अतीत में व्यक्त विचारों को ध्यान में रखते हुए तैयार किया गया था जैसे (The NCF was framed keeping in mind the views expressed in the past such as)

- सीखने को रटने की पद्धति से स्थानांतरित करना।

- बच्चों का समग्र विकास सुनिश्चित करना।

- परीक्षा को कक्षा में सीखने की प्रक्रिया में एकीकृत करना और इसे और अधिक लचीला बनाना।

- भारत की लोकतांत्रिक नीति के भीतर देखभाल करने वाली चिंताओं की पहचान को बढ़ावा देना।

- देश की लोकतांत्रिक राजनीति के भीतर देखभाल करने वाली चिंताओं से प्रेरित एक सर्वोपरि पहचान को बढ़ावा देना।

एनसीएफ ने निम्नलिखित पर ध्यान केंद्रित किया: (NCF focused on the following:)

- सीखने को एक आनंददायक अनुभव बनाने के लिए बिना किसी बोझ के सीखना तथा पाठ्यपुस्तकों से हटकर परीक्षा का

आधार बनाना और बच्चों से तनाव दूर करना। इसने पाठ्यक्रम के डिजाइन में बड़े बदलावों की सिफारिश की।

• व्यक्ति की आत्मनिर्भरता और गरिमा की भावना विकसित करने के लिए यह सामाजिक संबंधों का आधार बनेगा और पूरे समाज में अहिंसा और एकता की भावना विकसित करेगा।

• बाल केंद्रित दृष्टिकोण विकसित करना और 14 वर्ष की आयु तक सार्वभौमिक नामांकन और प्रतिधारण को बढ़ावा देना।

• छात्रों में एकता, लोकतंत्र और एकता की भावना को विकसित करने के लिए पाठ्यक्रम को हमारी राष्ट्रीय पहचान को मजबूत करने और नई पीढ़ी को पुनर्मूल्यांकन करने में सक्षम बनाने में सक्षम बनाया गया है।

• जे. पी. नाइक ने समानता, गुणवत्ता और मात्रा को भारतीय शिक्षा के लिए अनन्य त्रिकोण के रूप में वर्णित किया है।

• सामाजिक संदर्भ के संबंध में एनसीएफ 2005 ने यह सुनिश्चित किया है कि जाति, पंथ, धर्म और लिंग के बावजूद सभी को एक मानक पाठ्यक्रम प्रदान किया जाए।

शिक्षा और ज्ञान (Education & Knowledge)

सीखना एक आनंददायक कार्य होना चाहिए, जहाँ बच्चों को यह महसूस होना चाहिए कि उन्हें महत्व दिया जा रहा है और उनकी आवाज़ सुनी जा रही है। पाठ्यक्रम संरचना और स्कूल को छात्रों के लिए सुरक्षित और मूल्यवान महसूस करने के लिए एक संतोषजनक स्थान बनाने के लिए डिज़ाइन किया जाना चाहिए। पाठ्यक्रम को छात्रों के समग्र विकास पर ध्यान केंद्रित करना चाहिए ताकि व्यक्तियों में शारीरिक और मानसिक विकास को

बढ़ाया जा सके और साथ ही साथियों के साथ बातचीत भी हो सके। छात्रों के समग्र विकास को लाने के लिए, पर्याप्त पोषण, शारीरिक व्यायाम और अन्य मनोवैज्ञानिक आवश्यकताओं को संबोधित किया जाना चाहिए, इसलिए योग और खेल में भागीदारी आवश्यक है। सीखने को आनंददायक बनाया जाना चाहिए और वास्तविक जीवन के अनुभवों से संबंधित होना चाहिए, सीखने में अवधारणाएँ और गहरी समझ शामिल होनी चाहिए। किशोरावस्था छात्रों के लिए एक कमजोर उम्र है और पाठ्यक्रम को छात्रों को तैयार करना चाहिए और सामाजिक और भावनात्मक समर्थन प्रदान करना चाहिए जो सकारात्मक व्यवहार को विकसित करेगा और उनके जीवन में आने वाली स्थितियों, साथियों के दबाव और लिंग रूढ़िवादिता से निपटने के लिए आवश्यक कौशल प्रदान करेगा। समावेशी शिक्षा को प्राथमिकता दी जानी चाहिए और दिव्यांग छात्रों के बावजूद हर छात्र की ज़रूरतों के अनुरूप पाठ्यक्रम का पालन करने के लिए लचीलापन होना चाहिए। रचनात्मक शिक्षा को पाठ्यक्रम का हिस्सा होना चाहिए। छात्रों के लिए ऐसी परिस्थितियाँ और अवसर बनाए जाने चाहिए जिससे उन्हें चुनौतियाँ मिलें, रचनात्मकता को बढ़ावा मिले और छात्रों की सक्रिय भागीदारी बढ़े। छात्रों को साथियों, शिक्षकों और बड़े लोगों के साथ बातचीत करने के लिए प्रोत्साहित किया जाना चाहिए जिससे उनके लिए सीखने के कई और समृद्ध अवसर खुलेंगे। नींव मजबूत और दृढ़ रखी जानी चाहिए। प्राथमिक, उच्च प्राथमिक और मध्य विद्यालय को बच्चों को तर्कसंगत सोच विकसित करने और तलाशने के लिए जगह प्रदान करनी चाहिए ताकि वे अपने अंदर अवधारणाओं, भाषा, ज्ञान, जांच और सत्यापन प्रक्रियाओं के बारे में पर्याप्त ज्ञान प्राप्त कर सकें।

पाठ्यचर्या क्षेत्र, स्कूल के चरण और मूल्यांकन (Curriculum Area, School Stages and Assessment)

भाषा - त्रिभाषा सूत्र प्रणाली का पालन किया जाना चाहिए। संचार का माध्यम घरेलू भाषा होनी चाहिए। अध्ययन की जाने वाली पहली भाषा मातृभाषा या क्षेत्रीय भाषा होनी चाहिए। दूसरी भाषा - हिंदी भाषी राज्यों में, दूसरी भाषा कोई अन्य आधुनिक भारतीय भाषा या अंग्रेजी होगी, और - गैर-हिंदी भाषी राज्यों में, दूसरी भाषा हिंदी या अंग्रेजी होगी। तीसरी भाषा - हिंदी भाषी राज्यों में तीसरी भाषा अंग्रेजी या कोई आधुनिक भारतीय भाषा होगी, जिसे दूसरी भाषा के रूप में नहीं पढ़ाया जाता है, और - गैर-हिंदी भाषी राज्यों में तीसरी भाषा अंग्रेजी या कोई आधुनिक भारतीय भाषा होगी, जिसे दूसरी भाषा के रूप में नहीं पढ़ाया जाता है।

गणित - गणित सीखने पर जोर इस बात पर दिया जाता है कि सभी छात्र सीख सकते हैं और उन्हें गणित सीखने की जरूरत है। छात्रों के लिए बुनियादी कौशल में रुचि विकसित करने के लिए शिक्षण और सीखने के माहौल को अनुकूल बनाया जाना चाहिए और शिक्षण के माध्यम से गणित के विभिन्न मॉडलों को शामिल किया जाना चाहिए, जो समस्या समाधान और सक्रिय सीखने के लिए शिक्षण समय का अधिक प्रतिशत समर्पित करता है।

कंप्यूटर - स्कूलों में कंप्यूटर की शुरूआत परिणामों और कौशल सेटों के पूर्व निर्धारित सेट से हटकर ऐसे सेट की ओर ले जाना है जो छात्रों को 16 व्याख्यात्मक तर्क और अन्य उच्च-क्रम कौशल विकसित करने में सक्षम बनाता है।

- छात्रों को ज्ञान के स्रोतों तक पहुँचने, उनकी व्याख्या करने और निष्क्रिय उपयोगकर्ता होने के बजाय ज्ञान बनाने में सक्षम बनाना।
- पाठ्यक्रम लेनदेन के लचीले मॉडल को बढ़ावा देना।
- व्यक्तिगत सीखने की शैलियों को बढ़ावा देना।
- कम से कम प्राथमिक शिक्षा में लचीली पाठ्यक्रम सामग्री और मूल्यांकन के लचीले मॉडल के उपयोग को प्रोत्साहित करना।

विज्ञान - विज्ञान सीखने की शिक्षाशास्त्र को इस तरह से डिजाइन किया जाना चाहिए कि विज्ञान सीखने का उद्देश्य विज्ञान के तथ्यों और सिद्धांतों तथा इसके अनुप्रयोगों को सीखना है, जो संज्ञानात्मक विकास के चरण के अनुरूप हो। कौशल प्राप्त करना तथा उन विधियों और प्रक्रियाओं को समझना जो वैज्ञानिक ज्ञान के निर्माण और सत्यापन की ओर ले जाती हैं। विज्ञान के ऐतिहासिक और विकासात्मक परिप्रेक्ष्य को विकसित करना तथा विज्ञान को एक सामाजिक उद्यम के रूप में देखने में सक्षम बनाना।

आजकल प्रारंभिक कक्षाओं में प्रवेश करने वाले विविध पृष्ठभूमि वाले शिक्षार्थियों की बढ़ती संख्या ने हमारे स्कूलों को और अधिक समावेशी बनाने के महत्व को मजबूत किया है।

शिक्षार्थियों की प्रतिभाओं, सामाजिक, सांस्कृतिक, आर्थिक और राजनीतिक पृष्ठभूमि में व्यापक भिन्नता के कारण भारत में प्राथमिक कक्षाओं के समक्ष इस विविधता का रचनात्मक उपयोग करने की चुनौती रही है, ताकि शिक्षण-अधिगम प्रक्रियाओं और प्रथाओं का लोकतांत्रिकरण किया जा सके और सामाजिक न्याय के बड़े लक्ष्यों को प्राप्त किया जा सके।

स्थानीय और वैश्विक दोनों से जुड़ना और विज्ञान, प्रौद्योगिकी और समाज के बीच के मुद्दों को समझना। कार्य की दुनिया में प्रवेश करने के लिए आवश्यक सैद्धांतिक ज्ञान और व्यावहारिक तकनीकी कौशल हासिल करना। विज्ञान और प्रौद्योगिकी में स्वाभाविक जिज्ञासा, सौंदर्य बोध और रचनात्मकता को बढ़ावा देना। ईमानदारी, निष्ठा, सहयोग, जीवन और पर्यावरण के संरक्षण के प्रति चिंता के मूल्यों को आत्मसात करना और 'वैज्ञानिक स्वभाव', निष्पक्षता, आलोचनात्मक सोच और भय और पूर्वाग्रह से मुक्ति की भावना को विकसित करना।

सामाजिक विज्ञान - सामाजिक विज्ञान एक ऐसा विषय है जिसे स्कूलों में शामिल किया जाता है ताकि छात्रों को उचित विश्वविद्यालय पाठ्यक्रम और/या करियर चुनने के लिए उनकी रुचियों और योग्यताओं का पता लगाने में सहायता मिल सके। उन्हें विभिन्न विषयों में ज्ञान के उच्च स्तर का पता लगाने के लिए प्रोत्साहित करना। भविष्य के नागरिकों में समस्या-समाधान क्षमताओं और रचनात्मक सोच को बढ़ावा देना, छात्रों को विशिष्ट विषयों में डेटा और जानकारी एकत्र करने और संसाधित करने के विभिन्न तरीकों से परिचित कराना और उन्हें निष्कर्ष पर पहुंचने में मदद करना और इस प्रक्रिया में नई अंतर्दृष्टि और ज्ञान उत्पन्न करना।

कला शिक्षा - विद्यालयों में कला शिक्षा को शामिल करने का उद्देश्य विद्यार्थियों के व्यक्तित्व और मानसिक स्वास्थ्य का पूर्ण विकास करना, सांस्कृतिक विरासत की सराहना करना, एक-दूसरे के काम के प्रति सम्मान विकसित करना और पर्यावरण से जुड़ना है। **स्वास्थ्य और शारीरिक शिक्षा** - बच्चों में स्वास्थ्य, बीमारी, दुर्घटना और शारीरिक फिटनेस की एकीकृत और समग्र

समझ प्रदान करने के लिए सैद्धांतिक और व्यावहारिक इनपुट प्रदान करना। विद्यालय, घर और समुदाय में मनो-सामाजिक मुद्दों से निपटने के लिए कौशल प्रदान करना। बच्चों को खेल, खेलकूद, एन.सी.सी., रेड क्रॉस, स्काउट और गाइड आदि के माध्यम से कुछ सामाजिक और नैतिक मूल्यों को विकसित करके उन्हें जिम्मेदार नागरिक बनने में मदद करना।

शांति का अध्ययन - पाठ्यक्रम गतिविधि के हिस्से के रूप में विकसित कौशल जैसे धैर्य और सहनशीलता के साथ सुनना, एकाग्रता विकसित करने के लिए मन की शुद्धता, सहयोग और टीमवर्क के लिए योग्यता, उत्तर प्राप्त करने के लिए आगे बढ़ना (जिज्ञासा और तर्कसंगत जांच), अनुशासन को स्वीकार करना और अध्ययन/कार्य के प्रति सकारात्मक दृष्टिकोण एक अच्छे छात्र की पहचान है जो बदले में एक शांति-उन्मुख व्यक्ति के कौशल भी हैं। इस प्रकार पाठ्यक्रम छात्रों में शांति और लोकतंत्र भी विकसित करता है।

कार्य और शिक्षा - कार्य संबंधी शिक्षा को स्कूल पाठ्यक्रम का अभिन्न अंग बनाया गया है, जिसके रूप में कार्य अनुभव, कार्य शिक्षा, एसयूपीडब्ल्यू, शिल्प शिक्षा, जीवन उन्मुख शिक्षा, पूर्व व्यावसायिक शिक्षा और सामान्य शिक्षा शामिल है। कार्य आधारित शिक्षा का उद्देश्य बच्चों को विभिन्न उत्पादन या सेवा उन्मुख गतिविधियों में शामिल करना, कार्य के माध्यम से कौशल, सकारात्मक दृष्टिकोण और मूल्यों का विकास करना और कार्य संबंधी दक्षताओं का विकास करना है।

विद्यालय और कक्षा का वातावरण (School and classroom environment)

छात्रों के लिए अनुकूल भौतिक वातावरण बनाए रखना चाहिए, जिसमें बुनियादी ढांचा, पर्याप्त प्रकाश और वेंटिलेशन, छात्र-शिक्षक अनुपात, स्वच्छता और सुरक्षित वातावरण शामिल हो। विद्यालयों को छात्रों के साथ समानता, न्याय, सम्मान, गरिमा और छात्रों के अधिकारों का भी ख्याल रखना चाहिए। सभी छात्रों को बिना किसी पक्षपात के सभी गतिविधियों में भाग लेने के समान अवसर प्रदान करें। समावेश की नीति विद्यालय का हिस्सा होनी चाहिए, जहां दिव्यांग और वंचित वर्ग के बच्चों को समान अवसर मिलें। विद्यालयों को पुस्तकालयों, प्रयोगशालाओं और शैक्षिक प्रौद्योगिकी प्रयोगशालाओं से भी सुसज्जित होना चाहिए।

प्रणालीगत सुधार (Systemic improvements)

एनसीएफ का उद्देश्य शिक्षा प्रणाली में सुधार लाना है, ताकि ऐसा पाठ्यक्रम लाया जा सके जो शिक्षार्थी केंद्रित हो, जिसमें लचीली प्रक्रिया हो, शिक्षार्थी को स्वायत्तता प्रदान करे, शिक्षक एक सुविधाकर्ता की भूमिका निभाए, सीखने का समर्थन करे और प्रोत्साहित करे, शिक्षार्थियों की सक्रिय भागीदारी को शामिल करे, बहु-विषयक पाठ्यक्रम विकसित करे, शिक्षा पर ध्यान केंद्रित करे, शिक्षा प्रणाली में बहुविध और विविध प्रदर्शन, बहुविध, निरंतर मूल्यांकन लाए।

दिव्यांग व्यक्तियों के लिए राष्ट्रीय नीति (2006) (National Policy for Persons with Disabilities (2006))

भारत सरकार ने फरवरी 2006 में दिव्यांग व्यक्तियों के लिए राष्ट्रीय नीति तैयार की, जो दिव्यांग व्यक्तियों के शारीरिक, शैक्षिक

और आर्थिक पुनर्वास से संबंधित है। इसके अलावा नीति दिव्यांग महिलाओं और बच्चों के पुनर्वास, बाधा मुक्त वातावरण, सामाजिक सुरक्षा, अनुसंधान आदि पर भी ध्यान केंद्रित करती है।

राष्ट्रीय नीति मानती है कि दिव्यांग व्यक्ति देश के लिए मूल्यवान मानव संसाधन हैं और ऐसा वातावरण बनाने का प्रयास करती है जो उन्हें समान अवसर, उनके अधिकारों की सुरक्षा और समाज में पूर्ण भागीदारी प्रदान करे।

- **नीति का फोकस**

नीति का फोकस निम्नलिखित पर है-

1. दिव्यांगता की रोकथाम - चूंकि दिव्यांगता, बड़ी संख्या में मामलों में, रोकी जा सकती है, इसलिए नीति दिव्यांगता की रोकथाम पर ज़ोर देती है। इसमें उन बीमारियों की रोकथाम के लिए कार्यक्रम बनाने की बात कही गई है, जो दिव्यांगता का कारण बनती हैं और गर्भावस्था के दौरान और उसके बाद दिव्यांगता की रोकथाम के लिए उठाए जाने वाले उपायों के बारे में जागरूकता पैदा करने की बात कही गई है। साथ ही, इन उपायों को और भी तीव्र किया जाना चाहिए और इनके कवरेज का विस्तार किया जाना चाहिए।

2. पुनर्वास उपाय - पुनर्वास उपायों को तीन अलग-अलग समूहों में वर्गीकृत किया जा सकता है:

i. शारीरिक पुनर्वास, जिसमें प्रारंभिक पहचान और हस्तक्षेप, परामर्श और चिकित्सा हस्तक्षेप और सहायक उपकरण और उपकरणों का प्रावधान शामिल है। इसमें पुनर्वास पेशेवरों का विकास भी शामिल होगा।

ii. व्यावसायिक शिक्षा सहित शैक्षिक पुनर्वास और

iii. समाज में सम्मानजनक जीवन के लिए आर्थिक पुनर्वास।

राष्ट्रीय अधिनियम और कार्यक्रम: (National Acts and Programmes):

आईईडीसी 1974 (IEDC 1974)

दिव्यांग बच्चों के लिए एकीकृत शिक्षा (IEDC), 1970 के दशक में, सरकार ने IEDC की केंद्र प्रायोजित योजना शुरू की। इस योजना का उद्देश्य नियमित स्कूलों में दिव्यांग शिक्षार्थियों को शैक्षिक अवसर प्रदान करना और उनकी उपलब्धि और प्रतिधारण को सुविधाजनक बनाना था। इस योजना के तहत संसाधन केंद्र स्थापित करने, दिव्यांग बच्चों के सर्वेक्षण और मूल्यांकन, शिक्षण सामग्री की खरीद और उत्पादन और शिक्षकों के प्रशिक्षण और अभिविन्यास के लिए सौ प्रतिशत वित्तीय सहायता प्रदान की जाती है। समावेशी शिक्षा की ओर प्रतिमान बदलाव को दर्शाने के लिए इस योजना को वर्तमान में संशोधित किया जा रहा है।

शिक्षा के लिए हर बच्चे के अधिकार की घोषणा मानव अधिकारों की सार्वभौमिक घोषणा में की गई है और सभी के लिए शिक्षा पर विश्व घोषणा द्वारा इसकी दृढ़ता से पुष्टि की गई है।

आर.सी.आई. अधिनियम (1992) (RCI Act (1992))

भारतीय पुनर्वास परिषद (आर.सी.आई.) संसद के एक अधिनियम के तहत स्थापित शीर्ष सरकारी निकाय है, जो दिव्यांग, वंचित और विशेष शिक्षा की आवश्यकता वाले समुदायों पर लक्षित प्रशिक्षण कार्यक्रमों और पाठ्यक्रमों को विनियमित करता है। यह भारत में एकमात्र वैधानिक परिषद है जिसे केंद्रीय पुनर्वास रजिस्टर को

बनाए रखने की आवश्यकता है जो मुख्य रूप से उन सभी योग्य पेशेवरों का विवरण दर्ज करता है जो लक्षित समुदायों के लिए प्रशिक्षण और शैक्षिक कार्यक्रम संचालित और वितरित करते हैं। वर्ष 2000 में, भारतीय पुनर्वास परिषद (संशोधन) अधिनियम, 2000 को भारत सरकार द्वारा पेश और अधिसूचित किया गया था। संशोधन ने भारतीय पुनर्वास परिषद अधिनियम, 1992 के अंतर्गत प्रदान की गई परिभाषाओं और चर्चाओं को एक बड़े अधिनियम के दायरे में ला दिया, अर्थात्,

पुनर्वास पेशेवरों के प्रशिक्षण को विनियमित करने और एक केंद्रीय पुनर्वास रजिस्टर के रखरखाव और उससे संबंधित या उसके प्रासंगिक मामलों के लिए भारतीय पुनर्वास परिषद के गठन का प्रावधान करने के लिए एक अधिनियम।

दिव्यांग व्यक्ति अधिनियम, 1995 (समान अवसर, अधिकारों का संरक्षण और पूर्ण भागीदारी) अधिनियम, 1995।

(The Persons with Disabilities Act, 1995 (Equal Opportunities, Protection of Rights and Full Participation) Act, 1995.)

यह एशियाई और प्रशांत क्षेत्र में दिव्यांग लोगों की घोषणा और समानता को प्रभावी बनाने के लिए एक अधिनियम है।

दिव्यांगता का अर्थ है (Disability means)

a) अंधापन
b) कम दृष्टि
c) कुष्ठ रोग का उपचार
d) श्रवण दोष
e) चलने-फिरने में अक्षमता

f) मानसिक मंदता

g) मानसिक बीमारी

(j) "नियोक्ता" का अर्थ है, -

(i) सरकार के संबंध में, इस संबंध में विभागाध्यक्ष द्वारा अधिसूचित प्राधिकारी या जहां ऐसा कोई प्राधिकारी अधिसूचित नहीं है, वहां विभागाध्यक्ष; तथा

(ii) किसी प्रतिष्ठान के संबंध में, उस प्रतिष्ठान का मुख्य कार्यकारी अधिकारी;

(k) "प्रतिष्ठान" का अर्थ है किसी केंद्रीय, प्रांतीय या राज्य अधिनियम द्वारा या उसके अधीन स्थापित निगम, या सरकार या स्थानीय प्राधिकरण या सरकारी कंपनी के स्वामित्व या नियंत्रण या सहायता प्राप्त कोई प्राधिकरण या निकाय, जैसा कि कंपनी अधिनियम, 1956 (1956 का 1) की धारा 617 में परिभाषित किया गया है और इसमें सरकार के विभाग शामिल हैं;

l) "श्रवण दोष" का अर्थ है बातचीत की आवृत्तियों की सीमा में बेहतर कान में साठ डेसिबल या उससे अधिक की हानि;

m) "दिव्यांग व्यक्तियों के लिए संस्था" का अर्थ है दिव्यांग व्यक्तियों के स्वागत, देखभाल, संरक्षण, शिक्षा, प्रशिक्षण, पुनर्वास या किसी अन्य सेवा के लिए संस्था;

n) "कुष्ठ रोग से ठीक हुआ व्यक्ति" का अर्थ है कोई व्यक्ति जो कुष्ठ रोग से ठीक हो गया है, लेकिन निम्न से पीड़ित है-

(i) हाथ या पैर में संवेदना की हानि के साथ-साथ आंख और पलक में संवेदना की हानि और पक्षाघात, लेकिन कोई स्पष्ट विकृति नहीं है;

(ii) स्पष्ट विकृति और पक्षाघात, लेकिन उनके हाथ और पैर में पर्याप्त गतिशीलता है जिससे वे सामान्य आर्थिक गतिविधि में संलग्न हो सकें;

(iii) अत्यधिक शारीरिक विकृति के साथ-साथ वृद्धावस्था जो उन्हें कोई लाभकारी व्यवसाय करने से रोकती है, और "कुष्ठ रोग से ठीक हुआ" अभिव्यक्ति को तदनुसार समझा जाएगा;

o) "लोको मोटर दिव्यांगता" का अर्थ है हड्डियों, जोड़ों या मांसपेशियों की दिव्यांगता जिसके कारण अंगों की गति में पर्याप्त प्रतिबंध या किसी प्रकार का मस्तिष्क पक्षाघात होता है;

p) "चिकित्सा प्राधिकरण" का अर्थ है कोई अस्पताल या संस्था जिसे उपयुक्त सरकार द्वारा अधिसूचना द्वारा इस अधिनियम के प्रयोजनों के लिए निर्दिष्ट किया गया है;

q) "मानसिक बीमारी" का अर्थ है मानसिक मंदता के अलावा कोई मानसिक विकार;

r) "मानसिक मंदता" का अर्थ है किसी व्यक्ति के मस्तिष्क के विकास में रुकावट या अपूर्णता की स्थिति, जो विशेष रूप से बुद्धि की सामान्यता से चिह्नित होती है;

s) "अधिसूचना" का अर्थ है आधिकारिक राजपत्र में प्रकाशित अधिसूचना;

t) "दिव्यांग व्यक्ति" का अर्थ है किसी चिकित्सा प्राधिकारी द्वारा प्रमाणित किसी भी दिव्यांगता के कम से कम चालीस प्रतिशत से पीड़ित व्यक्ति;

u) "कम दृष्टि वाला व्यक्ति" का अर्थ है उपचार या मानक अपवर्तक सुधार के बाद भी दृश्य कार्य करने में कमी वाला

व्यक्ति, लेकिन जो उचित सहायक उपकरण के साथ किसी कार्य की योजना बनाने या निष्पादन के लिए दृष्टि का उपयोग करता है या संभावित रूप से दृष्टि का उपयोग करने में सक्षम है;

v) "निर्धारित" का अर्थ है इस अधिनियम के तहत बनाए गए नियमों द्वारा निर्धारित;

w) "पुनर्वास" का अर्थ है दिव्यांग व्यक्तियों को उनके इष्टतम शारीरिक, संवेदी, बौद्धिक, मानसिक या सामाजिक कार्यात्मक स्तरों तक पहुंचने और उन्हें बनाए रखने में सक्षम बनाने के उद्देश्य से एक प्रक्रिया;

(x) "विशेष रोजगार कार्यालय" से सरकार द्वारा स्थापित और अनुरक्षित कोई कार्यालय या स्थान अभिप्रेत है, जो रजिस्टर रखकर या अन्यथा निम्नलिखित के संबंध में सूचना एकत्रित करने और प्रस्तुत करने के लिए है-

(i) ऐसे व्यक्ति जो दिव्यांग व्यक्तियों में से कर्मचारियों को नियुक्त करना चाहते हैं;

(ii) दिव्यांग व्यक्ति जो रोजगार चाहते हैं;

(iii) रिक्तियां, जिन पर रोजगार चाहने वाले दिव्यांग व्यक्ति को नियुक्त किया जा सकता है;

(y) "राज्य समन्वय समिति" से धारा 13 की उपधारा (1) के अधीन गठित राज्य समन्वय समिति अभिप्रेत है;

(z) "राज्य कार्यकारिणी समिति" से धारा 19 की उपधारा (I) के अधीन गठित राज्य कार्यकारिणी समिति अभिप्रेत है।

अध्याय II (CHAPTER II)

केंद्रीय समन्वय समिति (Central Coordination Committee)

3. केंद्रीय समन्वय समिति। - (1) केंद्रीय सरकार अधिसूचना द्वारा एक निकाय का गठन करेगी जिसे केंद्रीय समन्वय समिति के रूप में जाना जाएगा जो इस अधिनियम के तहत प्रदत्त शक्तियों का प्रयोग करेगा और उसे सौंपे गए कार्यों को पूरा करेगा।

अध्याय III (CHAPTER III)

राज्य समन्वय समिति (State Coordination Committee)

13. राज्य समन्वय समिति। - (1) प्रत्येक राज्य सरकार अधिसूचना द्वारा एक निकाय का गठन करेगी जिसे राज्य समन्वय समिति के रूप में जाना जाएगा जो इस अधिनियम के तहत प्रदत्त शक्तियों का प्रयोग करेगा और उसे सौंपे गए कार्यों को पूरा करेगा।

अध्याय IV (CHAPTER IV)

दिव्यांगता की रोकथाम और शीघ्र पता लगाना (Disability prevention and early detection)

25. दिव्यांगता की घटना की रोकथाम के लिए उपयुक्त सरकारें और स्थानीय प्राधिकरण कुछ कदम उठाएंगे।

(Appropriate governments and local authorities will take certain steps to prevent occurrence of disability)- अपनी आर्थिक क्षमता और विकास की सीमाओं के भीतर, सक्षम सरकारें और स्थानीय प्राधिकरण, दिव्यांगता की घटना को रोकने के उद्देश्य से,-

a) दिव्यांगता की घटना के कारणों से संबंधित सर्वेक्षण, जांच और अनुसंधान करेंगे या करवाएंगे;

b) दिव्यांगता की रोकथाम के विभिन्न तरीकों को बढ़ावा देंगे;

c) "जोखिम वाले" मामलों की पहचान करने के उद्देश्य से वर्ष में कम से कम एक बार सभी बच्चों की जांच करेंगे;

d) प्राथमिक स्वास्थ्य केंद्रों के कर्मचारियों को प्रशिक्षण की सुविधाएं प्रदान करेंगे;

e) जागरूकता अभियान प्रायोजित करेंगे या प्रायोजित करवाएंगे और सामान्य स्वच्छता, स्वास्थ्य और सफाई के लिए जानकारी का प्रसार करेंगे या प्रसारित करवाएंगे;

f) माता और बच्चे की प्रसव पूर्व, माता-पिता और प्रसव के बाद की देखभाल के लिए उपाय करेंगे;

g) प्री-स्कूलों, स्कूलों, प्राथमिक स्वास्थ्य केंद्रों, ग्राम स्तर के कार्यकर्ताओं और आंगनवाड़ी कार्यकर्ताओं के माध्यम से जनता को शिक्षित करेंगे;

h) टेलीविजन, रेडियो और अन्य जनसंचार माध्यमों के माध्यम से दिव्यांगता के कारणों और अपनाए जाने वाले निवारक उपायों के बारे में जनता के बीच जागरूकता पैदा करेंगे।

अध्याय V (CHAPTER V)

शिक्षा

26. समुचित सरकारें और स्थानीय प्राधिकरण दिव्यांग बच्चों को निःशुल्क शिक्षा आदि प्रदान करेंगे। समुचित सरकारें और स्थानीय प्राधिकरण-

a. यह सुनिश्चित करेंगे कि प्रत्येक दिव्यांग बच्चे को अठारह वर्ष की आयु प्राप्त करने तक उचित वातावरण में निःशुल्क शिक्षा प्राप्त हो;

b. सामान्य विद्यालयों में दिव्यांग छात्रों के एकीकरण को बढ़ावा देने का प्रयास करेंगे;

c. विशेष शिक्षा की आवश्यकता वाले लोगों के लिए सरकारी और निजी क्षेत्र में विशेष विद्यालयों की स्थापना को बढ़ावा देंगे, इस तरह से कि देश के किसी भी हिस्से में रहने वाले दिव्यांग बच्चों को ऐसे विद्यालयों तक पहुंच प्राप्त हो;

d. दिव्यांग बच्चों के लिए विशेष विद्यालयों को व्यावसायिक प्रशिक्षण सुविधाओं से सुसज्जित करने का प्रयास करेंगे।

27. समुचित सरकारें और स्थानीय प्राधिकरण अनौपचारिक शिक्षा आदि के लिए योजनाएं और कार्यक्रम बनाएंगे।

27. (The appropriate Governments and local authorities shall formulate plans and programmes for non-formal education, etc.)

a. दिव्यांग बच्चों के संबंध में अंशकालिक कक्षाएं संचालित करना, जिन्होंने पांचवीं कक्षा तक शिक्षा पूरी कर ली है और पूर्णकालिक आधार पर अपनी पढ़ाई जारी नहीं रख सकते हैं;

b. सोलह वर्ष और उससे अधिक आयु वर्ग के बच्चों के लिए कार्यात्मक साक्षरता प्रदान करने के लिए विशेष अंशकालिक कक्षाएं संचालित करना;

c. ग्रामीण क्षेत्रों में उपलब्ध जनशक्ति का उपयोग करके उन्हें उचित अभिविन्यास प्रदान करने के बाद अनौपचारिक शिक्षा प्रदान करना;

d. मुक्त विद्यालयों या मुक्त विश्वविद्यालयों के माध्यम से शिक्षा प्रदान करना;

e. इंटरएक्टिव इलेक्ट्रॉनिक या अन्य मीडिया के माध्यम से कक्षाएं और चर्चाएं आयोजित करना;

f. प्रत्येक दिव्यांग बच्चे को उसकी शिक्षा के लिए आवश्यक विशेष पुस्तकें और उपकरण निःशुल्क उपलब्ध कराना।

28. समुचित सरकारें, दिव्यांग बच्चों को शिक्षा में समान अवसर प्रदान करने के लिए आवश्यक नई सहायक उपकरणों, शिक्षण सहायक सामग्री, विशेष शिक्षण सामग्री या अन्य वस्तुओं के डिजाइन और विकास के उद्देश्य से सरकारी और गैर-सरकारी एजेंसियों द्वारा अनुसंधान आरंभ करेंगी या आरंभ करवाएंगी।

29. समुचित सरकारें पर्याप्त संख्या में शिक्षक प्रशिक्षण संस्थान स्थापित करेंगी तथा दिव्यांगताओं पर विशेषज्ञता वाले शिक्षक प्रशिक्षण कार्यक्रम विकसित करने के लिए राष्ट्रीय संस्थानों और अन्य स्वैच्छिक संगठनों की सहायता करेंगी, ताकि दिव्यांग बच्चों के लिए विशेष विद्यालयों और एकीकृत विद्यालयों के लिए अपेक्षित प्रशिक्षित जनशक्ति उपलब्ध हो सके।

30. उपर्युक्त प्रावधानों पर प्रतिकूल प्रभाव डाले बिना, (यदि उपयुक्त हो तो) सरकारें अधिसूचना द्वारा एक व्यापक शिक्षा योजना तैयार करेंगी, जिसमें निम्नलिखित प्रावधान होंगे-

a. दिव्यांग बच्चों को परिवहन सुविधाएं या वैकल्पिक रूप से माता-पिता या अभिभावकों को वित्तीय प्रोत्साहन ताकि उनके दिव्यांग बच्चे स्कूल जा सकें।

b. स्कूलों, कॉलेजों या अन्य संस्थानों से वास्तु संबंधी बाधाओं को हटाना, जो व्यावसायिक और पेशेवर प्रशिक्षण प्रदान करते हैं;

c. स्कूल जाने वाले दिव्यांग बच्चों को किताबें, वर्दी और अन्य सामग्री की आपूर्ति।

d. दिव्यांग छात्रों को छात्रवृत्ति प्रदान करना।

e. दिव्यांग बच्चों के प्लेसमेंट के संबंध में माता-पिता की शिकायतों के निवारण के लिए उपयुक्त मंचों की स्थापना;

f. अंधे छात्रों और कम दृष्टि वाले छात्रों के लाभ के लिए विशुद्ध गणितीय प्रश्नों को समाप्त करने के लिए परीक्षा प्रणाली में उपयुक्त संशोधन;

g. दिव्यांग बच्चों के लाभ के लिए पाठ्यक्रम का पुनर्गठन;

h. श्रवण बाधित छात्रों के लाभ के लिए पाठ्यक्रम का पुनर्गठन ताकि उन्हें अपने पाठ्यक्रम के भाग के रूप में केवल एक भाषा लेने की सुविधा मिल सके। 31. सभी शैक्षणिक संस्थान नेत्रहीन छात्रों और कम दृष्टि वाले या कम दृष्टि वाले छात्रों के लिए सहायक की व्यवस्था करेंगे या करवाएंगे।

अध्याय VI: (CHAPTER VI):

रोजगार (Employment)

32. समुचित सरकारें—(Gouvernements appropriés).

a. प्रतिष्ठानों में ऐसे पदों की पहचान करेंगी, जिन्हें दिव्यांग व्यक्तियों के लिए आरक्षित किया जा सकता है;

b. तीन वर्ष से अधिक नहीं की आवधिक अंतराल पर, पहचाने गए पदों की सूची की समीक्षा करेंगी और प्रौद्योगिकी में विकास को ध्यान में रखते हुए सूची को अद्यतन करेंगी।

33. प्रत्येक समुचित सरकार प्रत्येक प्रतिष्ठान में दिव्यांग व्यक्तियों या व्यक्तियों के वर्ग के लिए कम से कम तीन प्रतिशत रिक्तियां नियुक्त करेगी, जिनमें से प्रत्येक में एक प्रतिशत निम्नलिखित से पीड़ित व्यक्तियों के लिए आरक्षित होगा:

(i) अंधापन या कम दृष्टि;

(ii) सहनशक्ति की कमी;

(iii) लोको मोटर दिव्यांगता या मस्तिष्क पक्षाघात, प्रत्येक दिव्यांगता के लिए पहचाने गए पदों में:

बशर्ते कि समुचित सरकार, किसी विभाग या स्थापना में किए जाने वाले कार्य के प्रकार को ध्यान में रखते हुए, अधिसूचना द्वारा, ऐसी शर्तों के अधीन, यदि कोई हों, जो ऐसी अधिसूचना में निर्दिष्ट की जा सकती हैं, किसी भी प्रतिष्ठान को इस धारा के प्रावधानों से छूट दे सकती है।

34. (1) समुचित सरकार, अधिसूचना द्वारा, ऐसी तारीख से, जो निर्दिष्ट की जा सकती है, की आवश्यकता कर सकती है। अधिसूचना द्वारा। प्रत्येक प्रतिष्ठान में नियोक्ता, दिव्यांगता वाले व्यक्ति के लिए नियुक्त रिक्तियों के संबंध में ऐसी जानकारी या रिटर्न प्रस्तुत करेगा, जो उस प्रतिष्ठान में हुई है या होने वाली है, ऐसे विशेष रोजगार कार्यालय को, जैसा कि निर्धारित किया जा सकता है और प्रतिष्ठान इसके बाद ऐसी आवश्यकता का अनुपालन करेगा।

(2) वह प्ररूप जिसमें और समय के अंतराल जिसके लिए जानकारी या रिटर्न प्रस्तुत किए जाएंगे और उनमें शामिल विवरण ऐसे होंगे, जैसा कि निर्धारित किया जा सकता है। 35. विशेष रोजगार कार्यालय द्वारा लिखित रूप में प्राधिकृत किसी भी व्यक्ति को किसी भी प्रतिष्ठान के कब्जे में किसी भी प्रासंगिक रिकॉर्ड या दस्तावेज तक पहुंच होगी, और वह किसी भी उचित समय और परिसर में प्रवेश कर सकता है जहां वह मानता है कि ऐसा रिकॉर्ड या दस्तावेज है, और प्रासंगिक रिकॉर्ड या दस्तावेजों का निरीक्षण या प्रतियां ले सकता है या कोई भी जानकारी प्राप्त करने के लिए आवश्यक कोई भी प्रश्न पूछ सकता है। 36. जहां किसी भर्ती वर्ष में धारा 33 के अधीन कोई रिक्ति, उपयुक्त दिव्यांग व्यक्ति की अनुपलब्धता के कारण या किसी अन्य पर्याप्त कारण से भरी नहीं जा सकती है, ऐसी रिक्ति को आगामी भर्ती वर्ष में आगे ले जाया जाएगा और यदि आगामी भर्ती वर्ष में भी उपयुक्त दिव्यांग व्यक्ति उपलब्ध नहीं है, तो उसे पहले तीनों श्रेणियों के बीच अदला-बदली द्वारा भरा जा सकेगा और केवल तभी जब उस वर्ष में पद के लिए कोई दिव्यांग व्यक्ति उपलब्ध न हो, तो नियोजक दिव्यांग व्यक्ति के अलावा किसी अन्य व्यक्ति की नियुक्ति द्वारा रिक्ति को भरेगाः

बशर्ते कि यदि किसी प्रतिष्ठान में रिक्तियों की प्रकृति ऐसी हो कि किसी निश्चित श्रेणी के व्यक्ति को नियोजित नहीं किया जा सकता है, तो रिक्तियों को समुचित सरकार के पूर्व अनुमोदन से तीनों श्रेणियों के बीच अदला-बदली किया जा सकेगा।

37. (1) प्रत्येक नियोजक अपने प्रतिष्ठान में नियोजित दिव्यांग व्यक्ति के संबंध में ऐसे अभिलेख को ऐसे प्ररूप में और ऐसे तरीके से रखेगा, जैसा समुचित सरकार द्वारा निर्धारित किया जा सकता है।

(2) उपधारा (1) के अधीन रखे गए अभिलेख ऐसे व्यक्तियों द्वारा सभी उचित समय पर निरीक्षण के लिए खुले रहेंगे, जिन्हें समुचित सरकार द्वारा सामान्य या विशेष आदेश द्वारा इस निमित्त प्राधिकृत किया जाए।

38. (1) उपयुक्त सरकारें और स्थानीय अधिकारी अधिसूचना द्वारा

दिव्यांग व्यक्तियों के रोजगार को सुनिश्चित करने के लिए योजनाएं तैयार करें, और ऐसी योजनाएं प्रदान कर सकती हैं-

a) दिव्यांग व्यक्तियों का प्रशिक्षण और कल्याण;

b) ऊपरी आयु सीमा में छूट;

c) ऊपरी आयु सीमा में छूट;

d) रोजगार का विनियमन;

e) स्वास्थ्य और सुरक्षा उपाय और उन स्थानों पर गैर-दिव्यांग वातावरण का निर्माण जहां दिव्यांग व्यक्ति कार्यरत हैं;

f) योजनाओं के संचालन की लागत का वहन करने का तरीका और वह व्यक्ति; और योजना के प्रशासन के लिए जिम्मेदार प्राधिकरण का गठन।

39. सभी सरकारी शैक्षणिक संस्थान और सरकार से सहायता प्राप्त करने वाले अन्य शैक्षणिक संस्थान दिव्यांग व्यक्तियों के लिए कम से कम तीन प्रतिशत सीटें आरक्षित रखेंगे।

40. उपयुक्त सरकारें और स्थानीय प्राधिकारी कम से कम तीन प्रतिशत आरक्षित रखेंगे। दिव्यांग व्यक्तियों के लाभ के लिए सभी गरीबी उन्मूलन योजनाओं में। 41. समुचित सरकारें और स्थानीय प्राधिकरण अपनी आर्थिक क्षमता और विकास की सीमाओं के भीतर सार्वजनिक और निजी दोनों क्षेत्रों में नियोक्ताओं को प्रोत्साहन प्रदान करेंगे ताकि यह सुनिश्चित हो सके कि उनके कार्यबल का कम से कम पांच प्रतिशत दिव्यांग व्यक्तियों से बना हो।

अध्याय VII: (CHAPTER VII):

सकारात्मक कार्रवाई (Affirmative Action)

42. उपयुक्त सरकारें अधिसूचना द्वारा दिव्यांग व्यक्तियों को सहायता और उपकरण प्रदान करने के लिए योजनाएं बनाएंगी।

43. उपयुक्त सरकारें और स्थानीय प्राधिकारी अधिसूचना द्वारा दिव्यांग व्यक्तियों के पक्ष में रियायती दरों पर भूमि के अधिमान्य आवंटन के लिए योजनाएं बनाएंगे-

      a) घर;
      b) व्यवसाय स्थापित करना;
      c) विशेष मनोरंजन केंद्रों की स्थापना;

d) विशेष स्कूलों की स्थापना;
e) अनुसंधान केंद्रों की स्थापना;
f) दिव्यांग उद्यमियों द्वारा कारखानों की स्थापना

अध्याय VIII: (CHAPTER VIII):

गैर-भेदभाव (Non-discrimination)

44. परिवहन क्षेत्र में प्रतिष्ठान अपनी आर्थिक क्षमता और विकास की सीमाओं के भीतर दिव्यांग व्यक्तियों के लाभ के लिए काम करेंगे। 45. समुचित सरकारें और स्थानीय प्राधिकरण अपनी आर्थिक क्षमता और विकास की सीमाओं के भीतर।

46. उपयुक्त सरकारें और स्थानीय अधिकारी, अपनी आर्थिक क्षमता और विकास की सीमा के भीतर।

47. (1) कोई भी प्रतिष्ठान ऐसे कर्मचारी को सेवा से नहीं हटाएगा या उसकी रैंक में कमी नहीं करेगा, जो अपनी सेवा के दौरान दिव्यांगता प्राप्त करता है।

(2) किसी व्यक्ति को केवल उसकी दिव्यांगता के आधार पर पदोन्नति से वंचित नहीं किया जाएगा:

अध्याय IX: (CHAPTER IX):

अनुसंधान एवं जनशक्ति विकास (Research & Manpower Development)

48. उपयुक्त सरकारें और स्थानीय प्राधिकरण, अन्य बातों के साथ-साथ, निम्नलिखित क्षेत्रों में अनुसंधान को बढ़ावा देंगे और प्रायोजित करेंगे-

a) दिव्यांगता की रोकथाम;

b) समुदाय आधारित पुनर्वास सहित पुनर्वास;

c) सहायक उपकरणों का विकास जिसमें उनके मनोसामाजिक पहलू शामिल हैं;

d) नौकरी की पहचान;

e) कार्यालयों और कारखानों में साइट पर संशोधन।

49. उपयुक्त सरकारें विश्वविद्यालयों, उच्च शिक्षा के अन्य संस्थानों, पेशेवर निकायों और गैर-सरकारी अनुसंधान को वित्तीय सहायता प्रदान करेंगी। विशेष शिक्षा के लिए अनुसंधान करने वाली इकाइयाँ या संस्थान। पुनर्वास और जनशक्ति विकास.

अध्याय X: (Chapter X):

दिव्यांग व्यक्तियों के लिए संस्थाओं की मान्यता
Recognition of Institutions for Persons with Disabilities

50. राज्य सरकार किसी भी प्राधिकारी को, जिसे वह इस अधिनियम के प्रयोजनों के लिए सक्षम प्राधिकारी के रूप में उचित समझे, नियुक्त करेगी।

51. इस अधिनियम के अंतर्गत अन्यथा उपबंधित के सिवाय, कोई भी व्यक्ति दिव्यांग व्यक्तियों के लिए कोई संस्था स्थापित या अनुरक्षित नहीं करेगा, सिवाय इसके कि वह सक्षम प्राधिकारी द्वारा इस निमित्त जारी किए गए पंजीकरण प्रमाणपत्र के अधीन और उसके अनुसार हो:

52. (1) पंजीकरण प्रमाणपत्र के लिए प्रत्येक आवेदन सक्षम प्राधिकारी को ऐसे प्ररूप में और ऐसे तरीके से किया जाएगा, जैसा कि राज्य सरकार द्वारा निर्धारित किया जा सकता है।

(2) उप-धारा (1) के अंतर्गत आवेदन प्राप्त होने पर, सक्षम प्राधिकारी ऐसी जांच करेगा, जैसा कि वह उचित समझे और जहां वह संतुष्ट हो कि आवेदक ने इस अधिनियम और इसके अंतर्गत बनाए गए नियमों की अपेक्षाओं का अनुपालन किया है, वह आवेदक को पंजीकरण प्रमाणपत्र प्रदान करेगा और जहां वह संतुष्ट नहीं हो, तो सक्षम प्राधिकारी आदेश द्वारा। आवेदित प्रमाण-पत्र देने से इंकार करनाः

परन्तु प्रमाण-पत्र देने से इंकार करने वाला कोई भी आदेश देने से पूर्व सक्षम प्राधिकारी आवेदक को सुनवाई का उचित अवसर देगा तथा प्रमाण-पत्र देने से इंकार करने के प्रत्येक आदेश की सूचना आवेदक को राज्य सरकार द्वारा निर्धारित तरीके से दी जाएगी।

(3) उप-धारा (2) के अन्तर्गत कोई भी पंजीकरण प्रमाण-पत्र तब तक नहीं दिया जाएगा, जब तक कि वह संस्था, जिसके सम्बन्ध में आवेदन किया गया है, ऐसी सुविधाएं प्रदान करने तथा ऐसे मानक बनाए रखने की स्थिति में न हो, जैसा कि राज्य सरकार द्वारा निर्धारित किया जा सकता है।

(4) इस धारा के अधीन प्रदान किया गया पंजीकरण प्रमाणपत्र,-

a) जब तक धारा 53 के अधीन प्रतिसंहृत न कर दिया जाए, राज्य सरकार द्वारा निर्धारित अवधि तक प्रवृत्त रहेगा।

b) समान अवधि के लिए समय-समय पर नवीनीकरण किया जा सकता है; तथा

c) ऐसे प्ररूप में होगा तथा ऐसी शर्तों के अधीन होगा जैसा कि राज्य सरकार द्वारा विहित किया जा सकेगा

(5) पंजीकरण प्रमाणपत्र के नवीकरण के लिए आवेदन वैधता अवधि से कम से कम साठ दिन पूर्व किया जाएगा।

(6) पंजीकरण प्रमाणपत्र को संस्था द्वारा किसी प्रमुख स्थान पर प्रदर्शित किया जाएगा।

53. (1) यदि सक्षम प्राधिकारी के पास यह विश्वास करने का उचित कारण है कि धारा 52 की उपधारा (2) के अधीन प्रदान किए गए पंजीकरण प्रमाणपत्र के धारक ने -

> a) प्रमाणपत्र के नवीकरण के लिए किसी आवेदन के संबंध में ऐसा कथन किया है जो भौतिक विवरणों में गलत या मिथ्या है; या
>
> b) किसी नियम या किसी शर्त का उल्लंघन किया है या करवाया है, जिसके अधीन प्रमाणपत्र दिया गया था, तो वह ऐसी जांच करने के पश्चात, जैसा वह उचित समझे, आदेश द्वारा प्रमाणपत्र को रद्द कर सकेगाः

परन्तु ऐसा कोई आदेश तब तक नहीं दिया जाएगा, जब तक प्रमाणपत्र धारक को यह कारण बताने का अवसर न दे दिया जाए कि प्रमाणपत्र को रद्द क्यों न किया जाए।

(2) जहां किसी संस्था के संबंध में प्रमाणपत्र उपधारा (1) के अधीन रद्द कर दिया गया है, ऐसी संस्था ऐसे रद्द करने की तारीख से कार्य करना बंद कर देगी।

परन्तु जहां रद्द करने के आदेश के विरुद्ध धारा 54 के अधीन अपील की जाती है, ऐसी संस्था निम्नलिखित कार्य करना बंद कर देगी-

a) जहां ऐसी अपील दायर करने के लिए निर्धारित अवधि की समाप्ति पर तत्काल कोई अपील प्रस्तुत नहीं की गई है, या

b) जहां ऐसी अपील प्रस्तुत की गई है, किन्तु रद्द करने के आदेश को बरकरार रखा गया है, वहां अपील के आदेश की तारीख से।

(3) किसी संस्था के संबंध में प्रमाण-पत्र के निरस्तीकरण पर, सक्षम प्राधिकारी यह निर्देश दे सकता है कि कोई भी दिव्यांग व्यक्ति जो ऐसे निरस्तीकरण की तिथि पर ऐसी संस्था का निवासी है, उसे-

a) उसके माता-पिता, पति/पत्नी या विधिक अभिभावक की अभिरक्षा में, जैसा भी मामला हो, वापस कर दिया जाएगा, या

b) सक्षम प्राधिकारी द्वारा निर्दिष्ट किसी अन्य संस्था में स्थानांतरित कर दिया जाएगा।

(4) प्रत्येक संस्था, जो पंजीकरण प्रमाण-पत्र रखती है, जो इस धारा के अंतर्गत निरस्त कर दिया जाता है, ऐसे निरस्तीकरण के तुरंत बाद, ऐसे प्रमाण-पत्र को सक्षम प्राधिकारी को सौंप देगी।

54. (1) कोई भी व्यक्ति जो सक्षम प्राधिकारी के प्रमाण-पत्र देने से इंकार करने या प्रमाण-पत्र निरस्त करने के आदेश से व्यथित है,

वह राज्य सरकार द्वारा निर्धारित अवधि के भीतर, ऐसे इंकार या निरस्तीकरण के विरुद्ध उस सरकार को अपील कर सकता है।

(2) ऐसी अपील पर राज्य सरकार का आदेश अंतिम होगा।

55. इस अध्याय में निहित कोई भी बात केन्द्रीय सरकार या राज्य सरकार द्वारा स्थापित या अनुरक्षित दिव्यांगजनों के लिए किसी संस्था पर लागू नहीं होगी।

अध्याय XI: (CHAPTER XI):

गंभीर दिव्यांग व्यक्तियों के लिए संस्थान (Institute for Persons with Severe Disabilities)

56 समुचित सरकार गंभीर दिव्यांगता वाले व्यक्तियों के लिए ऐसे स्थानों पर संस्थान स्थापित कर सकती है और उनका रखरखाव कर सकती है, जैसा वह उचित समझे।

(2) जहाँ समुचित सरकार की राय है कि उप-धारा (1) के अंतर्गत स्थापित संस्था के अलावा कोई अन्य संस्था गंभीर दिव्यांगता वाले व्यक्तियों के पुनर्वास के लिए उपयुक्त है|

वहाँ सरकार ऐसी संस्था को इस अधिनियम के प्रयोजनों के लिए गंभीर दिव्यांगता वाले व्यक्तियों के लिए संस्था के रूप में मान्यता दे सकती है:

बशर्ते कि इस धारा के अंतर्गत किसी संस्था को तब तक मान्यता नहीं दी जाएगी, जब तक कि ऐसी संस्था ने इस अधिनियम और उसके अंतर्गत बनाए गए नियमों की अपेक्षाओं का अनुपालन न किया हो।

(3) उप-धारा (1) के अंतर्गत स्थापित प्रत्येक संस्था का रख-रखाव ऐसी रीति से किया जाएगा और ऐसी शर्तों को पूरा किया जाएगा, जो समुचित सरकार द्वारा निर्धारित की जाएँ।

(4) इस धारा के प्रयोजनों के लिए "गंभीर दिव्यांगता वाले व्यक्ति" का अर्थ है एक या अधिक दिव्यांगताओं में से अस्सी प्रतिशत या उससे अधिक दिव्यांगता वाला व्यक्ति।

अध्याय XII: CHAPTER XII:

मुख्य आयुक्त और व्यक्तियों के लिए आयुक्त (Chief Commissioner and Commissioner for Persons)

57. (1) केंद्रीय सरकार अधिसूचना द्वारा इस अधिनियम के प्रयोजनों के लिए दिव्यांग व्यक्तियों के लिए एक मुख्य आयुक्त नियुक्त कर सकती है।

(2) कोई व्यक्ति मुख्य आयुक्त के रूप में नियुक्ति के लिए तब तक योग्य नहीं होगा जब तक कि उसके पास पुनर्वास से संबंधित मामलों के संबंध में विशेष ज्ञान या व्यावहारिक अनुभव न हो।

(3) मुख्य आयुक्त को देय वेतन और भत्ते तथा सेवा की अन्य शर्तें (पेंशन, ग्रेच्युटी और अन्य सेवानिवृत्ति लाभ सहित) ऐसी होंगी जो केंद्रीय सरकार द्वारा निर्धारित की जा सकती हैं।

(4) केंद्रीय सरकार मुख्य आयुक्त को उसके कार्यों के निर्वहन में सहायता करने के लिए आवश्यक अधिकारियों और अन्य कर्मचारियों की प्रकृति और श्रेणियों का निर्धारण करेगी और मुख्य आयुक्त को ऐसे अधिकारी और अन्य कर्मचारी प्रदान करेगी जिन्हें वह उचित समझे।

(5) मुख्य आयुक्त को प्रदान किए गए अधिकारी और कर्मचारी मुख्य आयुक्त के सामान्य अधीक्षण के अधीन अपने कार्यों का निर्वहन करेंगे।

(6) मुख्य आयुक्त को दिए जाने वाले अधिकारियों और कर्मचारियों के वेतन और भत्ते तथा सेवा की अन्य शर्तें ऐसी होंगी, जो केन्द्रीय सरकार द्वारा विहित की जाएं।

58. मुख्य आयुक्त ---

a) आयुक्तों के कार्य का समन्वय करेगा;

b) केन्द्र सरकार द्वारा वितरित निधियों के उपयोग की निगरानी करेगा;

c) दिव्यांग व्यक्तियों को उपलब्ध कराए गए अधिकारों और सुविधाओं की सुरक्षा के लिए कदम उठाएगा;

d) अधिनियम के कार्यान्वयन पर केन्द्र सरकार को ऐसे अंतरालों पर रिपोर्ट प्रस्तुत करेगा जैसा कि सरकार निर्धारित करे।

59. धारा 58 के प्रावधानों पर प्रतिकूल प्रभाव डाले बिना मुख्य आयुक्त अपनी इच्छा से या किसी पीड़ित व्यक्ति के आवेदन पर या अन्यथा निम्नलिखित से संबंधित मामलों के संबंध में शिकायतों पर विचार कर सकता है -

a) दिव्यांग व्यक्तियों के अधिकारों से वंचित करना।

b) कानूनों, नियमों, उपनियमों, विनियमों का गैर-कार्यान्वयन। दिव्यांग व्यक्तियों के कल्याण और अधिकारों के संरक्षण के लिए उपयुक्त सरकारों और स्थानीय प्राधिकरणों द्वारा बनाए गए या जारी किए गए कार्यकारी आदेश, दिशानिर्देश

या निर्देश। और मामले को उपयुक्त अधिकारियों के साथ उठाएगा।

60. (1) प्रत्येक राज्य सरकार अधिसूचना द्वारा इस अधिनियम के प्रयोजन के लिए दिव्यांग व्यक्तियों के लिए एक आयुक्त नियुक्त कर सकती है।

(2) कोई व्यक्ति आयुक्त के रूप में नियुक्ति के लिए तब तक योग्य नहीं होगा जब तक कि उसे पुनर्वास से संबंधित मामलों के संबंध में विशेष ज्ञान या व्यावहारिक अनुभव न हो।

(3) आयुक्त को देय वेतन और भत्ते तथा सेवा की अन्य शर्तें (पेंशन, ग्रेच्युटी और अन्य सेवानिवृत्ति लाभ सहित) ऐसी होंगी जो राज्य सरकार द्वारा निर्धारित की जाएंगी।

(4) राज्य सरकार आयुक्त को उसके कार्यों के निर्वहन में सहायता करने के लिए आवश्यक अधिकारियों और अन्य कर्मचारियों की प्रकृति और श्रेणियों का निर्धारण करेगी और आयुक्त को ऐसे अधिकारी और अन्य कर्मचारी उपलब्ध कराएगी जिन्हें वह उचित समझे।

(5) आयुक्त को उपलब्ध कराए गए अधिकारी और कर्मचारी आयुक्त के सामान्य अधीक्षण के अधीन अपने कार्यों का निर्वहन करेंगे।

(6) आयुक्त को उपलब्ध कराए गए अधिकारियों और कर्मचारियों के वेतन और भत्ते तथा सेवा की अन्य शर्तें ऐसी होंगी जो राज्य सरकार द्वारा निर्धारित की जाएंगी।

61 . राज्य के अन्दर आयुक्त-

a) (ए) दिव्यांग लोगों के लाभ के लिए कार्यक्रमों और योजनाओं के लिए राज्य सरकार के विभागों के साथ समन्वय करना;

b) (ख) राज्य सरकार द्वारा वितरित निधियों के उपयोग की निगरानी करेंगे;

c) (ग) दिव्यांग व्यक्तियों को उपलब्ध कराए गए अधिकारों और सुविधाओं की सुरक्षा के लिए कदम उठाएंगे।

d) (घ) अधिनियम के कार्यान्वयन पर राज्य सरकार को ऐसे अंतरालों पर रिपोर्ट प्रस्तुत करेंगे जैसा कि सरकार निर्धारित कर सकती है और उसकी एक प्रति मुख्य आयुक्त को भेजेंगे।

62. धारा 61 के प्रावधानों पर प्रतिकूल प्रभाव डाले बिना आयुक्त स्वयं या किसी पीड़ित व्यक्ति के आवेदन पर या अन्यथा निम्नलिखित से संबंधित मामलों के संबंध में शिकायतों पर विचार कर सकता है-

a) दिव्यांग व्यक्तियों के अधिकारों से वंचित करना;

b) दिव्यांग व्यक्तियों के कल्याण और अधिकारों के संरक्षण के लिए उपयुक्त सरकारों और स्थानीय प्राधिकरणों द्वारा बनाए गए या जारी किए गए कानूनों, नियमों, उप-कानूनों, विनियमों, कार्यकारी आदेशों, दिशानिर्देशों या निर्देशों का गैर-कार्यान्वयन, और मामले को उपयुक्त अधिकारियों के साथ उठाना।

63. मुख्य आयुक्त और आयुक्तों को, इस अधिनियम के अधीन अपने कार्यों के निर्वहन के प्रयोजन के लिए, निम्नलिखित मामलों

के संबंध में वही शक्तियां प्राप्त होंगी जो सिविल प्रक्रिया संहिता, 1908 के अधीन किसी वाद पर विचार करते समय न्यायालय में निहित होती हैं, अर्थात्:-

a) साक्षियों को बुलाना और उनकी उपस्थिति सुनिश्चित करना;

b) किसी दस्तावेज की खोज और प्रस्तुतीकरण की अपेक्षा करना;

c) किसी न्यायालय या कार्यालय से कोई लोक अभिलेख या उसकी प्रतिलिपि प्राप्त करना;

d) शपथपत्रों पर साक्ष्य प्राप्त करना; और

e) साक्षियों या दस्तावेजों की जांच के लिए कमीशन जारी करना।

(2) मुख्य आयुक्त और आयुक्तों के समक्ष प्रत्येक कार्यवाही भारतीय दंड संहिता की धारा 193 और 228 के अर्थ में न्यायिक कार्यवाही होगी और मुख्य आयुक्त, आयुक्त, सक्षम प्राधिकारी, दंड प्रक्रिया संहिता, 1973 की धारा 195 और अध्याय XXVI के प्रयोजनों के लिए भी सिविल न्यायालय समझा जाएगा।

64. (1) मुख्य आयुक्त प्रत्येक वित्तीय वर्ष के लिए ऐसे प्ररूप में और ऐसे समय पर जैसा कि केंद्रीय सरकार द्वारा निर्धारित किया जा सकता है, पिछले वित्तीय वर्ष के दौरान अपनी गतिविधियों का पूरा विवरण देते हुए एक वार्षिक रिपोर्ट तैयार करेगा और उसकी एक प्रति केंद्रीय सरकार को भेजेगा।

(2) केंद्रीय सरकार वार्षिक रिपोर्ट को संसद के प्रत्येक सदन के समक्ष रखवाएगी, जिसमें उसमें की गई सिफारिश पर की गई या

की जाने वाली प्रस्तावित कार्रवाई को स्पष्ट करने वाली सिफारिशें होंगी, जहां तक वे केंद्रीय सरकार से संबंधित हैं और किसी ऐसी सिफारिश या भाग को अस्वीकार करने के कारण, यदि कोई हों, बताए जाएंगे।

65. (1) आयुक्त प्रत्येक वित्तीय वर्ष के लिए ऐसे प्रारूप में तथा ऐसे समय पर, जैसा कि राज्य सरकार द्वारा निर्धारित किया जा सकता है, एक वार्षिक रिपोर्ट तैयार करेगा, जिसमें पिछले वित्तीय वर्ष के दौरान उसकी गतिविधियों का पूरा विवरण होगा तथा उसकी एक प्रति राज्य सरकार को भेजेगा।

राज्य सरकार वार्षिक रिपोर्ट को प्रत्येक राज्य विधानमंडल के समक्ष प्रस्तुत करेगी, जिसमें उसमें की गई सिफारिशों पर की गई कार्रवाई या प्रस्तावित कार्रवाई की व्याख्या की जाएगी, जहां तक वे राज्य सरकार से संबंधित हैं तथा ऐसी किसी सिफारिश या भाग को अस्वीकार करने के कारण, यदि कोई हों, बताए जाएंगे।

अध्याय XIII: (CHAPTER XIII):

सामाजिक सुरक्षा (social security)

66. समुचित सरकारें तथा स्थानीय प्राधिकरण अपनी आर्थिक क्षमता तथा विकास की सीमाओं के भीतर सभी दिव्यांग व्यक्तियों के पुनर्वास का कार्य करेंगे या करवाएंगे।

67. समुचित सरकार अधिसूचना द्वारा अपने दिव्यांग कर्मचारियों के लाभ के लिए बीमा योजना बनाएगी।

68. समुचित सरकारें अपनी आर्थिक क्षमता और विकास की सीमाओं के भीतर अधिसूचना द्वारा विशेष रोजगार कार्यालय में दो वर्ष से अधिक समय से पंजीकृत दिव्यांग व्यक्तियों को बेरोजगारी

भत्ता देने की योजना बनाएंगी, जिन्हें किसी लाभकारी व्यवसाय में नहीं लगाया जा सका है।

अध्याय XIV: (CHAPTER XIV):

विविध

69. जो कोई दिव्यांग व्यक्तियों के लिए अभिप्रेत किसी लाभ को धोखाधड़ी से प्राप्त करता है या प्राप्त करने का प्रयास करता है, उसे दो वर्ष तक के कारावास या बीस हजार रुपये तक के जुर्माने या दोनों से दण्डित किया जा सकेगा।

70. मुख्य आयुक्त, आयुक्त और उन्हें उपलब्ध कराए गए अन्य अधिकारी और कर्मचारी भारतीय दण्ड संहिता की धारा 21 के अर्थ में लोक सेवक माने जाएंगे।

71. कोई भी मुकदमा, अभियोजन या अन्य कानूनी कार्यवाही केंद्र सरकार, राज्य सरकार या स्थानीय प्राधिकारी या सरकार के किसी भी अधिकारी के खिलाफ किसी भी चीज के संबंध में नहीं होगी जो इस अधिनियम और किसी के अनुसरण में सद्भावना से की गई हो या करने का इरादा हो। उसके तहत बनाए गए नियम या आदेश।

72. इस अधिनियम या इसके अधीन बनाए गए नियमों के प्रावधान, दिव्यांग व्यक्तियों के लाभ के लिए अधिनियमित या जारी किए गए किसी भी अन्य कानून या इसके अधीन जारी किए गए किसी भी नियम, आदेश या किसी भी निर्देश के अतिरिक्त होंगे, न कि उनके प्रतिकूल।

73. उपयुक्त सरकार अधिसूचना द्वारा इस अधिनियम के प्रावधानों को लागू करने के लिए नियम बना सकती है।

निष्कर्ष - इस अधिनियम का मुख्य उद्देश्य दिव्यांग व्यक्तियों के लिए सेवाओं के संबंध में केंद्र सरकार और राज्य सरकारों की जिम्मेदारियों को परिभाषित करना है। यह समावेशन का समर्थन करने के लिए मूल्यांकन और पाठ्यक्रम में बदलाव करने और वास्तुकला संबंधी बाधाओं को हटाने की सिफारिश करता है। यह मुफ्त किताबें, वर्दी आदि प्रदान करने की भी सिफारिश करता है।

(स्रोत के.एल. मोहनपुरिया, भारत सरकार के सचिव)

राष्ट्रीय न्यास अधिनियम, (1999) (National Trusts Act, (1999))

ऑटिज्म, सेरेब्रल पाल्सी, मानसिक मंदता और बहु दिव्यांगता वाले व्यक्तियों के कल्याण के लिए राष्ट्रीय स्तर पर एक निकाय के गठन और उससे संबंधित या उसके आनुषंगिक विषयों के लिए एक अधिनियम। यह भारत गणराज्य के पचासवें वर्ष में संसद द्वारा निम्नानुसार अधिनियमित हो:

अध्याय 1 (CHAPTER 1)

प्रारंभिक (Initial)

1. इस अधिनियम को ऑटिज्म, सेरेब्रल पाल्सी, मानसिक मंदता और बहु दिव्यांगता वाले व्यक्तियों के कल्याण के लिए राष्ट्रीय न्यास अधिनियम, 1999 कहा जा सकता है।

2. यह जम्मू और कश्मीर राज्य को छोड़कर पूरे भारत पर लागू होता है।

इस अधिनियम में, जब तक कि संदर्भ से अन्यथा अपेक्षित न हो,- (In this Act, unless the context otherwise requires,)-

a) "ऑटिज्म" का अर्थ है असमान कौशल विकास की स्थिति जो मुख्य रूप से किसी व्यक्ति की संचार और सामाजिक क्षमताओं को प्रभावित करती है, जो दोहराव और अनुष्ठानिक व्यवहार द्वारा चिह्नित होती है;

b) "बोर्ड" का अर्थ है धारा 3 के तहत गठित न्यासी बोर्ड;

c) "सेरेब्रल पाल्सी" का अर्थ है किसी व्यक्ति की गैर-प्रगतिशील स्थिति का समूह, जो असामान्य मोटर नियंत्रण मुद्रा की विशेषता है, जो विकास के जन्मपूर्व, प्रसवकालीन या शिशु काल में होने वाली मस्तिष्क की चोट या चोटों के परिणामस्वरूप होती है।

d) "सेरेब्रल पाल्सी" का अर्थ है किसी व्यक्ति की गैर-प्रगतिशील स्थिति का समूह, जो जन्मपूर्व, प्रसवकालीन या शिशु विकास अवधि में होने वाली मस्तिष्क की चोट या चोटों के परिणामस्वरूप असामान्य मोटर नियंत्रण मुद्रा की विशेषता है। "अध्यक्ष" का अर्थ है धारा 3 की उपधारा (4) के खंड (ए) के तहत नियुक्त बोर्ड का अध्यक्ष;

e.) "मुख्य कार्यकारी अधिकारी" का अर्थ है धारा 8 की उपधारा (1) के अंतर्गत नियुक्त मुख्य कार्यकारी अधिकारी;

f) "सदस्य" का अर्थ है बोर्ड का सदस्य और इसमें अध्यक्ष शामिल है;

g.) "मानसिक मंदता" का अर्थ है व्यक्ति के मस्तिष्क के विकास में रुकावट या अपूर्णता की स्थिति, जो विशेष रूप से बुद्धि की अवसामान्यता की विशेषता है;

h.) "बहु दिव्यांगता" का अर्थ है दिव्यांग व्यक्ति (समान अवसर, अधिकारों का संरक्षण और पूर्ण भागीदारी) अधिनियम, 1995 की धारा 2 के खंड (i) में परिभाषित दो या अधिक दिव्यांगताओं का संयोजन;

i.) "अधिसूचना" का अर्थ है राजपत्र में प्रकाशित अधिसूचना;

j.) "दिव्यांग व्यक्ति" का अर्थ है ऑटिज्म, सेरेब्रल पाल्सी, मानसिक मंदता या ऐसी किन्हीं दो या अधिक स्थितियों के संयोजन से संबंधित किसी भी स्थिति से पीड़ित व्यक्ति और इसमें गंभीर बहु दिव्यांगता से पीड़ित व्यक्ति शामिल है;

k.) "निर्धारित" का अर्थ है इस अधिनियम के तहत बनाए गए नियमों द्वारा निर्धारित;

l.) "पेशेवर" का अर्थ है ऐसा व्यक्ति जिसके पास किसी क्षेत्र में विशेष विशेषज्ञता है, जो दिव्यांग व्यक्तियों के कल्याण को बढ़ावा देगा;

m.) "पंजीकृत संगठन" का अर्थ है दिव्यांग व्यक्तियों का संघ या दिव्यांग व्यक्तियों के माता-पिता का संघ या स्वैच्छिक, जैसा भी मामला हो, धारा 12 के तहत पंजीकृत;

n.) "विनियमन" का अर्थ है इस अधिनियम के तहत बोर्ड द्वारा बनाए गए विनियमन;

o.) "गंभीर दिव्यांगता" का अर्थ है एक या एक से अधिक दिव्यांगताओं के साथ अस्सी प्रतिशत या अधिक दिव्यांगता;

p.) "ट्रस्ट" का अर्थ है धारा 3 की उपधारा (1) के अंतर्गत गठित ऑटिज्म, सेरेब्रल पाल्सी, मानसिक मंदता और बहु दिव्यांगता वाले व्यक्तियों के कल्याण के लिए राष्ट्रीय ट्रस्ट।

अध्याय 2 (CHAPTER 2)

ऑटिज्म, सेरेब्रल पाल्सी, मानसिक मंदता और बहु दिव्यांगता वाले व्यक्तियों के कल्याण के लिए राष्ट्रीय ट्रस्ट

(National Trust for the Welfare of Persons with Autism, Cerebral Palsy, Mental Retardation and Multiple Disabilities)

इस अधिनियम के प्रयोजन के लिए, केन्द्रीय सरकार द्वारा अधिसूचना या नियुक्ति द्वारा निर्धारित तिथि से, ऑटिज्म, सेरेब्रल पाल्सी, मानसिक मंदता और बहु दिव्यांगता वाले व्यक्तियों के कल्याण के लिए राष्ट्रीय ट्रस्ट के नाम से एक निकाय का गठन किया जाएगा, जो पूर्वोक्त नाम से एक निगमित निकाय होगा, जिसका शाश्वत उत्तराधिकार और एक सामान्य मुहर होगी, तथा जिसे इस अधिनियम के उपबंधों के अधीन रहते हुए, चल और अचल दोनों प्रकार की सम्पत्ति अर्जित करने, धारण करने और निपटाने की शक्ति होगी, तथा उक्त नाम से अनुबंधित और वादाधीन होगी।

अध्याय 3 (CHAPTER 3)

ट्रस्ट के उद्देश्य ट्रस्ट के उद्देश्य होंगे: (Objectives of the Trust The objectives of the Trust shall be):

- दिव्यांग व्यक्तियों को उनके समुदाय के भीतर और उसके जितना संभव हो सके, स्वतंत्र रूप से और पूरी तरह से रहने के लिए सक्षम और सशक्त बनाना;

a) दिव्यांग व्यक्तियों को अपने परिवार के भीतर रहने के लिए सहायता प्रदान करने के लिए सुविधाओं को मजबूत करना;

b) दिव्यांग व्यक्तियों के परिवार में संकट की अवधि के दौरान आवश्यकता आधारित सेवाएं प्रदान करने के लिए पंजीकृत संगठन को सहायता प्रदान करना;

c) दिव्यांग व्यक्तियों की समस्याओं से निपटना जिनके पास परिवार का समर्थन नहीं है;

d) अपने माता-पिता या अभिभावक की मृत्यु की स्थिति में दिव्यांग व्यक्तियों की देखभाल और देखभाल के लिए उपायों को बढ़ावा देना;

e) ऐसे दिव्यांग व्यक्तियों के लिए अभिभावकों और ट्रस्टियों की नियुक्ति के लिए प्रक्रिया विकसित करना जिन्हें ऐसी सुरक्षा की आवश्यकता है;

f) दिव्यांग व्यक्तियों के समान अवसरों, अधिकारों के संरक्षण और पूर्ण भागीदारी की प्राप्ति को सुगम बनाना; और

g) कोई अन्य कार्य करना जो पूर्वोक्त उद्देश्य से प्रासंगिक हो।

अध्याय 4 (CHAPTER 4)

बोर्ड की शक्तियां और कर्तव्य:- (Powers and Duties of the Board):-

• केंद्र सरकार से एकमुश्त एक सौ करोड़ रुपये का अंशदान प्राप्त करना, जिसकी आय का उपयोग दिव्यांग व्यक्तियों के लिए पर्याप्त जीवन स्तर प्रदान करने के लिए किया जाएगा;

a.) सामान्य रूप से दिव्यांग व्यक्ति के लाभ के लिए और विशेष रूप से ट्रस्ट के उद्देश्यों को आगे बढ़ाने के लिए किसी व्यक्ति की चल संपत्ति की वसीयत प्राप्त करना:

बशर्ते कि बोर्ड के लिए वसीयत में नामित लाभार्थी, यदि कोई हो, के लिए पर्याप्त जीवन स्तर की व्यवस्था करना और वसीयत की गई संपत्ति का उपयोग किसी अन्य उद्देश्य के लिए करना अनिवार्य होगा, जिसके लिए वसीयत की गई है: आगे यह भी प्रावधान है कि बोर्ड वसीयत में लाभार्थी के रूप में नामित दिव्यांग व्यक्तियों के अनन्य लाभ के लिए वसीयत में उल्लिखित संपूर्ण राशि का उपयोग करने के लिए किसी भी दायित्व के अधीन नहीं होगा;

b.) केंद्र सरकार से ऐसी राशि प्राप्त करना, जो किसी अनुमोदित कार्यक्रम को पूरा करने के लिए पंजीकृत संगठन को वित्तीय सहायता प्रदान करने के लिए प्रत्येक वित्तीय वर्ष में आवश्यक समझी जाए।

उपधारा (1) के प्रयोजन के लिए, "अनुमोदित कार्यक्रम" से तात्पर्य है (For the purpose of sub-section (1), "approved programme" means)

c.) कोई भी कार्यक्रम जो समुदाय में अनुकूल वातावरण बनाकर दिव्यांग व्यक्तियों के लिए समुदाय में स्वतंत्र जीवन को बढ़ावा देता है;

ii. दिव्यांग व्यक्तियों के परिवार के सदस्यों की काउंसलिंग और प्रशिक्षण;

iii. वयस्क प्रशिक्षण इकाइयों, व्यक्तिगत और समूह गृहों की स्थापना;

d.) कोई भी कार्यक्रम जो दिव्यांग व्यक्तियों के लिए समुदाय में अनुकूल वातावरण बनाकर स्वतंत्र जीवन को बढ़ावा देता है;

e) कोई भी कार्यक्रम जो दिव्यांगता वाले व्यक्तियों के लिए राहत देखभाल, पालक परिवार देखभाल या दिन देखभाल सेवा को बढ़ावा देता है;

f.) दिव्यांग व्यक्तियों के लिए आवासीय छात्रावास और आवासीय गृहों की स्थापना;

g.) दिव्यांग व्यक्तियों के अधिकारों की प्राप्ति के लिए स्वयं सहायता समूह का विकास;

h.) संरक्षकता के लिए अनुमोदन प्रदान करने के लिए स्थानीय समिति की स्थापना और

i.) ऐसे अन्य कार्यक्रम जो ट्रस्ट के उद्देश्य को बढ़ावा देते हैं। उप-धारा (2) के खंड (सी) के प्रयोजन के लिए निधि निर्धारित करते समय, दिव्यांग महिला या गंभीर दिव्यांगता वाले व्यक्तियों और

दिव्यांग वरिष्ठ नागरिकों को वरीयता दी जाएगी। स्पष्टीकरण:- इस उपधारा के प्रयोजन के लिए, अभिव्यक्ति;-

j.) "गंभीर दिव्यांगता वाले व्यक्ति" का वही अर्थ होगा जो दिव्यांग व्यक्ति (समान अवसर, अधिकारों का संरक्षण और पूर्ण भागीदारी) अधिनियम, 1995 की धारा 56 की उपधारा (4) के अंतर्गत निर्दिष्ट है; "वरिष्ठ नागरिक" का अर्थ है वह व्यक्ति जो पैंसठ वर्ष या उससे अधिक आयु का है।

अध्याय 5 (CHAPTER 5)

पंजीकरण की प्रक्रिया (Registration Process)

0. दिव्यांग व्यक्तियों का कोई संघ, या दिव्यांग व्यक्तियों के माता-पिता का कोई संघ या कोई स्वैच्छिक संगठन जिसका मुख्य उद्देश्य दिव्यांग व्यक्तियों के कल्याण को बढ़ावा देना है, बोर्ड को पंजीकरण के लिए आवेदन कर सकता है।

1. पंजीकरण के लिए आवेदन ऐसे प्रारूप और तरीके से और ऐसे स्थान पर किया जाएगा जैसा कि बोर्ड विनियमन द्वारा प्रदान कर सकता है और इसमें ऐसे विवरण शामिल होंगे और ऐसे दस्तावेजों के साथ और ऐसे शुल्क के लिए विनियमन में प्रावधान किया जा सकता है।

2. पंजीकरण के लिए आवेदन प्राप्त होने पर, बोर्ड आवेदन की वास्तविकता और उस पर किसी भी विवरण की शुद्धता के संबंध में ऐसी जांच कर सकता है जैसा कि वह उचित समझे।

3. ऐसे आवेदन की प्राप्ति पर बोर्ड या तो आवेदक को पंजीकरण प्रदान करेगा या लिखित रूप में दर्ज किए जाने वाले कारणों से ऐसे आवेदन को अस्वीकार कर देगा। बशर्ते कि जहां आवेदन को

पंजीकरण से इनकार कर दिया गया हो, उक्त आवेदक अपने पिछले आवेदन में दोषों को दूर करने के बाद पंजीकरण के लिए फिर से आवेदन कर सकता है।

अध्याय 6 (CHAPTER 6)

स्थानीय स्तर की समितियां (Local Level Committees)

0. बोर्ड ऐसे क्षेत्र के लिए एक स्थानीय स्तर की समिति का गठन करेगा, जो समय-समय पर उसके द्वारा निर्दिष्ट किया जा सकता है।

1. स्थानीय समिति में संघ या राज्य की सिविल सेवा का एक अधिकारी शामिल होगा, जो जिला मजिस्ट्रेट या जिले के जिला आयुक्त के पद से नीचे नहीं होगा;

   a) पंजीकृत संगठन का प्रतिनिधि; और

   b) दिव्यांग व्यक्ति (समान अवसर, अधिकारों का संरक्षण और पूर्ण भागीदारी) अधिनियम, 1995 की धारा 2 के खंड (t) में परिभाषित दिव्यांग व्यक्ति

2. स्थानीय स्तर की समिति अपने गठन की तिथि से तीन वर्ष की अवधि तक या बोर्ड द्वारा पुनर्गठित किए जाने तक कार्य करती रहेगी

3. स्थानीय स्तर की समिति प्रत्येक तीन माह में कम से कम एक बार या आवश्यकतानुसार अंतराल पर बैठक करेगी।

0. दिव्यांग व्यक्ति के माता-पिता या उनके संबंधी दिव्यांग व्यक्ति के अभिभावक के रूप में कार्य करने के लिए अपनी पसंद के किसी व्यक्ति की नियुक्ति के लिए स्थानीय स्तर की समिति को आवेदन कर सकते हैं।

1. कोई भी पंजीकृत संगठन दिव्यांग व्यक्ति के लिए अभिभावक की नियुक्ति के लिए स्थानीय स्तर की समिति को निर्धारित प्रपत्र में आवेदन कर सकता है:

बशर्ते कि स्थानीय स्तर की समिति द्वारा ऐसे किसी आवेदन पर तब तक विचार नहीं किया जाएगा, जब तक कि दिव्यांग व्यक्ति के अभिभावक की सहमति भी प्राप्त न हो जाए।

2. अभिभावक की नियुक्ति के लिए आवेदन पर विचार करते समय, स्थानीय स्तर की समिति इस बात पर विचार करेगी:- क्या दिव्यांग व्यक्ति को अभिभावक की आवश्यकता है; वह उद्देश्य जिसके लिए दिव्यांग व्यक्ति के लिए संरक्षकता की आवश्यकता है।

3. स्थानीय स्तर की समिति उप-धारा (1) और (2) के तहत प्राप्त आवेदनों को प्राप्त करेगी, उन पर कार्रवाई करेगी और उन पर निर्णय करेगी, ऐसी रीति से जैसा कि विनियमन द्वारा निर्धारित किया जा सकता है: प्रावधान है कि संरक्षक की नियुक्ति के लिए सिफारिश करते समय, स्थानीय स्तर की समिति उन दायित्वों के लिए प्रावधान करेगी जिन्हें संरक्षक द्वारा पूरा किया जाना है।

4. स्थानीय समिति बोर्ड को अपने द्वारा प्राप्त विवरण और उन पर पारित आदेशों को ऐसे अंतराल पर भेजेगी जैसा कि विनियमों द्वारा निर्धारित किया जा सकता है। इस अध्याय के तहत दिव्यांग व्यक्ति के संरक्षक के रूप में नियुक्त प्रत्येक व्यक्ति, जहां भी आवश्यक हो, या तो दिव्यांग व्यक्ति और उसकी संपत्ति की देखभाल करेगा या दिव्यांग व्यक्ति के रखरखाव के लिए जिम्मेदार होगा। 0. धारा 14 के तहत संरक्षक के रूप में नियुक्त प्रत्येक व्यक्ति अपनी नियुक्ति की तारीख से छह महीने की अवधि के

भीतर, उसे नियुक्त करने वाले प्राधिकारी को दिव्यांग व्यक्ति की अचल संपत्ति और दिव्यांग व्यक्ति की ओर से प्राप्त सभी परिसंपत्तियों और अन्य चल संपत्ति की एक सूची सौंपेगा, साथ ही दिव्यांग व्यक्ति द्वारा देय सभी दावों और सभी ऋणों और देनदारियों का विवरण भी देगा।1. प्रत्येक अभिभावक प्रत्येक वित्तीय वर्ष के अंत में तीन माह की अवधि के भीतर उक्त नियुक्ति प्राधिकारी को अपने प्रभार में सम्पत्ति और परिसंपत्तियों का लेखा-जोखा, दिव्यांग व्यक्ति के लिए प्राप्त और वितरित राशि तथा उसके पास शेष राशि प्रस्तुत करेगा।

0. जब कभी दिव्यांग व्यक्ति के माता-पिता या रिश्तेदार या पंजीकृत संगठन को पता चले कि अभिभावक दिव्यांग व्यक्ति के साथ दुर्व्यवहार या उपेक्षा कर रहा है; या सम्पत्ति का दुरुपयोग या उपेक्षा कर रहा है, तो वह निर्धारित प्रक्रिया के अनुसार ऐसे अभिभावक को हटाने के लिए समिति को आवेदन कर सकता है।

1. ऐसा आवेदन प्राप्त होने पर समिति, यदि वह संतुष्ट हो कि हटाने का आधार है तथा लिखित रूप में दर्ज किए जाने वाले कारणों से, ऐसे संरक्षक को हटा सकती है तथा उसके स्थान पर नया संरक्षक नियुक्त कर सकती है अथवा यदि ऐसा संरक्षक उपलब्ध नहीं है तो दिव्यांग व्यक्ति की देखभाल तथा सुरक्षा के लिए आवश्यक अन्य व्यवस्था कर सकती है।

2. उपधारा (2) के अंतर्गत हटाया गया कोई भी व्यक्ति दिव्यांग व्यक्ति की समस्त संपत्ति का प्रभार नए संरक्षक को सौंपने तथा उसके द्वारा प्राप्त या वितरित सभी धनराशियों का हिसाब देने के लिए बाध्य होगा।

स्पष्टीकरण,- इस अध्याय के प्रयोजन के लिए, "रिश्तेदार" में दिव्यांग व्यक्ति से रक्त, विवाह या दत्तक ग्रहण द्वारा संबंधित कोई भी व्यक्ति शामिल है।

अध्याय 7 (CHAPTER 7)

जवाबदेही तथा निगरानी (Accountability and Monitoring)

0. बोर्ड के संग्रह में रखी गई पुस्तकें तथा दस्तावेज किसी भी पंजीकृत संगठन द्वारा निरीक्षण के लिए खुले रहेंगे

1. कोई भी पंजीकृत संगठन बोर्ड द्वारा रखी गई किसी भी पुस्तक या दस्तावेज तक पहुंच के लिए बोर्ड को लिखित मांग प्रस्तुत कर सकता है।

2. बोर्ड ऐसे नियम बनाएगा, जो वह पंजीकृत संगठन को किसी पुस्तक या दस्तावेज तक पहुंच प्रदान करने के लिए आवश्यक समझे। बोर्ड नियमों द्वारा वित्तीय सहायता प्राप्त करने वाले पंजीकृत संगठन की पूर्वनिधि स्थिति का मूल्यांकन करने की प्रक्रिया निर्धारित करेगा और ऐसे नियम ट्रस्ट से वित्तीय सहायता प्राप्त करने वाले पंजीकृत संगठनों की गतिविधियों की निगरानी और मूल्यांकन के लिए दिशा-निर्देश भी प्रदान कर सकते हैं।

0. बोर्ड प्रत्येक वर्ष पंजीकृत संगठनों की वार्षिक आम बैठक आयोजित करेगा और एक वार्षिक आम बैठक की तिथि और अगली वार्षिक आम बैठक की तिथि के बीच छह महीने से अधिक का समय नहीं बीतना चाहिए।

1. बोर्ड द्वारा पिछले वर्ष के दौरान खातों और उसकी गतिविधियों के अभिलेखों के विवरण के साथ वार्षिक आम बैठक की सूचना

प्रत्येक पंजीकृत संगठन को ऐसे समय पर भेजी जाएगी, जैसा कि नियमों द्वारा निर्धारित किया जा सकता है।

2. ऐसी बैठक के लिए कोरम पंजीकृत संगठन के व्यक्तियों की उतनी संख्या होगी जितनी विनियमन द्वारा निर्धारित की जा सकती है।

अध्याय 8 (CHAPTER 8)

वित्त, लेखा और लेखा परीक्षा (Finance, Accounting & Audit)

केन्द्रीय सरकार संसद द्वारा अपनी ओर से विधि द्वारा किए गए समुचित विनियोजन के पश्चात ट्रस्ट को एकमुश्त एक सौ करोड़ रुपए या एक निश्चित राशि का अंशदान दे सकेगी, जिसकी आय का उपयोग इस अधिनियम के अन्तर्गत ट्रस्ट के उद्देश्यों के लिए किया जा सकेगा। एक निधि का गठन किया जाएगा जिसे ऑटिज्म, मस्तिष्क पक्षाघात, मानसिक मंदता और बहुदिव्यांगता वाले व्यक्तियों के कल्याण के लिए राष्ट्रीय ट्रस्ट निधि कहा जाएगा और इसमें निम्नलिखित जमा किए जाएंगे: केन्द्र सरकार से प्राप्त सभी धन;

a) अनुदान, उपहार, दान, परोपकार, वसीयत या हस्तांतरण के माध्यम से ट्रस्ट द्वारा प्राप्त सभी धन;

b) किसी अन्य तरीके से या किसी अन्य स्रोत से ट्रस्ट द्वारा प्राप्त सभी धन।

1. निधि से संबंधित सभी धन ऐसे बैंकों में जमा किए जाएंगे या ऐसे तरीके से निवेश किए जाएंगे जैसा कि बोर्ड, केन्द्रीय सरकार के अनुमोदन के अधीन रहते हुए तय करे।

2. निधियों का उपयोग ट्रस्ट के प्रशासनिक और अन्य व्ययों को पूरा करने के लिए किया जाएगा, जिसमें धारा 10 के तहत अपनी किसी भी गतिविधि के संबंध में बोर्ड द्वारा अपनी शक्तियों के प्रयोग और कर्तव्यों के पालन में किए गए व्यय या उससे संबंधित किसी भी चीज के लिए किए गए व्यय शामिल हैं। बोर्ड प्रत्येक वित्तीय वर्ष में ऐसे प्रारूप में और ऐसे समय पर, जैसा कि निर्धारित किया जा सकता है, ट्रस्ट की अनुमानित प्राप्तियां और व्यय दिखाते हुए अगले वित्तीय वर्ष के लिए बजट तैयार करेगा और उसे केंद्र सरकार को भेजेगा। बोर्ड उचित खाते और अन्य प्रासंगिक रिकॉर्ड बनाए रखेगा और ट्रस्ट के खातों का वार्षिक विवरण तैयार करेगा, जिसमें आय और व्यय खाते शामिल होंगे, ऐसे प्रारूप में जैसा कि केंद्र सरकार निर्धारित कर सकती है और ऐसे सामान्य निर्देशों के अनुसार, जो उस सरकार द्वारा भारत के नियंत्रक और महालेखा परीक्षक के साथ संविधान में जारी किए जा सकते हैं।

1. ट्रस्ट के खातों का भारत के नियंत्रक और महालेखा परीक्षक द्वारा ऐसे अंतराल पर ऑडिट किया जाएगा, जैसा कि उनके द्वारा निर्दिष्ट किया जा सकता है और इस तरह के ऑडिट के संबंध में उनके द्वारा किए गए किसी भी व्यय का भुगतान भारत के नियंत्रक और महालेखा परीक्षक के बोर्ड द्वारा किया जाएगा।

2. ट्रस्ट के लेखाओं की लेखापरीक्षा के संबंध में भारत के नियंत्रक-महालेखापरीक्षक तथा उसके द्वारा नियुक्त अन्य व्यक्ति को ऐसी लेखापरीक्षा के संबंध में वही अधिकार, विशेषाधिकार तथा प्राधिकार प्राप्त होंगे जो भारत के नियंत्रक-महालेखापरीक्षक को सामान्यतः सरकारी लेखाओं की लेखापरीक्षा के संबंध में प्राप्त होते हैं, तथा विशेष रूप से उसे लेखाबहियों, संबंधित वाउचरों

तथा अन्य दस्तावेजों और कागजातों की मांग करने तथा उन्हें प्रस्तुत करने का तथा ट्रस्ट के किसी भी कार्यालय का निरीक्षण करने का अधिकार होगा।

3. भारत के नियंत्रक एवं महालेखा परीक्षक या इस निमित्त उनके द्वारा नियुक्त किसी अन्य व्यक्ति द्वारा प्रमाणित ट्रस्ट के लेखे, उन पर लेखापरीक्षा रिपोर्ट सहित, प्रतिवर्ष केन्द्रीय सरकार को भेजे जाएंगे, तथा वह सरकार उन्हें संसद के प्रत्येक सदन के समक्ष रखवाएगी। बोर्ड प्रत्येक वर्ष, निर्धारित समय के भीतर ऐसे प्रारूप में, पिछले वर्ष के दौरान अपनी गतिविधियों का सही और पूर्ण विवरण देते हुए वार्षिक रिपोर्ट तैयार करेगा, तथा उसकी प्रतियां केन्द्रीय सरकार को भेजी जाएंगी, तथा वह सरकार उन्हें संसद के प्रत्येक सदन के समक्ष रखवाएगी। बोर्ड के सभी आदेश और निर्णय तथा ट्रस्ट के नाम से जारी किए गए सभी दस्तावेज अध्यक्ष, मुख्य कार्यकारी अधिकारी या अध्यक्ष द्वारा इस निमित्त प्राधिकृत किसी अन्य अधिकारी के हस्ताक्षर द्वारा प्रमाणित किए जाएंगे। बोर्ड केन्द्रीय सरकार को ऐसी रिपोर्ट, विवरणियां और अन्य सूचनाएं उपलब्ध कराएगा, जिनकी सरकार समय-समय पर मांग कर सकती है।

अध्याय 9 (CHAPTER 9)

विविध

0. इस अधिनियम के पूर्वगामी प्रावधानों पर प्रतिकूल प्रभाव डाले बिना, बोर्ड अपनी शक्ति का प्रयोग करते हुए या इस अधिनियम के तहत अपने कर्तव्यों का पालन करते हुए, नीति के प्रश्नों पर ऐसे निर्देशों से आबद्ध होगा, जैसा कि केंद्रीय सरकार समय-समय पर लिखित रूप में दे सकती है: बशर्ते कि बोर्ड को, जहां तक संभव

हो, इस उपधारा के तहत कोई निर्देश दिए जाने से पहले अपने विचार व्यक्त करने का अवसर दिया जाएगा।

1. कोई प्रश्न नीतिगत है या नहीं, इस बारे में केंद्रीय सरकार का निर्णय अंतिम होगा। यदि पंजीकृत संगठन की शिकायत पर या अन्यथा केंद्रीय सरकार के पास यह विश्वास करने का कारण है कि बोर्ड अपने ऊपर लगाए गए कर्तव्यों का पालन करने में असमर्थ है या लगातार चूक कर रहा है, तो केंद्रीय सरकार बोर्ड को नोटिस जारी कर पूछ सकती है कि उसे क्यों न हटा दिया जाए: बशर्ते कि बोर्ड को हटाने का कोई आदेश केंद्रीय सरकार द्वारा तब तक नहीं दिया जाएगा, जब तक कि बोर्ड को लिखित रूप में यह उचित अवसर देने वाला नोटिस न दिया गया हो कि उसे क्यों न हटा दिया जाए।

1. केन्द्रीय सरकार लिखित में कारण दर्ज करने के पश्चात तथा आधिकारिक राजपत्र में अधिसूचना जारी करके बोर्ड को छह माह से अधिक की अवधि के लिए अधिक्रमित कर सकती है: बशर्ते कि अधिक्रमण की अवधि की समाप्ति पर केन्द्रीय सरकार धारा 3 के अनुसार बोर्ड का पुनर्गठन कर सकती है।

2. उपधारा (2) के अधीन अधिसूचना के प्रकाशन पर बोर्ड के सभी सदस्य, इस बात के होते हुए भी कि अधिक्रमण की तिथि को उनका कार्यकाल समाप्त नहीं हुआ है, ऐसे सदस्य के रूप में अपना पद त्याग देंगे; क. सभी शक्तियां और कर्तव्य जो इस अधिनियम के उपबंधों के अधीन या उसके अधीन ट्रस्ट द्वारा या उसकी ओर से प्रयोग या निष्पादित किए जा सकते हैं, अधिक्रमण की अवधि के दौरान ऐसे व्यक्ति द्वारा प्रयोग और निष्पादित किए जाएंगे जिसे केन्द्रीय सरकार निर्देशित करे।

3. उपधारा (2) के अधीन जारी अधिसूचना में निर्दिष्ट अधिक्रमण की अवधि की समाप्ति पर केन्द्रीय सरकार अधिक्रमण की अवधि को ऐसी अतिरिक्त अवधि के लिए बढ़ा सकती है जितनी वह आवश्यक समझे ताकि अधिक्रमण की कुल अवधि छह माह से अधिक न हो; या धारा 3 में दिए गए तरीके से बोर्ड का पुनर्गठन करें। आयकर अधिनियम, 1961 या आयकर से संबंधित किसी भी समय लागू किसी अन्य कानून में निहित किसी भी चीज के बावजूद, ट्रस्ट अपनी आय, लाभ या लाभ के संबंध में आयकर या किसी अन्य कर का भुगतान करने के लिए उत्तरदायी नहीं होगा। केंद्र सरकार या ट्रस्ट या बोर्ड के किसी भी सदस्य या मुख्य कार्यकारी अधिकारी या ट्रस्ट के किसी भी अधिकारी या अन्य कर्मचारी या बोर्ड द्वारा इस अधिनियम के तहत कर्तव्यों का पालन करने के लिए अधिकृत किसी भी अन्य व्यक्ति के खिलाफ कोई भी मुकदमा, अभियोजन या अन्य कानूनी कार्यवाही नहीं होगी। सद्भावना से की गई किसी भी चीज़ के कारण होने वाली या होने की संभावना वाली किसी भी हानि या क्षति के लिए कार्रवाई करें। स्पष्टीकरण: - इस खंड के प्रयोजन के लिए, "सद्भावना" अभिव्यक्ति का वही अर्थ होगा जो भारतीय दंड संहिता में इसके लिए निर्दिष्ट है। ट्रस्ट के सभी सदस्य, मुख्य कार्यकारी अधिकारी, अन्य अधिकारी और कर्मचारी, इस अधिनियम के किसी भी प्रावधान के अनुसरण में कार्य करते समय या कार्य करने का तात्पर्य रखते हुए, भारतीय दंड संहिता की धारा 21 के अर्थ में लोक सेवक माने जाएंगे। बोर्ड लिखित रूप में सामान्य या विशेष आदेश द्वारा, ट्रस्ट के अध्यक्ष या किसी सदस्य या किसी अधिकारी या किसी अन्य व्यक्ति को ऐसी शर्तों और सीमाओं के अधीन, यदि कोई हो, जैसा कि आदेश में निर्दिष्ट किया जा सकता है, इस अधिनियम के तहत अपनी शक्तियों में से कुछ (धारा 35 के तहत

विनियम बनाने की शक्ति को छोड़कर) जो वह आवश्यक समझे, सौंप सकता है। केंद्र सरकार, आधिकारिक राजपत्र में अधिसूचना द्वारा, ट्रस्ट के किसी भी सदस्य या किसी अधिकारी या किसी अन्य व्यक्ति को, यदि कोई हो, ऐसी शर्तों और सीमाओं के अधीन, यदि कोई हो, जो आदेश में निर्दिष्ट किया जा सकता है, इस अधिनियम के तहत अपनी शक्तियों में से कुछ (धारा 35 के तहत विनियम बनाने की शक्ति को छोड़कर) सौंप सकती है, जैसा कि वह आवश्यक समझे। केंद्र सरकार, आधिकारिक राजपत्र में अधिसूचना द्वारा, इस अधिनियम के प्रावधानों को लागू करने के लिए नियम बना सकती है।

1. विशेष रूप से, तथा पूर्वगामी शक्तियों की व्यापकता पर प्रतिकूल प्रभाव डाले बिना, ऐसे नियम निम्नलिखित सभी या किसी भी विषय के लिए उपबंध कर सकेंगे, अर्थात्:-. वह प्रक्रिया जिसके अनुसार पंजीकृत संगठन का प्रतिनिधित्व करने वाले व्यक्ति को धारा 3 की उपधारा (4) के खंड (ख) के अधीन निर्वाचित किया जाएगा;

   a) धारा 4 की उपधारा (2) के अधीन अध्यक्ष और सदस्यों की सेवा की शर्त;

   b) धारा 14 की उपधारा (2) के अधीन बोर्ड की बैठक में कारोबार के लेन-देन की नियम प्रक्रिया;

   c) धारा 8 की उपधारा (1) के अधीन मुख्य कार्यपालक अधिकारी की शक्तियां और कर्तव्य;

   d) वह प्ररूप जिसमें धारा 23 की उपधारा (2) के अधीन पंजीकृत संगठन द्वारा संरक्षकता के लिए आवेदन किया जा सकेगा;

e) वह प्रक्रिया जिसके अनुसार धारा 17 के अधीन संरक्षक को हटाया जा सकेगा;च. वह प्ररूप जिसमें और वह समय जिसके भीतर धारा 23 के अधीन ट्रस्ट का बजट केंद्रीय सरकार को भेजा जाएगा; वह प्ररूप जिसमें धारा 24 की उपधारा (1) के अधीन वार्षिक लेखा विवरण रखा जाएगा;

f) वह प्ररूप जिसमें, और वह समय जिसके भीतर धारा 25 के अधीन वार्षिक रिपोर्ट तैयार की जाएगी और भेजी जाएगी;

g) कोई अन्य विषय जो विहित किया जाना अपेक्षित है या किया जा सकता है। बोर्ड, केन्द्रीय सरकार के पूर्व अनुमोदन से, राजपत्र में अधिसूचना द्वारा, इस अधिनियम के संगत विनियम और सामान्यतः इस अधिनियम के प्रयोजनों को कार्यान्वित करने के लिए नियम बना सकता है।

h) विशेष रूप से, और पूर्वगामी शक्ति की व्यापकता पर प्रतिकूल प्रभाव डाले बिना, ऐसा विनियम निम्नलिखित सभी या किसी भी विषय के लिए उपबंध कर सकता है, अर्थात्:-

- वह ढंग और उद्देश्य जिसके लिए किसी व्यक्ति को धारा 3 की उपधारा (5) के अधीन सहयुक्त किया जा सकता है;

a. वह समय और स्थान जिस पर धारा 4 की उपधारा (6) के अधीन बोर्ड की बैठक होगी;

b. धारा 8 की उपधारा (3) के अधीन ट्रस्ट के मुख्य कार्यपालक अधिकारी, अन्य अधिकारी और कर्मचारियों की सेवा की शर्तें और निबंधन;

c. धारा 12 की उपधारा (2) के अधीन पंजीकरण के लिए आवेदन किस प्रकार किया जाएगा, तथा उस उपधारा के अधीन ऐसे आवेदन में क्या विवरण होंगे;

d. धारा 114 की उपधारा (4) के अधीन स्थानीय स्तर की समिति द्वारा संरक्षकता के लिए आवेदन किस प्रकार प्राप्त किया जाएगा, आगे किस प्रकार बढ़ाया जाएगा तथा किस प्रकार निर्णय लिया जाएगा;

e. धारा 14 की उपधारा (5) के अधीन स्थानीय स्तर की समिति द्वारा आवेदन का विवरण तथा उस पर पारित आदेश;

f. धारा 19 के अधीन पंजीकृत संगठन की पूर्व-निधि स्थिति का मूल्यांकन करने तथा ऐसे पंजीकृत संगठन की गतिविधियों की निगरानी तथा मूल्यांकन के लिए दिशा-निर्देश तैयार करने की प्रक्रिया;

g. धारा 20 की उपधारा (2) तथा (3) के अधीन वार्षिक आम बैठक के लिए सूचना भेजने का समय तथा ऐसी बैठक के लिए गणपूर्ति; तथा

h. कोई अन्य विषय जो विनियमन द्वारा अपेक्षित है या प्रदान किया जा सकता है।

सर्व शिक्षा अभियान 2000 (Sarva Shiksha Abhiyan 2000)

इसमें यह वचन दिया गया है कि "एसएसएम यह सुनिश्चित करेगा कि दिव्यांगता के प्रकार, श्रेणी और डिग्री के बावजूद विशेष आवश्यकता वाले प्रत्येक बच्चे को उचित वातावरण में शिक्षा प्रदान की जाए।"

सर्व शिक्षा अभियान या एसएसए, भारत सरकार का एक कार्यक्रम है जिसका उद्देश्य "समयबद्ध तरीके से" प्राथमिक शिक्षा का सार्वभौमिकरण करना है, जैसा कि भारत के संविधान के 86वें संशोधन द्वारा अनिवार्य किया गया है, जो 6 से 14 वर्ष की आयु के बच्चों (2001 में अनुमानित 205 मिलियन बच्चे) को निःशुल्क और अनिवार्य शिक्षा प्रदान करना एक मौलिक अधिकार बनाता है। इस कार्यक्रम की शुरुआत भारत के पूर्व प्रधानमंत्री अटल बिहारी वाजपेयी ने की थी।

इतिहास (History)

एक हस्तक्षेप कार्यक्रम के रूप में, एसएसए 2000-2001 से चालू है। हालाँकि, इसकी जड़ें 1993-1994 में वापस जाती हैं, जब सार्वभौमिक प्राथमिक शिक्षा के उद्देश्य को प्राप्त करने के उद्देश्य से जिला प्राथमिक शिक्षा कार्यक्रम (डीपीईपी) शुरू किया गया था। डीपीईपी ने कई चरणों में देश के 18 राज्यों के 272 जिलों को कवर किया। कार्यक्रम पर व्यय केंद्र सरकार (85%) और राज्य सरकारों द्वारा साझा किया गया था। केंद्रीय हिस्से को विश्व बैंक, डीएफआईडी और यूनिसेफ सहित कई बाहरी एजेंसियों द्वारा वित्त पोषित किया गया था। 2001 तक, कार्यक्रम के लिए 1500 मिलियन अमेरिकी डॉलर से अधिक की प्रतिबद्धता जताई

गई थी, और इसके दायरे में 50 मिलियन बच्चे शामिल थे। डीपीईपी के चरण I के प्रभाव मूल्यांकन में, लेखकों ने निष्कर्ष निकाला कि अल्पसंख्यक बच्चों पर इसका शुद्ध प्रभाव प्रभावशाली था, जबकि लड़कियों के नामांकन पर किसी भी प्रभाव का कोई सबूत नहीं था। फिर भी, उन्होंने निष्कर्ष निकाला कि डीपीईपी में निवेश बेकार नहीं था, क्योंकि इसने भारत में प्राथमिक विद्यालय हस्तक्षेपों के लिए एक नया दृष्टिकोण पेश किया। शिक्षा का अधिकार अधिनियम (RTE) 1 अप्रैल 2010 को लागू हुआ। कुछ शिक्षाविदों और नीति निर्माताओं का मानना है कि, इस अधिनियम के पारित होने के साथ, एसएसए ने इसके कार्यान्वयन के लिए आवश्यक कानूनी बल हासिल कर लिया है।

विशेषताएँ (Attributes)

सर्व शिक्षा अभियान (SSA) सार्वभौमिक प्रारंभिक शिक्षा के लिए एक कार्यक्रम है। यह कार्यक्रम समुदाय के स्वामित्व वाली शिक्षा के प्रावधान के माध्यम से सभी बच्चों को मानवीय क्षमताओं में सुधार करने का अवसर प्रदान करने का एक प्रयास भी है।

मुख्य विशेषताएँ (Salient features)

1. सार्वभौमिक प्राथमिक शिक्षा के लिए स्पष्ट समय-सीमा वाला कार्यक्रम।

2. पूरे देश में गुणवत्तापूर्ण बुनियादी शिक्षा की मांग की प्रतिक्रिया।

3. बुनियादी शिक्षा के माध्यम से सामाजिक न्याय को बढ़ावा देने का अवसर।

4. पूरे देश में सार्वभौमिक प्राथमिक शिक्षा के लिए राजनीतिक इच्छाशक्ति की अभिव्यक्ति।

5. केंद्र, राज्य और स्थानीय सरकार के बीच साझेदारी।

6. राज्यों के लिए प्रारंभिक शिक्षा के बारे में अपना दृष्टिकोण विकसित करने का अवसर।

7. प्राथमिक विद्यालयों के प्रबंधन में पंचायती राज संस्थाओं, स्कूल प्रबंधन समितियों, गाँव और शहरी झुग्गी-झोपड़ी स्तर की शिक्षा समितियों, अभिभावक शिक्षक संघों, माता-शिक्षक संघों, आदिवासी स्वायत्त परिषदों और अन्य जमीनी स्तर की संरचनाओं को प्रभावी ढंग से शामिल करने का प्रयास।

अभिप्राय

1. 6-14 आयु वर्ग के सभी बच्चों को उपयोगी और प्राथमिक शिक्षा प्रदान करना।

2. स्कूलों के प्रबंधन में समुदाय की सक्रिय भागीदारी के साथ सामाजिक, क्षेत्रीय और लैंगिक अंतर को पाटना।

3. बच्चों को आध्यात्मिक और भौतिक रूप से अपनी क्षमता विकसित करने के लिए अपने प्राकृतिक वातावरण के बारे में जानने और उसमें महारत हासिल करने की अनुमति देना।

4. मूल्य आधारित शिक्षा को बढ़ावा देने के लिए यह बच्चों को स्वार्थी गतिविधियों की बजाय एक-दूसरे की भलाई के लिए काम करने का अवसर देता है।

5. प्रारंभिक बाल्यावस्था देखभाल और शिक्षा के महत्व को समझना और 0-14 वर्ष की आयु को एक निरंतरता के रूप में देखना।

उद्देश्य

1. सभी बच्चे स्कूल में। शिक्षा गारंटी केंद्र, वैकल्पिक स्कूल, 2003 तक 'बैक-टू-स्कूल' शिविर।

2. सभी बच्चे 2007 तक पाँच साल की प्राथमिक स्कूली शिक्षा पूरी कर लें।

3. सभी बच्चे 2010 तक प्राथमिक स्कूली शिक्षा पूरी कर लें।

4. जीवन के लिए शिक्षा पर जोर देते हुए संतोषजनक गुणवत्ता वाली प्राथमिक शिक्षा पर ध्यान दें।

5. 2007 तक प्राथमिक स्तर पर और 2010 तक प्रारंभिक शिक्षा स्तर पर सभी लिंग और सामाजिक श्रेणी के अंतर को पाटना।

6. 2010 तक सार्वभौमिक प्रतिधारण।

पहलू

1. यह प्रारंभिक शिक्षा योजनाओं के कार्यान्वयन के लिए एक व्यापक अभिसरण रूपरेखा प्रदान करता है।

2. यह प्रारंभिक शिक्षा के सार्वभौमिकरण को प्राप्त करने के लिए महत्वपूर्ण क्षेत्रों को मजबूत करने के लिए बजट प्रावधान वाला एक कार्यक्रम भी है।

शिक्षा का अधिकार अधिनियम (2006) (Right to Education Act (2006))

शिक्षा का अधिकार अधिनियम (Right to Education Act)

6 से 14 वर्ष की आयु के प्रत्येक बच्चे को निःशुल्क और अनिवार्य शिक्षा का अधिकार है। यह अनुच्छेद 21ए के माध्यम से 86वें

संविधान संशोधन अधिनियम के अनुसार कहा गया है। शिक्षा का अधिकार अधिनियम इस संशोधन को प्रभावी बनाने का प्रयास करता है। सरकारी स्कूल सभी बच्चों को निःशुल्क शिक्षा प्रदान करेंगे और स्कूलों का प्रबंधन स्कूल प्रबंधन समितियों (एसएमसी) द्वारा किया जाएगा। निजी स्कूल अपने स्कूलों में कम से कम 25% बच्चों को बिना किसी शुल्क के प्रवेश देंगे। गुणवत्ता सहित प्रारंभिक शिक्षा के सभी पहलुओं की निगरानी के लिए राष्ट्रीय प्रारंभिक शिक्षा आयोग का गठन किया जाएगा।

शिक्षा का अधिकार (आरटीई) अधिनियम, 2009 की मुख्य विशेषताएं

(Salient Features of Right to Education (RTE) Act, 2009)

- 6 से 14 आयु वर्ग के भारत के सभी बच्चों को निःशुल्क और अनिवार्य शिक्षा।

- प्रारंभिक शिक्षा पूरी होने तक किसी भी बच्चे को रोका नहीं जाएगा, निष्कासित नहीं किया जाएगा या बोर्ड परीक्षा उत्तीर्ण करने की आवश्यकता नहीं होगी।

- यदि 6 वर्ष से अधिक आयु के किसी बच्चे को किसी विद्यालय में प्रवेश नहीं मिला है या वह अपनी प्रारंभिक शिक्षा पूरी नहीं कर पाया है, तो उसे उसकी आयु के अनुरूप कक्षा में प्रवेश दिया जाएगा। हालांकि, यदि ऐसा मामला हो सकता है जहां किसी बच्चे को उसकी आयु के अनुरूप कक्षा में सीधे प्रवेश दिया जाता है, तो उसे दूसरों के बराबर होने के लिए निर्धारित समय सीमा के भीतर विशेष प्रशिक्षण प्राप्त करने का अधिकार होगा। इसके अलावा, प्रारंभिक शिक्षा में प्रवेश पाने वाला बच्चा 14 वर्ष की आयु के बाद

भी प्रारंभिक शिक्षा पूरी होने तक निःशुल्क शिक्षा का हकदार होगा।

• प्रवेश के लिए आयु का प्रमाण: प्रारंभिक शिक्षा में प्रवेश के लिए, बच्चे की आयु जन्म प्रमाण पत्र के आधार पर निर्धारित की जाएगी, जो जन्म मृत्यु और विवाह पंजीकरण अधिनियम 1856 के प्रावधानों के अनुसार जारी किया गया हो, या ऐसे किसी अन्य दस्तावेज के आधार पर निर्धारित की जा सकती है। आयु प्रमाण के अभाव में किसी भी बच्चे को स्कूल में प्रवेश से वंचित नहीं किया जाएगा

• प्रारंभिक शिक्षा पूरी करने वाले बच्चे को प्रमाण पत्र दिया जाएगा।

• निश्चित छात्र-शिक्षक अनुपात के लिए कदम उठाए जाने की जरूरत है।

• सभी निजी स्कूलों में कक्षा 1 में प्रवेश के लिए आर्थिक रूप से वंचित समुदायों के लिए पच्चीस प्रतिशत आरक्षण किया जाना है।

• शिक्षा की गुणवत्ता में सुधार जरूरी है।

• स्कूल शिक्षकों को पांच साल के भीतर पर्याप्त पेशेवर डिग्री की आवश्यकता होगी अन्यथा उनकी नौकरी चली जाएगी।

• स्कूल के बुनियादी ढांचे (जहां कोई समस्या है) को हर 3 साल में सुधारने की जरूरत है, अन्यथा मान्यता रद्द कर दी जाएगी।

• वित्तीय बोझ राज्य और केंद्र सरकार के बीच साझा किया जाएगा।

'निःशुल्क एवं अनिवार्य प्राथमिक शिक्षा' ('Free and compulsory primary education')

6 से 14 वर्ष की आयु के सभी बच्चों को पड़ोस के स्कूल में निःशुल्क एवं अनिवार्य प्राथमिक शिक्षा का अधिकार होगा।

प्राथमिक शिक्षा प्राप्त करने के लिए बच्चे या माता-पिता को कोई प्रत्यक्ष (स्कूल फीस) या अप्रत्यक्ष लागत (यूनिफॉर्म, पाठ्यपुस्तकें, मध्याह्न भोजन, परिवहन) वहन नहीं करनी होगी। सरकार बच्चे की प्रारंभिक शिक्षा पूरी होने तक निःशुल्क स्कूली शिक्षा प्रदान करेगी।

RTE सुनिश्चित करने के लिए समुदाय और माता-पिता की भूमिका (The role of the community and parents to ensure RTE)

बच्चों को निःशुल्क एवं अनिवार्य शिक्षा का अधिकार (RTE) अधिनियम 2009 स्कूलों पर स्थानीय प्राधिकरण अधिकारियों, माता-पिता, अभिभावकों और शिक्षकों को शामिल करके स्कूल प्रबंधन समितियों (SMC) का गठन करने पर जोर देता है। SMC स्कूल विकास योजनाएँ बनाएगी और सरकारी अनुदानों के उपयोग और पूरे स्कूल के माहौल की निगरानी करेगी।

RTE में SMC में 50 प्रतिशत महिलाओं और वंचित समूहों के बच्चों के माता-पिता को शामिल करना भी अनिवार्य है। इस तरह की सामुदायिक भागीदारी लड़कियों और लड़कों के लिए अलग-अलग शौचालय सुविधाओं और स्वास्थ्य, पानी, स्वच्छता और सफाई के मुद्दों पर पर्याप्त ध्यान देने के माध्यम से बच्चों के अनुकूल "पूरे स्कूल" के माहौल को सुनिश्चित करने के लिए महत्वपूर्ण होगी।

आरटीई बाल-अनुकूल स्कूलों को बढ़ावा देता है (RTE promotes child-friendly schools)

सभी स्कूलों को प्रभावी शिक्षण वातावरण के लिए बुनियादी ढांचे और शिक्षक मानदंडों का पालन करना चाहिए। प्राथमिक स्तर पर हर साठ छात्रों के लिए दो प्रशिक्षित शिक्षक उपलब्ध कराए जाएंगे। शिक्षकों को नियमित रूप से और समय पर स्कूल जाना होगा, पाठ्यक्रम निर्देश पूरा करना होगा, सीखने की क्षमताओं का आकलन करना होगा और नियमित रूप से अभिभावक-शिक्षक बैठकें आयोजित करनी होंगी। शिक्षकों की संख्या ग्रेड के बजाय छात्रों की संख्या के आधार पर होगी। राज्य शिक्षकों को पर्याप्त सहायता सुनिश्चित करेगा जिससे बच्चों के सीखने के परिणामों में सुधार हो सके। समुदाय और नागरिक समाज को एसएमसी के साथ मिलकर स्कूल की गुणवत्ता और समानता सुनिश्चित करने में महत्वपूर्ण भूमिका निभानी होगी। राज्य नीतिगत ढांचा प्रदान करेगा और यह सुनिश्चित करने के लिए एक सक्षम वातावरण तैयार करेगा कि आरटीई हर बच्चे के लिए एक वास्तविकता बन जाए।

भारत में आरटीई को वित्तपोषित और कार्यान्वित किया जाएगा (RTE will be financed and implemented in India)

केंद्र और राज्य सरकारें आरटीई के लिए वित्तीय जिम्मेदारी साझा करेंगी। केंद्र सरकार व्यय का अनुमान तैयार करेगी। राज्य सरकारों को इन लागतों का एक प्रतिशत प्रदान किया जाएगा।

आरटीई वंचित समूहों तक पहुँचने के लिए एक परिपक्व मंच प्रदान करता है, जिसमें बाल मजदूरों, प्रवासी बच्चों, विशेष

जरूरतों वाले बच्चों या "सामाजिक, सांस्कृतिक आर्थिक, भौगोलिक, भाषाई, लिंग या ऐसे अन्य कारकों के कारण वंचित" लोगों के लिए विशेष प्रावधान हैं। आरटीई शिक्षण और सीखने की गुणवत्ता पर ध्यान केंद्रित करता है, जिसके लिए त्वरित प्रयासों और पर्याप्त सुधारों की आवश्यकता होती है:

1. अगले पाँच वर्षों के भीतर दस लाख से अधिक नए और अप्रशिक्षित शिक्षकों को प्रशिक्षित करने और बच्चों के अनुकूल शिक्षा सुनिश्चित करने के लिए सेवारत शिक्षकों के कौशल को सुदृढ़ करने के लिए रचनात्मक और निरंतर पहल महत्वपूर्ण हैं। 2. भारत में अनुमानित 190 मिलियन लड़कियों और लड़कों में से प्रत्येक के लिए बाल-सुलभ शिक्षा सुनिश्चित करने में परिवारों और समुदायों की भी बड़ी भूमिका है, जिन्हें आज प्राथमिक विद्यालय में होना चाहिए।

3. समानता के साथ गुणवत्ता सुनिश्चित करने के लिए असमानताओं को समाप्त किया जाना चाहिए। लक्ष्यों को प्राप्त करने में प्रीस्कूल में निवेश करना एक महत्वपूर्ण रणनीति है।

4. स्कूल न जाने वाले आठ मिलियन बच्चों को स्कूल में बने रहने और सफल होने के लिए सहायता के साथ उचित आयु स्तर पर कक्षाओं में लाना एक बड़ी चुनौती है, जिसके लिए लचीले, अभिनव दृष्टिकोण की आवश्यकता है।

शिक्षा का अधिकार विधेयक

2002 में, संविधान के 86वें संशोधन में शिक्षा को मौलिक अधिकार बनाया गया था। भारतीय संविधान में संशोधन किए जाने के छह साल बाद, केंद्रीय मंत्रिमंडल ने शिक्षा के अधिकार विधेयक को मंजूरी दे दी। विधेयक के प्रमुख प्रावधानों में शामिल

हैं: पड़ोस के वंचित बच्चों के लिए निजी स्कूलों में प्रवेश स्तर पर 25% आरक्षण। सरकार स्कूलों द्वारा किए गए व्यय की प्रतिपूर्ति करेगी; प्रवेश पर कोई दान या कैपिटेशन शुल्क नहीं; और स्क्रीनिंग प्रक्रिया के हिस्से के रूप में बच्चे या माता-पिता का साक्षात्कार नहीं लिया जाएगा। विधेयक में शारीरिक दंड, बच्चों को स्कूल से निकालने या हिरासत में रखने तथा शिक्षकों को जनगणना या चुनाव ड्यूटी और आपदा राहत के अलावा अन्य गैर-शैक्षणिक उद्देश्यों के लिए नियुक्त करने पर भी रोक लगाई गई है। बिना मान्यता के स्कूल चलाने पर दंडात्मक कार्रवाई की जाएगी। शिक्षा का अधिकार विधेयक 86वें संवैधानिक संशोधन को अधिसूचित करने वाला सक्षम कानून है, जो छह से 14 वर्ष की आयु के प्रत्येक बच्चे को मुफ्त और अनिवार्य शिक्षा का अधिकार देता है।

गरीबों के लिए 25% कोटा 25% quota for the poor

सर्वोच्च न्यायालय ने 12 अप्रैल, 2012 को बच्चों के मुफ्त और अनिवार्य शिक्षा के अधिकार अधिनियम, 2009 की संवैधानिक वैधता को बरकरार रखा और निजी तौर पर संचालित स्कूलों सहित प्रत्येक स्कूल को निर्देश दिया कि वे सामाजिक और आर्थिक रूप से पिछड़े वर्गों के छात्रों को कक्षा-1 से लेकर 14 वर्ष की आयु तक तुरंत मुफ्त शिक्षा दें।

अदालत ने अधिनियम की धारा 12(1)(सी) को निजी गैर-सहायता प्राप्त स्कूलों द्वारा दी गई चुनौती को खारिज कर दिया, जिसमें कहा गया है कि प्रारंभिक शिक्षा प्रदान करने वाला प्रत्येक मान्यता प्राप्त स्कूल, भले ही वह एक गैर-सहायता प्राप्त स्कूल हो, उसे अपने खर्चों को पूरा करने के लिए किसी भी प्रकार की सहायता

या अनुदान नहीं मिल रहा है। , अपने पड़ोस के वंचित लड़कों और लड़कियों को प्रवेश देने के लिए बाध्य है।

आरटीई मानदंडों के अनुसार स्कूल में प्रवेश। (Admission to school as per RTE norms.)

एनसीपीसीआर ने यह सुनिश्चित करने के लिए कई कदम उठाए हैं कि पूरे देश में स्कूलों में प्रवेश प्रक्रिया बच्चों के मुफ्त और अनिवार्य शिक्षा के अधिकार (आरटीई) अधिनियम, 2009 के अनुरूप हो। यह इस तथ्य के कारण आवश्यक था कि कुछ राज्यों के स्कूल अधिनियम द्वारा निषिद्ध शिक्षा के प्रारंभिक चरण में बच्चों के प्रवेश के लिए स्क्रीनिंग प्रक्रिया कर रहे थे। अप्रैल में, एनसीपीसीआर ने सभी राज्यों के मुख्य सचिवों को पत्र लिखकर उनसे सरकारी आदेश जारी करने के लिए कहा ताकि यह सुनिश्चित किया जा सके कि स्कूल प्रवेश प्रक्रिया आरटीई अधिनियम के अनुरूप हो। यह शिक्षा निदेशालय, राष्ट्रीय राजधानी क्षेत्र दिल्ली सरकार (जीएनसीटीडी) द्वारा मार्च में निदेशालय द्वारा संचालित राजकीय प्रतिभा विकास विद्यालयों में कक्षा VI में प्रवेश के लिए आवेदन आमंत्रित करने के लिए एक नोटिस जारी करने के कारण हुआ था। अप्रैल में एनसीपीसीआर का हस्तक्षेप जीएनसीटीडी के शिक्षा निदेशालय द्वारा सभी प्रमुख समाचार पत्रों के साथ-साथ निदेशालय की वेबसाइट पर जारी किए गए एक प्रवेश नोटिस के जवाब में आया था, जिसमें छात्रों को 25 रुपये की लागत वाले आवेदन पत्र खरीदने और उसके बाद प्रवेश परीक्षा में बैठने के लिए आमंत्रित किया गया था। चूंकि आरटीई अधिनियम किसी भी प्रकार की स्क्रीनिंग प्रक्रिया को प्रतिबंधित करता है और केवल यादृच्छिक चयन के माध्यम से किसी भी स्कूल में प्रवेश की अनुमति देता है, इसलिए यह नोटिस स्पष्ट रूप से अधिनियम का

उल्लंघन था। आरटीई अधिनियम के कार्यान्वयन की निगरानी करने वाली नोडल संस्था के रूप में, आयोग ने जीएनसीटीडी के शिक्षा प्रमुख सचिव को पत्र लिखकर कहा कि प्रवेश नोटिस वापस लिया जाए और इसके बजाय आरटीई के प्रावधानों के अनुरूप एक नोटिस जारी किया जाए। इसने यह भी अनुरोध किया कि अधिनियम के प्रावधानों के संबंध में जीएनसीटीडी के सभी स्कूलों को एक सप्ताह के भीतर सरकारी आदेश (जीओ) जारी किए जाएं ताकि स्कूल अपनी प्रक्रियाओं और कामकाज के तरीकों में आवश्यक बदलाव करें। चूंकि निदेशालय ने इस अनुरोध का अनुपालन नहीं किया, इसलिए आयोग ने इसे जून में तलब किया और आरटीई प्रक्रियाओं के अनुसार प्रवेश फिर से आयोजित करने के लिए जुलाई तक का समय दिया। यह सुनिश्चित करने के लिए कि अन्य राज्यों में भी आरटीई अधिनियम का उल्लंघन न हो, एनसीपीसीआर ने मुख्य सचिवों को लिखे अपने पत्र में कहा है कि इस मामले में स्कूलों को जारी किए जाने वाले सरकारी आदेश में यह स्पष्ट किया जाना चाहिए कि:

1. प्रवेश प्रक्रिया आरटीई अधिनियम के अनुसार की जाए

2. सभी 'निर्दिष्ट श्रेणी' के स्कूलों और निजी गैर-सहायता प्राप्त स्कूलों में कमजोर वर्गों के लिए 25 प्रतिशत आरक्षण सुनिश्चित किया जाए और सरकारी सहायता प्राप्त स्कूलों के लिए आरक्षण मानदंडों का पालन किया जाए

इसके अलावा, सरकार द्वारा मान्यता प्राप्त निजी स्कूलों को भी चिह्नित किया जाना चाहिए और अधिनियम के प्रावधानों के साथ-साथ उन प्रक्रियाओं के बारे में नोटिस जारी किया जाना चाहिए जिनके द्वारा पड़ोस के बच्चे स्कूलों में प्रवेश का दावा कर सकते हैं। साथ ही, आरटीई अधिनियम पर राज्य नियमों को अंतिम रूप

देने का कार्य जल्द से जल्द पूरा किया जाना चाहिए। आरटीई अधिनियम में 'निर्दिष्ट श्रेणी' के स्कूलों के रूप में नामित नवोदय स्कूलों के बारे में प्रश्नों के उत्तर में, एनसीपीसीआर ने स्पष्ट किया कि आरटीई अधिनियम की धारा 13 के प्रावधान बिना किसी अपवाद के सभी स्कूलों पर लागू होते हैं।

अधिनियम की धारा 13 का प्रासंगिक प्रावधान है: (The relevant provision of Section 13 of the Act is):

कोई भी स्कूल या व्यक्ति, किसी बच्चे को प्रवेश देते समय, कोई कैपिटेशन शुल्क नहीं लेगा और न ही बच्चे या उसके माता-पिता या अभिभावकों को किसी स्क्रीनिंग प्रक्रिया से गुज़रना पड़ेगा। कोई भी स्कूल या व्यक्ति, यदि उप-धारा (1) के प्रावधानों का उल्लंघन करता है:

1. कैपिटेशन शुल्क प्राप्त करता है, तो उस पर जुर्माना लगाया जाएगा जो कि ली गई कैपिटेशन शुल्क से दस गुना तक हो सकता है

2. किसी बच्चे को स्क्रीनिंग प्रक्रिया के अधीन करने पर उस पर जुर्माना लगाया जाएगा जो कि पहली बार उल्लंघन करने पर 25,000 रुपये और उसके बाद प्रत्येक उल्लंघन पर 50,000 रुपये तक हो सकता है।

नवोदय विद्यालयों में प्रवेश के लिए कोई जांच नहीं (No check for admission in Navodaya Vidyalayas)

राष्ट्रीय बाल अधिकार संरक्षण आयोग (एनसीपीसीआर) ने प्रारंभिक शिक्षा (कक्षा 1 से आठ) में बच्चों के प्रवेश के लिए किसी भी प्रकार की स्क्रीनिंग के खिलाफ आयुक्त, नवोदय विद्यालयों के साथ-साथ राज्य शिक्षा सचिवों को पत्र लिखा है। एनसीपीसीआर ने

दिल्ली और अन्य राज्यों में नवोदय विद्यालयों द्वारा छात्रों की स्क्रीनिंग की रिपोर्ट मिलने के बाद आरटीई प्रावधानों के उल्लंघन की जाँच करने के लिए हस्तक्षेप किया।

आरटीई अधिनियम 2009 की धारा 13 का हवाला देते हुए, एनसीपीसीआर ने बताया है कि बच्चे को स्कूल में दाखिला देते समय, अधिनियम स्कूलों या व्यक्तियों को कैपिटेशन फीस लेने या बच्चे या माता-पिता और अभिभावकों को किसी भी स्क्रीनिंग प्रक्रिया से गुजरने से रोकता है। इसने बताया है कि कैपिटेशन फीस लेने वाले किसी भी स्कूल या व्यक्ति को जुर्माना लगाया जा सकता है जो कि ली गई कैपिटेशन फीस से दस गुना अधिक हो सकता है।

किसी बच्चे की स्क्रीनिंग करने पर पहली बार उल्लंघन करने पर 25,000 रुपये और उसके बाद हर बार उल्लंघन करने पर 50,000 रुपये का जुर्माना लगाया जा सकता है। धारा 13 सभी स्कूलों पर लागू होती है, यहां तक कि नवोदय स्कूलों पर भी जिन्हें आरटीई अधिनियम में विशेष श्रेणी के स्कूल के रूप में नामित किया गया है। इसने स्पष्ट किया कि नवोदय स्कूलों द्वारा की जा रही स्क्रीनिंग प्रक्रिया आरटीई अधिनियम का उल्लंघन है। एनसीपीसीआर ने राज्य सरकारों से अधिनियम के प्रावधानों के बारे में सभी स्कूलों को आदेश जारी करने का भी अनुरोध किया है ताकि एक सप्ताह के भीतर उनकी प्रक्रियाओं और कामकाज के तरीकों में आवश्यक बदलाव किए जा सकें।

शिक्षकों के लिए पात्रता (Eligibility for Teachers)

निम्नलिखित व्यक्ति टीईटी में शामिल होने के लिए पात्र होंगे:

1. ऐसा व्यक्ति जिसने एनसीटीई अधिसूचना दिनांक 23 अगस्त 2010 में निर्दिष्ट शैक्षणिक और व्यावसायिक योग्यता प्राप्त की हो।

2. ऐसा व्यक्ति जो एनसीटीई अधिसूचना दिनांक 23 अगस्त 2010 में निर्दिष्ट शिक्षक शिक्षा पाठ्यक्रमों (एनसीटीई या आरसीआई द्वारा मान्यता प्राप्त, जैसा भी मामला हो) में से किसी एक का अध्ययन कर रहा हो।

3. टीईटी में शामिल होने के लिए पात्रता की शर्त में उस राज्य/संघ राज्य क्षेत्र के संबंध में छूट दी जा सकती है, जिसे आरटीई अधिनियम की धारा 23 की उप-धारा (2) के तहत छूट दी गई है। छूट उस उप-धारा के तहत केंद्र सरकार द्वारा जारी अधिसूचना में निर्दिष्ट की जाएगी।

आरटीई के तहत प्रत्येक बच्चे को मुफ्त वर्दी, किताबें मिलेंगी (Under RTE, every child will get free uniforms, books)

यदि शिक्षा का अधिकार अधिनियम (आरटीई) को लागू करने के लिए केंद्र द्वारा तैयार की गई रूपरेखा राज्यों द्वारा स्वीकार की जाती है, तो देश में कक्षा 1 से कक्षा 8 तक के प्रत्येक बच्चे को मुफ्त पाठ्यपुस्तकें और वर्दी प्रदान की जाएगी।

राष्ट्रीय माध्यमिक शिक्षा अभियान (आरएमएसए) 2009 (Rashtriya Madhyamik Shiksha Abhiyan (RMSA) 2009)

राष्ट्रीय माध्यमिक शिक्षा अभियान (आरएमएसए) (अंग्रेजी: "माध्यमिक शिक्षा के लिए राष्ट्रीय मिशन") भारत सरकार के मानव संसाधन विकास मंत्रालय की एक केंद्र प्रायोजित योजना है, जिसका उद्देश्य पूरे भारत में सरकारी स्कूलों में माध्यमिक शिक्षा

का विकास करना है। इसे मार्च 2009 में लॉन्च किया गया था। सभी के लिए कुशल विकास, विकास और समानता के लिए परिस्थितियाँ प्रदान करने के लिए इस योजना का कार्यान्वयन 2009-2010 से शुरू हुआ है। इस योजना में बहुआयामी अनुसंधान, तकनीकी परामर्श, विभिन्न कार्यान्वयन और वित्त पोषण सहायता शामिल है। मुख्य उद्देश्य माध्यमिक शिक्षा की गुणवत्ता को बढ़ाना और कुल नामांकन दर को 52% (2005-2006 तक) से बढ़ाकर पाँच वर्षों में 75% करना है, यानी 2009-2014 तक। इसका उद्देश्य 15-16 वर्ष की आयु के सभी बच्चों को सार्वभौमिक शिक्षा प्रदान करना है। केंद्रीय मंत्रालय से वित्त पोषण राज्य सरकारों के माध्यम से प्रदान किया जाता है, जो अलग-अलग कार्यान्वयन एजेंसियों की स्थापना करते हैं।

उद्देश्य

राष्ट्रीय माध्यमिक शिक्षा अभियान के उद्देश्यों को संक्षेप में इस प्रकार बताया जा सकता है:

1. सभी माध्यमिक विद्यालयों को निर्धारित मानदंडों के अनुरूप बनाकर माध्यमिक स्तर पर प्रदान की जाने वाली शिक्षा की गुणवत्ता में सुधार करना।

2. लैंगिक, सामाजिक-आर्थिक और दिव्यांगता संबंधी बाधाओं को दूर करना।

3. 2017 तक, यानी बारहवीं पंचवर्षीय योजना के अंत तक माध्यमिक स्तर की शिक्षा तक सार्वभौमिक पहुँच।

4. 2020 तक सार्वभौमिक प्रतिधारण।

कार्य योजनाएँ (Action Plans)

आरएमएसए की योजना प्रत्येक लक्षित विद्यालय में निम्नलिखित बुनियादी ढाँचा स्थापित करके माध्यमिक शिक्षा को बढ़ावा देने की है:

1. अतिरिक्त कक्षाएँ

2. प्रयोगशालाएँ

3. पुस्तकालय

4. कला और शिल्प कक्ष

5. शौचालय ब्लॉक

6. पीने के पानी का प्रावधान

7. दूरदराज के क्षेत्रों में शिक्षकों के लिए आवासीय छात्रावास

इसके अलावा इसका उद्देश्य छात्र-शिक्षक अनुपात को 30:1 तक कम करने के लिए अतिरिक्त शिक्षक प्रदान करना, विज्ञान, गणित और अंग्रेजी शिक्षा पर ध्यान केंद्रित करना, शिक्षकों का सेवाकालीन प्रशिक्षण, विज्ञान प्रयोगशालाएँ, आईसीटी-सक्षम शिक्षा, पाठ्यक्रम सुधार और शिक्षण-अधिगम सुधार करना है।

माध्यमिक शिक्षा के लिए योजना (Scheme for Secondary Education)

पृष्ठभूमि (Background)

- राष्ट्रीय शिक्षा नीति (एनपीई), 1986 की शुरूआत के बाद से, नौवीं पंचवर्षीय योजना अवधि के अंतर्गत माध्यमिक और उच्चतर माध्यमिक विद्यालय प्रणालियों की संरचना और संगठन में कोई बड़ा बदलाव नहीं हुआ है।

- इस योजना में विभिन्न असमानताओं को कम करने, व्यावसायिक और रोजगारोन्मुखी पाठ्यक्रमों को महत्व देते हुए पाठ्यक्रमों को नवीनीकृत करने पर ध्यान केंद्रित किया गया था। इसमें मुक्त शिक्षण प्रणाली, शिक्षक प्रशिक्षण और आईसीटी के विस्तार और विविधता को भी महत्व दिया गया। लड़कियों के लिए निःशुल्क शिक्षा और छात्रावास की सुविधा और दिव्यांग बच्चों के लिए एकीकृत शिक्षा आदि पर भी प्रकाश डाला गया।

निजी क्षेत्र की भागीदारी (Private Sector Participation)

- गैर-सरकारी संगठनों (एनजीओ) सहित निजी क्षेत्र की भागीदारी में वृद्धि हुई। वर्तमान में, ये निजी क्षेत्र लगभग 51% माध्यमिक विद्यालयों और 58% उच्चतर माध्यमिक विद्यालयों का प्रबंधन करते हैं।

- संपर्क-केंद्रों और मल्टीमीडिया पैकेजों का उपयोग करके राष्ट्रीय और राज्य मुक्त विद्यालयों के माध्यम से उन बच्चों के लिए अवसर प्रदान किए गए जो औपचारिक शिक्षा प्रणालियों में खुद को नामांकित करने में सक्षम नहीं थे।

- इसमें शिक्षा की विषय-वस्तु, प्रक्रिया और गुणवत्ता पर विशेष रूप से पर्यावरण शिक्षा, विज्ञान, गणित और कंप्यूटर साक्षरता पर केन्द्र सरकार की वित्तीय सहायता से अत्यधिक जोर दिया गया।

- संशोधित एनपीई नीति, 1992 के बाद, पाठ्यक्रम में संशोधन, मूल्य शिक्षा के लिए संसाधन केन्द्र और राष्ट्रीय कंप्यूटर-सहायता प्राप्त शिक्षा केन्द्र आदि जैसी नई पहल की गई हैं।

- जनशक्ति की मांग में कमी और शैक्षणिक बाधाओं आदि के कारण शिक्षा के व्यवसायीकरण में अपील की कमी है। इसलिए,

2000 तक, 25% के मुकाबले केवल 10% छात्र ही व्यावसायिक धाराओं का चयन करते हैं।

विशेष आवश्यकता वाले बच्चों (सीडब्ल्यूएसएन) के लिए योजना (Scheme for Children with Special Needs (CWSN))

- दिव्यांग व्यक्तियों के लिए अधिनियम, 1995 के लागू होने से CWSN की शिक्षा को बढ़ावा मिला। यह अधिनियम कुछ सरकारों और अधिकारियों को इन बच्चों के लिए शिक्षा तक मुफ्त पहुँच, कुछ उद्देश्यों के लिए भूमि आवंटित करने, परिवहन में भेदभाव न करने, शोध करने के लिए उन्हें वित्तीय प्रोत्साहन आदि का प्रावधान करने का दायित्व देता है।

- इस योजना ने इन बच्चों के हित में शिक्षकों के व्यवहार में बदलाव और क्षमता निर्माण के लिए भी कार्यक्रम शुरू किए हैं।[7]

चार प्रमुख शीर्षक (Four major titles)

- गुणवत्ता सुधार:

स्कूल में विज्ञान प्रयोगशालाओं, पर्यावरण शिक्षा, योग को बढ़ावा देने के साथ-साथ जनसंख्या शिक्षा परियोजना, अंतरराष्ट्रीय गणित और विज्ञान ओलंपियाड की केंद्र प्रायोजित योजनाओं को बढ़ावा दिया गया। राज्य सरकारें शिक्षकों को सेवाकालीन प्रशिक्षण देती हैं और बुनियादी ढांचा और अनुसंधान इनपुट प्रदान करती हैं।

- सूचना संचार प्रौद्योगिकियां (आईसीटी):

आईसीटी में केंद्र प्रायोजित योजनाएं जैसे स्कूलों में कंप्यूटर शिक्षा और साक्षरता (क्लास) और शैक्षिक प्रौद्योगिकी (ईटी) शामिल हैं

जो छात्रों को सूचना प्रौद्योगिकी (आईटी) से परिचित कराती हैं। आज की दुनिया में आईटी की मांग बढ़ने के कारण इसे काफी महत्व दिया जा रहा है। स्कूल में आईसीटी की एकीकृत योजना के घटकों में शामिल हैं ग) गैर सरकारी संगठनों की भागीदारी के साथ एसआईईटी ऑडियो और वीडियो कैसेट का डिजिटलीकरण; और घ) एसआईईटी द्वारा इंटरनेट आधारित शिक्षा का प्रबंधन।

- पहुंच और समानता:

आरएमएसए न केवल अनुसूचित जनजाति और अनुसूचित जाति समूहों, अल्पसंख्यक लड़कियों और सीडब्ल्यूएसएन बच्चों सहित विशेष फोकस समूहों के लिए माध्यमिक शिक्षा प्रदान करने पर जोर देता है, बल्कि यह माध्यमिक स्तर की शिक्षा में सामाजिक-आर्थिक और लैंगिक पृष्ठभूमि में मौजूदा असमानताओं को दूर करने पर भी महत्व देता है। उन्हें कमजोर/वंचित समूह कहा जाता है। माध्यमिक शिक्षा तक मुफ्त पहुंच प्रदान करने के लिए कुछ रणनीतियों को लागू किया गया और वे निम्नलिखित चरणों के रूप में दिए गए हैं:

1. वंचित समूहों की पहचान: इस उद्देश्य के लिए, सकल नामांकन अनुपात (जीईआर), शुद्ध नामांकन अनुपात (एनईआर), ड्रॉप-आउट दर, प्रतिधारण दर, लिंग समानता सूचकांक (जीपीआई), लिंग अंतर आदि जैसे शैक्षिक संकेतकों का विश्लेषण किया गया।

2. आवश्यकता आकलन: यह समानता योजना की तैयारी के लिए महत्वपूर्ण कदम है, जहाँ बच्चों के इस समूह की शिक्षा को प्रभावित करने वाले कारकों का मूल्यांकन समुदाय के सदस्यों, शिक्षकों, नागरिक समाज आदि की भागीदारी के साथ किया गया।

3. अंतरों को संबोधित करने के लिए रणनीति बनाना: चूँकि इस परिदृश्य में असमान स्थिति पैदा करने वाले कई परस्पर जुड़े कारक हैं, इसलिए रणनीति में बहुआयामी गतिविधियों का एक सेट शामिल करने का आह्वान किया गया।

4. परियोजना-आधारित प्रस्ताव: परियोजना-आधारित रणनीति का विकास RMSA को साक्ष्य-आधारित और परिणाम-उन्मुख रणनीति के लिए आह्वान करने में सक्षम बनाता है।

- दिव्यांग बच्चों के लिए एकीकृत शिक्षा (IEDC):

मानसिक और शारीरिक रूप से वंचित बच्चों की ज़रूरतों को पूरा करने/पूरा करने के मामले में समावेशी शिक्षा पर प्रकाश डाला गया है। यह योजना एक अलग केंद्र प्रायोजित योजना बनी हुई है। इसमें प्रारंभिक हस्तक्षेपों के लिए एकीकृत बाल विकास सेवाओं, प्राथमिक स्तर पर विशेष समूह के लिए सर्व शिक्षा अभियान (SSA) और विशेष स्कूलों के साथ अभिसरण के लिए कई घटक शामिल हैं।

वित्त पोषण पद्धति (Funding Methodology)

मानव संसाधन विकास मंत्रालय सीधे राज्य सरकारों को धन मुहैया कराता है। इसके बाद प्रत्येक राज्य सरकार स्वीकृत कार्यान्वयन एजेंसियों या संस्थानों को निधि जारी करती है। ग्यारहवीं पंचवर्षीय योजना के दौरान केंद्र सरकार ने प्रत्येक राज्य के लिए कुल निधि का 75% प्रदान किया, जबकि 25% राज्य द्वारा मिलान हिस्से के रूप में वहन किया गया। हालाँकि, सुदूर पूर्वोत्तर राज्यों और सिक्किम में मिलान हिस्से को 10% तक माफ कर दिया गया था।

उपलब्धियाँ (Achievements)

2015-2016 की रिपोर्ट के अनुसार आरएमएसए की प्रमुख उपलब्धियाँ हैं:

1. नया स्कूल: 11,577 नए माध्यमिक विद्यालयों को मंजूरी दी गई, जिनमें से 10082 कार्यात्मक हैं।

2. स्कूलों का सुदृढ़ीकरण: इस योजना के तहत बुनियादी ढाँचे के विकास के संदर्भ में 337,731 को मंजूरी दी गई है। विवरण इस प्रकार है:

- अतिरिक्त कक्षा: स्वीकृत 52750 में से 20,839 पूरे हो गए और 16,774 प्रगति पर हैं।

- विज्ञान प्रयोगशाला: स्वीकृत 25,948 में से 10,107 पूरे हो गए और 8532 प्रगति पर हैं।

- कम्प्यूटर कक्ष: स्वीकृत 21,864 में से 6920 पूर्ण हो चुके हैं तथा 6297 प्रगति पर हैं।

- पुस्तकालय कक्ष: स्वीकृत 27,428 में से 10,133 पूर्ण हो चुके हैं तथा 8929 प्रगति पर हैं।

- कला/शिल्प कक्ष: स्वीकृत 31,453 में से 12,062 पूर्ण हो चुके हैं तथा 9686 प्रगति पर हैं।

- पेयजल: स्वीकृत 12,327 में से 7096 पूर्ण हो चुके हैं तथा 2507 प्रगति पर हैं।

- शिक्षक कार्टर: स्वीकृत 5408 में से 623 पूर्ण हो चुके हैं तथा 509 प्रगति पर हैं।

- प्रमुख मरम्मत: स्वीकृत 2975 में से 1313 पूर्ण हो चुके हैं तथा 271 प्रगति पर हैं।

RMSA का उदय

प्रारंभिक शिक्षा के सार्वभौमीकरण के लिए चलाये गये कार्यक्रमों के प्रभाव के कारण माध्यमिक स्तर पर शिक्षा की माँग में वृद्धि हुई है। माध्यमिक विद्यालयों की संख्या में वृद्धि के बावजूद, पूरे देश में माध्यमिक शिक्षा का प्रसार असमान बना हुआ है। क्षेत्रीय असमानताएँ हैं, सामाजिक-आर्थिक पृष्ठभूमि में अंतर है और केंद्र शासित प्रदेशों में भी अंतर है। मौजूदा स्थिति में इस महत्वपूर्ण लिंग अंतर में कमी आई है। दसवीं पंचवर्षीय योजना में, सभी स्तरों पर गुणवत्तापूर्ण शिक्षा और उसके अनुसार उत्कृष्टता की खोज पर ध्यान केंद्रित किया गया।

माध्यमिक स्तर पर दिव्यांगों के लिए समावेशी शिक्षा (आईईडीएसएस) 2013 Inclusive Education for (Persons with Disabilities at Secondary Stage (IEDSS) 2013)

दिव्यांगों के लिए माध्यमिक स्तर पर समावेशी शिक्षा (आईईडीएसएस) की योजना वर्ष 2009-10 से शुरू की गई है। यह योजना दिव्यांग बच्चों के लिए एकीकृत शिक्षा (आईईडीसी) की पिछली योजना की जगह लेती है और कक्षा IX-XII में दिव्यांग बच्चों की समावेशी शिक्षा के लिए सहायता प्रदान करती है। यह योजना अब 2013 से राष्ट्रीय माध्यमिक शिक्षा अभियान (आरएमएसए) के अंतर्गत शामिल हो गई है। राज्य/केंद्र शासित प्रदेश भी आरएमएसए के अंतर्गत शामिल होने की प्रक्रिया में हैं।

अभिप्राय

दिव्यांग छात्रों को समावेशी और सक्षम वातावरण में आठ साल की प्राथमिक स्कूली शिक्षा पूरी करने के बाद चार साल की माध्यमिक स्कूली शिक्षा प्राप्त करने में सक्षम बनाना।

उद्देश्य

यह योजना सरकारी, स्थानीय निकाय और सरकारी सहायता प्राप्त स्कूलों में माध्यमिक स्तर पर पढ़ने वाले सभी बच्चों को कवर करती है, जो दिव्यांग व्यक्ति अधिनियम (1995) और राष्ट्रीय ट्रस्ट अधिनियम (1999) के तहत परिभाषित एक या अधिक दिव्यांगताओं से ग्रस्त हैं और कक्षा IX से लेकर XII, अर्थात् अंधापन, कम दृष्टि, कुष्ठ रोग का इलाज, श्रवण दोष, चलने-फिरने में अक्षमता, मानसिक मंदता, मानसिक बीमारी, ऑटिज़्म और सेरेब्रल पाल्सी और अंततः भाषण हानि, सीखने की अक्षमता आदि को कवर कर सकते हैं। दिव्यांग लड़कियों की मदद करने के लिए विशेष ध्यान दिया जाता है। माध्यमिक विद्यालयों तक पहुंच प्राप्त करें, साथ ही उनकी क्षमता विकसित करने के लिए जानकारी और मार्गदर्शन भी प्राप्त करें। इस योजना के तहत प्रत्येक राज्य में आदर्श समावेशी स्कूल स्थापित करने की परिकल्पना की गई है।

घटक

- छात्र-उन्मुख घटक, जैसे चिकित्सा और शैक्षिक मूल्यांकन, पुस्तकें और स्टेशनरी, वर्दी, परिवहन भत्ता, पाठक भत्ता, लड़कियों के लिए वजीफा, सहायता सेवाएँ, सहायक उपकरण, बोर्डिंग सुविधा, चिकित्सीय सेवाएँ, शिक्षण अधिगम सामग्री, आदि।

• अन्य घटकों में विशेष शिक्षा शिक्षकों की नियुक्ति, ऐसे बच्चों को पढ़ाने के लिए सामान्य शिक्षकों के लिए भत्ते, शिक्षक प्रशिक्षण, स्कूल प्रशासकों का उन्मुखीकरण, संसाधन कक्ष की स्थापना, बाधा मुक्त वातावरण प्रदान करना आदि शामिल हैं।

कार्यान्वयन एजेंसी (Implementing Agency)

राज्य सरकारों/केंद्र शासित प्रदेशों (यूटी) प्रशासनों के स्कूल शिक्षा विभाग कार्यान्वयन एजेंसियां हैं। वे योजना के कार्यान्वयन में विकलांगों की शिक्षा के क्षेत्र में अनुभव रखने वाले गैर सरकारी संगठनों को शामिल कर सकते हैं।

वित्तीय सहायता (Financial Aid)

योजना में शामिल सभी मदों के लिए केंद्रीय सहायता 100 प्रतिशत आधार पर है। राज्य सरकारों को केवल प्रति दिव्यांग बच्चे को प्रति वर्ष 600 रुपये की छात्रवृत्ति का प्रावधान करना आवश्यक है।

निष्कर्ष (conclusion)

अंतर्राष्ट्रीय स्तर (International Level)

1. मानवाधिकारों की सार्वभौमिक घोषणा (1948): इसने प्रत्येक बच्चे के शिक्षा के अधिकार की घोषणा की।

2. बाल अधिकारों पर संयुक्त राष्ट्र सम्मेलन (1989): इसमें कहा गया है कि शिक्षा प्रत्येक बच्चे का अधिकार है।

3. सभी के लिए शिक्षा पर संयुक्त राष्ट्र घोषणा (जोमेटियन घोषणा) - 1990: इसमें दिव्यांग बच्चों सहित सभी के लिए शिक्षा पर जोर दिया गया है। इसमें कहा गया है, "विकलांगों की सीखने की ज़रूरतों पर विशेष ध्यान देने की ज़रूरत है, शिक्षा प्रणालियों के

एकीकृत हिस्से के रूप में दिव्यांग व्यक्तियों की हर श्रेणी को शिक्षा तक समान पहुँच प्रदान करने के लिए कदम उठाए जाने की ज़रूरत है|

4. दिव्यांग व्यक्तियों के लिए अवसरों के समानीकरण पर संयुक्त राष्ट्र घोषणा मानक नियम - 1993: यह दिव्यांग व्यक्तियों के लिए शिक्षा की स्थिति में सुधार के लिए महत्वपूर्ण संकल्प है। इसमें कहा गया है, "राज्य को एकीकृत सेटिंग में दिव्यांग बच्चों, युवाओं और वयस्कों के लिए समान, प्राथमिक, माध्यमिक और तृतीयक शैक्षिक अवसरों के सिद्धांत को मान्यता देनी चाहिए। उन्हें यह सुनिश्चित करना चाहिए कि दिव्यांग व्यक्तियों की शिक्षा शिक्षा प्रणाली के एकीकृत हिस्से पर हो।

5. सलामांका घोषणा (1994): इसने समावेशी शिक्षा का समर्थन किया और कहा कि समावेश और भागीदारी मानव अधिकारों के लिए आवश्यक हैं।

राष्ट्रीय स्तर (National Level)

भारत के संविधान की मूल संरचना, जैसा कि प्रस्तावना में परिलक्षित है, भारत के सभी नागरिकों के लिए सामाजिक, आर्थिक और राजनीतिक न्याय के साथ-साथ स्थिति की समानता और समान अवसर सुनिश्चित करती है। इस प्रकार दिव्यांग व्यक्तियों और अन्य हाशिए के लोगों सहित सभी नागरिकों की समानता का संवैधानिक दायित्व है।

अनुच्छेद 45 के अनुसार राज्य को 10 वर्षों के भीतर सभी बच्चों के लिए 14 वर्ष की आयु पूरी करने तक निःशुल्क और अनिवार्य शिक्षा का प्रावधान करना होगा। संविधान (86वां संशोधन अधिनियम, 2002)) ने अनुच्छेद 45 के स्थान पर एक नया

अनुच्छेद प्रतिस्थापित किया है, जो यह प्रावधान करता है कि, "राज्य सभी बच्चों के लिए छह वर्ष की आयु पूरी करने तक प्रारंभिक बचपन देखभाल और शिक्षा प्रदान करने का प्रयास करेगा।"

1964 में कोठारी आयोग (1964-66) ने दिव्यांग बच्चों को यथासंभव सामान्य स्कूलों में रखने की सिफारिश की थी। दिव्यांग बच्चों के लिए एकीकृत शिक्षा (IEDC) - 1974

दिव्यांग बच्चों को नियमित स्कूलों में प्रवेश दिलाने के लिए 1974 में शुरू की गई केंद्र प्रायोजित योजना IEDC

(IEDC, a centrally sponsored scheme started in 1974 to provide admission to children with disabilities in regular schools.)

जिला प्राथमिक शिक्षा कार्यक्रम (डीपीईपी) – 1985
(District Primary Education Programme (DPEP) – 1985)

यह इस तथ्य को स्वीकार करता है कि शिक्षा का सार्वभौमिकरण तभी संभव है जब इसमें दिव्यांग बच्चों को भी शामिल किया जाए। राष्ट्रीय शिक्षा नीति (एनपीई) - 1985

इसमें "विकलांगों की शिक्षा" पर एक पूरा अध्याय शामिल था और कार्रवाई के लिए दिशा-निर्देश तैयार किए गए थे। एनपीई (1986) ने एकीकृत शिक्षा कार्यक्रमों के विस्तार की आवश्यकता पर ज़ोर दिया। विकलांगों के लिए एकीकृत शिक्षा परियोजना (पीआईईडी) - 1987

इसे 1987 में लॉन्च किया गया था, जो पड़ोस के सभी स्कूलों को दिव्यांग बच्चों को दाखिला देने के लिए प्रोत्साहित करता है।

भारतीय पुनर्वास परिषद (आरसीआई) अधिनियम – 1992 (Rehabilitation Council of India (RCI) Act – 1992)

1992 में, विशेष ज़रूरतों वाले बच्चों की शिक्षा के क्षेत्र में जनशक्ति विकास और वित्त पोषण अनुसंधान कार्यक्रम को विनियमित करने के लिए संसद में आरसीआई अधिनियम पारित किया गया था।

दिव्यांग व्यक्ति (समान अवसर, अधिकारों का संरक्षण और पूर्ण भागीदारी) अधिनियम 1995 (Persons with Disabilities (Equal Opportunities, Protection of Rights and Full Participation) Act 1995)

इस अधिनियम का मुख्य उद्देश्य दिव्यांग व्यक्तियों के लिए सेवाओं के संबंध में केंद्र सरकारों और राज्य सरकारों की ज़िम्मेदारियों को परिभाषित करना है। यह समावेशन का समर्थन करने के लिए मूल्यांकन और पाठ्यक्रम में बदलाव करने और वास्तुकला बाधाओं को हटाने की सिफारिश करता है। यह मुफ़्त किताबें, यूनिफ़ॉर्म आदि प्रदान करने की भी सिफ़ारिश करता है।

राष्ट्रीय ट्रस्ट अधिनियम (National Trust Act)

यह ऑटिज़्म, सेरेब्रल पाल्सी, मानसिक मंदता और कई दिव्यांगताओं वाले बच्चों को बढ़ावा देने की सिफ़ारिश करता है। यह कई कार्यक्रम चलाता है, जो समुदाय में अनुकूल वातावरण बनाकर दिव्यांग लोगों के लिए स्वतंत्र जीवन समुदाय को बढ़ावा देते हैं।

सर्व शिक्षा मिशन (Sarva Shiksha Mission)

यह वचन देता है कि "एसएसएम यह सुनिश्चित करेगा कि दिव्यांगता के प्रकार, श्रेणियों और डिग्री के बावजूद विशेष ज़रूरतों वाले हर बच्चे को उचित वातावरण में शिक्षा प्रदान की जाए।"

2001 में संविधान का संशोधन 2001 में

यह 6-14 आयु वर्ग के लोगों के लिए शिक्षा को एक मौलिक अधिकार बनाता है जिसमें दिव्यांग बच्चे शामिल हैं।

दिव्यांग व्यक्तियों के लिए राष्ट्रीय नीति (National Policy for Persons with Disabilities)

इसमें शिक्षा पर एक खंड है, जिसमें कहा गया है, "समावेशी शिक्षा के माध्यम से दिव्यांग व्यक्तियों को सामान्य शिक्षा प्रणाली में मुख्यधारा में लाने की आवश्यकता है।

इसमें यह भी उल्लेख किया गया है कि बच्चे अपने साथियों की संगति में सीखते हैं।

शिक्षा का अधिकार (Right to Education)

संविधान (छियासीवाँ संशोधन) अधिनियम, 2002 ने भारत के संविधान में अनुच्छेद 21-ए को शामिल किया, ताकि छह से चौदह वर्ष की आयु के सभी बच्चों को मौलिक अधिकार के रूप में निःशुल्क और अनिवार्य शिक्षा प्रदान की जा सके, जैसा कि राज्य कानून द्वारा निर्धारित कर सकता है। बच्चों को निःशुल्क और अनिवार्य शिक्षा का अधिकार (RTE) अधिनियम, 2009, जो अनुच्छेद 21-ए के तहत परिकल्पित परिणामी कानून का प्रतिनिधित्व करता है, का अर्थ है कि प्रत्येक बच्चे को एक

औपचारिक स्कूल में संतोषजनक और समान गुणवत्ता की पूर्णकालिक प्राथमिक शिक्षा का अधिकार है जो कुछ आवश्यक मानदंडों और मानकों को पूरा करता है।

RMSA 2009

यह योजना मार्च, 2009 में माध्यमिक शिक्षा तक पहुँच बढ़ाने और इसकी गुणवत्ता में सुधार करने के उद्देश्य से शुरू की गई थी। इस योजना का क्रियान्वयन 2009-10 से शुरू हुआ। अन्य उद्देश्यों में सभी माध्यमिक विद्यालयों को निर्धारित मानदंडों के अनुरूप बनाकर माध्यमिक स्तर पर प्रदान की जाने वाली शिक्षा की गुणवत्ता में सुधार करना, लिंग, सामाजिक-आर्थिक और दिव्यांगता संबंधी बाधाओं को दूर करना, 2017 तक माध्यमिक स्तर की शिक्षा तक सार्वभौमिक पहुँच प्रदान करना, यानी 12वीं पंचवर्षीय योजना के अंत तक और 2020 तक सार्वभौमिक प्रतिधारण प्राप्त करना शामिल है। दिव्यांग बच्चों और युवाओं के लिए एक व्यापक कार्य योजना इसे मार्च 2005 में मानव संसाधन विकास मंत्री अर्जुन सिंह ने भी प्रस्तुत किया था। इस कार्य योजना में समावेशी शिक्षा की वकालत की गई और 2020 तक सभी स्कूलों को "विकलांगों के अनुकूल" बनाने की परिकल्पना की गई।

वस्तुनिष्ठ प्रश्न (Objective Questions)

मानव अधिकारों की सार्वभौम घोषणा किस वर्ष की गई थी?

a) 1945

b) 1948

c) 1950

d) 1960

उत्तर: b) 1948

कोठारी आयोग का गठन किस वर्ष हुआ था?

a) 1964

b) 1968

c) 1986

d) 1992

उत्तर: a) 1964

दिव्यांग व्यक्तियों के अधिकारों का संयुक्त राष्ट्र सम्मेलन (UNCRPD) किस वर्ष अपनाया गया था?

a) 1989

b) 1990

c) 2002

d) 2006

उत्तर: d) 2006

सर्व शिक्षा मिशन (SSA) किस वर्ष शुरू किया गया था?

a) 1995

b) 2000

c) 2005

d) 2010

उत्तर: b) 2000

शिक्षा का अधिकार अधिनियम किस वर्ष लागू हुआ था?

a) 2006

b) 2009

c) 2010

d) 2013

उत्तर: c) 2010

लघु उत्तरीय प्रश्न (Short Answer Questions)

1. मानव अधिकारों की सार्वभौम घोषणा का मुख्य उद्देश्य क्या है?
2. सलामांका ढांचे का महत्व क्या है?
3. कोठारी आयोग के मुख्य सुझाव क्या थे?
4. राष्ट्रीय शिक्षा नीति 1986 के प्रमुख बिंदु क्या थे?
5. दिव्यांग व्यक्तियों के लिए राष्ट्रीय नीति (2006) का उद्देश्य क्या है?

दीर्घ उत्तरीय प्रश्न (Long Answer Questions)

1. अंतर्राष्ट्रीय घोषणाओं का समावेशी शिक्षा में क्या योगदान है? मानव अधिकारों की सार्वभौम घोषणा और सभी के लिए शिक्षा हेतु शब्द घोषणा पर विशेष रूप से चर्चा कीजिए।

2. भेदभाव के विरुद्ध कन्वेंशन (1990) और बाल अधिकारों पर कन्वेंशन (1989) के मुख्य बिंदुओं को विस्तृत रूप में समझाइए।

3. सलामांका ढांचे और बिवाको मिलेनियम फ्रेमवर्क ऑफ एक्शन 2002 का समावेशी शिक्षा के क्षेत्र में महत्व को स्पष्ट कीजिए।

4. कोठारी आयोग (1964) और राष्ट्रीय शिक्षा नीति 1986 एवं 1992 के बीच के मुख्य अंतर और समानताएं समझाइए।

5. सर्व शिक्षा मिशन (SSA), शिक्षा का अधिकार अधिनियम (2006) और राष्ट्रीय माध्यमिक शिक्षा अभियान (RMSA) के प्रमुख उद्देश्यों और उपलब्धियों पर चर्चा कीजिए।

संदर्भ (Reference)

- Agnes ,M.(2000).Webster's New world ,Collage Dictionary (Fourth edition) IDG book India (P) Ltd.

- Avissar, G. Reites, S. &Leyser, y. (2003). Principals' Views and practices regarding inclusion: the case of Israeli elementary school principal. European Journal of Special Needs Education Vol - 18, No - 3, October, 2003 pp 355-369.

- Brown, L.A. (2007). Attitudes of Administrators Toward inclusion of students with Disabilities- Dissertation Faculty of Missisipi state University UMI Number3270468.

- Bond, T.G. and Fox, C.M. (2001).Applying the research model:Fundamentalmeasurement in the human sciences. Mahwah, New Jersy : Lawrence Erlbaum Associates, Inc.

- Clough , P. and Lindsay , G. (1991) . Integration and The Support Service. Changing Roles in special Education.NFERNELSON.

- Chanchal, D.P., (1996). Mainstream and Inclusion of students with learning disabilities perspective of general education in elementary and secondary schools PurduUniversity ;sowrie DAI-A 58/03/0816 Sep. 1997.

- Fried, M. &Bursuck, W.D. (1999).Including students with special needs - printed in U.S.A.

- Forlin, C. (1995). Educations' beliefs about inclusive practices in Western Australia British Journal of Special Education, 22, 179-185.

- Hughes, M. Schumm, J. &Vanghn, S. (1996) prepariong for inclusion: roles, responsibilities and instructional practice. IARLD, A Journal of the International Academy for Research in Learning disabilities, 15 (2)

- IDEA. Individuals with Disabilities Act of 1990 Section 61 2 (5) (b).

- Jordanian Law for the Welfare of Disabled Person of 1993, Section 4(2)(b).

- Jones, N. (1990) Special Educational Needs Review, Vol. 3, London: Falmer Press.

- Julka, A. (2006). Educational Provisions and practices for learners with Disabilities, International Journal of Disability Studies Vol.2 No.1 Jan.-June 2006 pp-97-115.

- Lipsky, D.K. & Gartner, A. (1997).Inclusive and School reform: transforming America's Classrooms Baltimore, MD, Paul H. Brooks.

- Marechesi, A. (1998) International perspectives on special education reform..European Journal of Special Needs Education. Vol-13

- Morton , J.(2001) How to succeed in your master's and doctoral studies : a South African guide and resource book . Pretoria : Van Schaik.

- Nanda, S.P., & Nanda, B.P., (2008). Efficacy of Mainstream Teachers Sensitization Training on Inclusive Education under SSA.In B.P. Nanda (Ed) School without Walls in 21st century.Mittal Publications, New Delhi.

- Nanda ,B.P., (2012). Challenged Children: Problems &management ,AnkushPrakashana, Kolkata .

- Reddy, G.L.,Ramar,R. &Kusuma ,A. (2006). Inclusive Education. Education of children with special needs -pp-227-288 discovery publishing house Delhi -11002 (India).

- Rizzo, T., Davis, W. & Toussaint, R. (1994). Inclusion in regular classes: Breaking from traditional curricula. Journal of Physical Education, Recreation and Dance, 65

- (1), 24-26.

- Saini, J. (2006), A study of inclusive education for the disabled in Union territory of Chandigarh ,International Journal of disability studies vol.2,No.1 Jan-June 2006 pp 141-148.

- Salend, S.J. (2001). Creating Inclusive Classrooms : Effective and reflective practices & (4th Ed). Upper Saddler River, NJ: Merrill Prentice Hall.
- Singh, S. (2005).Dictionary of special education,Kanishka Publishers Distributors.New .Delhi 110002.

इकाई-3:
अनुकूलन, समायोजन और संशोधन
UNIT – 3 :
ADAPTATIONS ACCOMMODATIONS AND MODIFICATIONS

परिचय

Introduction

उद्देश्य

Objectives

अर्थ, अंतर, आवश्यकता एवं चरण

Meaning, Difference, Need & Steps

संवेदी दिव्यांगता वाले बच्चों के लिए निर्दिष्ट

Specifies for Children with Sensory Disabilities

- ➢ दृष्टि हानि (Visual Impairment)
- ➢ समावेशी शिक्षा में दृष्टिबाधित बच्चे (Children with visual in Inclusive Education)
- ➢ श्रवण हानि या बहरापन (Hearing Impairment or Deafness)
- ➢ समावेशी शिक्षा से श्रवण बाधित (Hearing Impaired with Inclusive Education)

न्यूरो-विकासात्मक दिव्यांगता वाले बच्चों के लिए विशिष्टताएँ

Specifics for Children with Neuro-Developmental Disabilities

> ➤ मुख्यधारा की कक्षाओं में एएसडी या अन्य न्यूरो-विकासात्मक विकार वाले छात्र। (ASD or other neuro-developmental disorder students in Mainstream Classrooms.)

लोको मोटर और एकाधिक दिव्यांगता वाले बच्चों के लिए निर्दिष्ट है

Specifies for Cildren with Loco Motor &Multiple Disabilities

> ➤ लोकोमोटर क्षति (Locomotor Impairment)
> ➤ एकाधिक दिव्यांगताएँ (Multiple Disabilities)

प्रतिभाशाली/प्रतिभाशाली बच्चों को शामिल करना

Engaging Gifted / Talented Children

निष्कर्ष (Conclusion)

वस्तुनिष्ठ प्रश्न (Objective Type questions)

लघु उत्तरीय प्रश्न (Short answer Question)

दीर्घउत्तरीय प्रश्न (Long answer Question)

संदर्भ (References)

परिचय (Introduction)

अनुकूलन, समायोजन और संशोधन परस्पर विनिमय करने योग्य शब्द लग सकते हैं, लेकिन जब समावेश की बात आती है तो वे काफी अलग अर्थ रखते हैं। समायोजन और संशोधन दो अलग-अलग प्रकार के पाठ्यचर्या अनुकूलन के रूप में कार्य करते हैं।

आवास और संशोधन के बीच अंतर को परिभाषित करने से पहले, आइए एक कदम पीछे हटें और पाठ्यचर्या अनुकूलन की अवधारणा पर ध्यान केंद्रित करें। समायोजन पाठ्यक्रम को संशोधित किए बिना इस उद्देश्य को पूरा करते हैं। अनुकूलन, समायोजन और संशोधन छात्रों के लिए उनकी आवश्यकताओं और उनकी व्यक्तिगत सीखने की शैली और रुचियों के आधार पर वैयक्तिकृत किए जाने चाहिए। यह हमेशा स्पष्ट नहीं होता है कि किसी विशेष छात्र के लिए कौन से अनुकूलन, समायोजन या संशोधन फायदेमंद होंगे, या पाठ्यक्रम, इसकी प्रस्तुति, कक्षा की सेटिंग या छात्र मूल्यांकन में कैसे बदलाव किए जा सकते हैं।

उद्देश्य

- समावेश में अनुकूलन सीखना
- समावेशी शिक्षा में समायोजन सीखना।
- समावेश में संशोधन सीखना।
- संवेदी दिव्यांगता वाले बच्चों के लिए निर्दिष्ट सीखना।
- मोटर और एकाधिक दिव्यांगता वाले बच्चों के लिए विशेष रूप से सीखना।
- प्रतिभाशाली बच्चों के बारे में जानना।

अर्थ, अंतर, आवश्यकता और चरण (Meaning, Difference, Need and Stages)

छात्रों की आवश्यकताओं और उनकी व्यक्तिगत सीखने की शैली और रुचियों के आधार पर अनुकूलन, समायोजन और संशोधनों को उनके लिए व्यक्तिगत बनाया जाना चाहिए। यह हमेशा स्पष्ट नहीं होता है कि किसी विशेष छात्र के लिए कौन से अनुकूलन, समायोजन या संशोधन फायदेमंद होंगे, या पाठ्यक्रम, इसकी प्रस्तुति, कक्षा की सेटिंग या छात्र मूल्यांकन में कैसे बदलाव किए जा सकते हैं। इस पृष्ठ का उद्देश्य शिक्षकों और अन्य लोगों को ऐसी जानकारी खोजने में मदद करना है जो उन्हें अपने छात्रों की ज़रूरतों के आधार पर कक्षा में उचित बदलाव करने में मार्गदर्शन कर सके।

सामान्य शिक्षा शिक्षकों को कक्षा में निर्देशात्मक समायोजन और अनुकूलन बनाने में कुछ प्रमुख समस्याएँ हो सकती हैं, जिनमें विभिन्न प्रकार के अनुकूलनों को देखने के अलावा विशेष ज़रूरतों वाले छात्रों के लिए पाठ योजनाओं को संशोधित करने के उदाहरणों के साथ एक शुरुआती बिंदु की आवश्यकता शामिल हो सकती है। हालाँकि अधिकांश प्री-सर्विस शिक्षकों को सामान्य शिक्षा सेटिंग के लिए पाठ योजनाएँ बनाना सिखाया जाता है, लेकिन इन शिक्षकों के लिए यह जानना भी आवश्यक है कि व्यक्तिगत ज़रूरतों वाले छात्रों के लिए पाठ योजनाओं को कैसे संशोधित किया जाए। सभी बच्चे एक ही तरह से नहीं सीखते, इसलिए सामान्य शिक्षा शिक्षकों को उन तरीकों के बारे में पता होना चाहिए जिनका उपयोग वे विशेष ज़रूरतों वाले छात्रों को लाभ पहुँचाने के लिए पाठ योजनाओं में बदलाव करने के लिए कर सकते हैं। विभिन्न प्रकार के समायोजन और अनुकूलन के

बारे में जानना सामान्य शिक्षा शिक्षक होने का एक और महत्वपूर्ण हिस्सा है, क्योंकि अनुकूलन के ये विशिष्ट क्षेत्र शिक्षकों को इस बात पर ध्यान केंद्रित करने में मदद करेंगे कि वे शिक्षार्थियों की विशिष्ट ज़रूरतों को पूरा करने के लिए अपनी पाठ योजनाओं में वास्तव में क्या बदलाव कर सकते हैं।

असाधारण बच्चों की परिषद के अनुसार, ऐसे कई तरीके हैं जिन पर शिक्षक विविध शिक्षार्थियों की ज़रूरतों को पूरा करने के लिए निर्देशात्मक समायोजन और अनुकूलन बनाते समय विचार कर सकते हैं (असाधारण बच्चों की परिषद, 2011):

• मौजूदा सामग्री में बदलाव करना: शिक्षक जानकारी को फिर से लिख सकते हैं, पुनर्गठित कर सकते हैं, जोड़ सकते हैं या फिर से ढाल सकते हैं ताकि छात्र स्वतंत्र रूप से नियमित पाठ्यक्रम सामग्री तक पहुँच सकें। उदाहरण के लिए, शिक्षक छात्रों के लिए एक अध्ययन मार्गदर्शिका और ऑडियोटेप तैयार कर सकते हैं।

• मौजूदा सामग्री की मध्यस्थता करना: शिक्षक सामग्री के उपयोग में छात्र को अतिरिक्त निर्देशात्मक सहायता, मार्गदर्शन और दिशा प्रदान कर सकते हैं। शिक्षक सामग्री द्वारा प्रस्तुत बाधाओं को दूर करने के लिए निर्देश दे सकते हैं ताकि कोई छात्र को विभिन्न तरीकों से सामग्री के साथ बातचीत करने के लिए सीधे प्रेरित कर सके। उदाहरण के लिए, कोई छात्रों को पढ़ने की सामग्री का सर्वेक्षण करने, पाठ का सहयोगी पूर्वावलोकन करने और अध्ययन मार्गदर्शिका के रूप में उपयोग करने के लिए सामग्री की रूपरेखा बनाने के लिए कह सकता है।

• वैकल्पिक सामग्री का चयन करना: शिक्षक नई सामग्री का चयन कर सकते हैं जो दिव्यांग छात्रों की ज़रूरतों के प्रति अधिक

संवेदनशील हैं या सीखने की समस्याओं की भरपाई के लिए स्वाभाविक रूप से डिज़ाइन की गई हैं। उदाहरण के लिए, एक इंटरैक्टिव कंप्यूटर प्रोग्राम का उपयोग करें जो महत्वपूर्ण विचारों को संकेत देता है, पाठ पढ़ता है, ग्राफ़िक आयोजकों को सम्मिलित करता है, शब्दों को परिभाषित और चित्रित करता है, छोटे-छोटे चरणों में सीखने को प्रस्तुत करता है और सुदृढ़ करता है, और अभ्यास और संचयी समीक्षा के लिए अधिक अवसर प्रदान करता है।

न्यू जर्सी काउंसिल ऑन डेवलपमेंटल डिसेबिलिटीज़ ने नौ अलग-अलग प्रकार के अनुकूलन सूचीबद्ध किए हैं जिनका उपयोग शिक्षक विभिन्न शिक्षार्थियों की ज़रूरतों को संबोधित करते समय कर सकते हैं (पाठ्यक्रम संशोधन, एन.डी.):

1. **इनपुट**: शिक्षार्थी को निर्देश देने के तरीके को अनुकूलित करना (जैसे विभिन्न दृश्य सहायता का उपयोग करना)।

2. **आउटपुट**: शिक्षार्थी निर्देश पर कैसे प्रतिक्रिया दे सकता है, इसे अनुकूलित करना (जैसे लिखित प्रतिक्रिया के बजाय मौखिक प्रतिक्रिया की अनुमति देना)।

3. **समय:** सीखने, कार्य पूरा करने या परीक्षण के लिए आवंटित समय को अनुकूलित करना (जैसे कार्यों के लिए दिए गए समय को बढ़ाना या घटाना)।

4. **कठिनाई:** कौशल स्तर, समस्या के प्रकार या नियमों को अनुकूलित करना कि शिक्षार्थी काम कैसे कर सकता है (जैसे निर्देशों को सरल बनाना)।

5. **समर्थन का स्तर:** किसी विशिष्ट शिक्षार्थी के लिए व्यक्तिगत सहायता की मात्रा बढ़ाएँ (जैसे सहकर्मी शिक्षक नियुक्त करना)।

6. **आकार**: छात्र द्वारा पूर्ण किए जाने वाले आइटम की संख्या को अनुकूलित करना (जैसे कि बहुविकल्पीय परीक्षण पर उत्तरों की संख्या को कम करना)।

7. **भागीदारी की डिग्री:** छात्र किसी गतिविधि में कितना शामिल होगा, इसे अनुकूलित करना (जैसे कि छात्र से बोर्ड पर उत्तर लिखवाना)।

8. **वैकल्पिक लक्ष्य:** समान सामग्रियों का उपयोग करते हुए लक्ष्यों या परिणामों की अपेक्षाओं को अनुकूलित करना (जैसे कि छात्र से पुस्तक और लेखक दोनों के नाम याद करने के बजाय पुस्तक के शीर्षक याद करने में सक्षम होने के लिए कहना)।

9. **वैकल्पिक पाठ्यक्रम:** शिक्षार्थी के व्यक्तिगत लक्ष्यों को पूरा करने के लिए अलग-अलग निर्देश और सामग्री प्रदान करना (जैसे कि छात्र से पूरे उपन्यास के बजाय पाठ का ग्राफिक उपन्यास संस्करण पढ़ने के लिए कहना)।

संवेदी दिव्यांगता वाले बच्चों के लिए निर्दिष्ट (Specified for children with sensory disabilities)

संवेदी दिव्यांगता की अवधारणा संवेदी, दृष्टि और श्रवण बाधित व्यक्तियों को शामिल करती है; और वे मनुष्यों के लिए बहुत महत्वपूर्ण हैं, क्योंकि वे रिसेप्टर्स हैं जो हमारे आस-पास की दुनिया के बारे में जानकारी प्राप्त करते हैं।

दृश्य हानि की अवधारणा अंधेपन और दृष्टि की अन्य स्थितियों दोनों को संदर्भित करती है जो उस तक नहीं पहुँचती हैं। कमी के समय के अनुसार, हम जन्म से ही अंधेपन और दृश्य हानि को प्राप्त कर सकते हैं, जल्दी या बाद में; यह बहुत महत्वपूर्ण है, जब यह सब होता है; क्योंकि यह सभी दृश्य अनुभवों पर निर्भर करेगा,

जो चोट से पहले प्राप्त हो सकते हैं। इस श्रेणी में, हमने दृश्य हानि और श्रवण हानि पाई।

दृश्य हानि (Visual impairment)

दृश्य हानि दृष्टि की कमी, कमी या कम हुई दृष्टि है। कई लोगों के लिए अंधा शब्द का अर्थ है दृष्टि की पूर्ण कमी, दृश्य हानि लेकिन इसे पूर्ण अंधापन या अमोरोसिस, अंधापन में विभाजित किया जाता है।

वर्गीकरण (classification)

आंशिक अंधापन, जब व्यक्ति की दृष्टि कम होती है या अपर्याप्त क्षमता होती है और इसे सुधारने के लिए चश्मा पहनने की आवश्यकता होती है। मैक्यूलर डिजनरेशन: परिधीय दृष्टि की हानि और केंद्रीय दृष्टि कमजोर या ब्लैक होल होती है।

मोतियाबिंद तब होता है जब आंख का लेंस धुंधला हो जाता है; यह बुढ़ापे में कम दृष्टि का सबसे आम कारण है।

ट्यूबलर या टनल विजन: यह ग्लूकोमा के कारण होता है। आंख के पीछे ऑप्टिक तंत्रिका को नुकसान तंत्रिका कार्य के क्रमिक नुकसान की ओर जाता है और परिधीय दृष्टि की हानि हो सकती है।

मधुमेह रेटिनोपैथी मध्यम आयु में कम दृष्टि का एक आम स्रोत है। मधुमेह आंखों में रक्त वाहिकाओं को नुकसान पहुंचा सकता है।

अंधापन: इसका मतलब है कि रंगों, विशेष रूप से लाल और हरे रंग के बीच अंतर करने में कठिनाई होती है। कॉर्टिकल ब्लाइंडनेस ओसीसीपिटल लोब के प्राथमिक दृश्य क्षेत्र में मस्तिष्क

क्षति के कारण होता है, हालांकि दृश्य अंग अच्छी स्थिति में होते हैं। व्यक्ति की दृष्टि प्रकाश या गति के प्रति अस्पष्ट होती है।

अंधापन ट्रेकोमा, ग्लूकोमा, ज़ेरोप्थाल्मिया आदि जैसी बीमारियों के कारण हो सकता है या यह कुछ दुर्घटनाओं या कुछ आनुवंशिक दोषों/गुणसूत्र संबंधी विचलनों के कारण हो सकता है। डायरिया, रक्त शर्करा और उच्च रक्तचाप जैसी कुछ प्रणालीगत बीमारियाँ भी अंधेपन का कारण बन सकती हैं।

लेंस

स्टाफ़: उपयोगकर्ता के सामने सड़क के बारे में जानकारी प्राप्त करने के लिए उपयोग किया जाता है, लटकी हुई वस्तुओं पर असंतुलित होने का पता नहीं चलता है, गाइड कुत्ते, अंधे लोगों को एक कुत्ते की मदद से ले जाया जा सकता है जिसे कई हफ्तों तक प्रशिक्षित किया जाना चाहिए, अगर आपको लंबी दूरी तक चलने की ज़रूरत है तो यह बहुत उपयोगी है। ये कुत्ते पालतू नहीं बल्कि साथी हैं; उन्हें मालिक की अनुमति के बिना उसे सहलाना या कॉलर से पकड़ना नहीं चाहिए।

ऑडियो पुस्तकें (Audio Books)

ब्रेल: स्पर्श से पढ़ने और लिखने की एक प्रणाली जिसमें अक्षर, शब्द, संख्याएँ आदि कागज़ से बाहर निकलने वाले बिंदु होते हैं। इस प्रणाली में 18 संक्षिप्तीकरण, संकुचन हैं जो स्थान बचाने और पढ़ने या लिखने की गति बढ़ाने के लिए हैं।

समावेशी शिक्षा में दृश्य हानि वाले बच्चे (Children with visual impairments in inclusive education)

दृश्य हानि वाले छात्रों की अनूठी शैक्षिक ज़रूरतें होती हैं जिन्हें पेशेवरों, अभिभावकों और छात्रों के एक टीम दृष्टिकोण का उपयोग करके सबसे प्रभावी ढंग से पूरा किया जाता है। अपनी अनूठी ज़रूरतों को पूरा करने के लिए, छात्रों के पास विशेष सेवाएँ, किताबें और उपयुक्त मीडिया (ब्रेल सहित) में सामग्री, साथ ही साथ विशेष उपकरण और तकनीक होनी चाहिए ताकि उन्हें मुख्य और विशेष पाठ्यक्रम तक समान पहुँच सुनिश्चित हो सके और उन्हें स्कूल में और अंततः समाज में अपने साथियों के साथ सबसे प्रभावी ढंग से प्रतिस्पर्धा करने में सक्षम बनाया जा सके।

कार्यक्रम विकल्पों और सहायता सेवाओं की एक पूरी श्रृंखला होनी चाहिए ताकि व्यक्तिगत शिक्षा कार्यक्रम (IEP) टीम प्रत्येक व्यक्तिगत दृष्टि हानि वाले छात्र के लिए सबसे कम प्रतिबंधात्मक वातावरण में सबसे उपयुक्त प्लेसमेंट का चयन कर सके।

दृष्टिबाधित छात्रों की विशिष्ट शैक्षणिक और गैर-शैक्षणिक पाठ्यक्रम आवश्यकताओं को संबोधित करने वाली विशेष सेवाएँ प्रदान करने के लिए कर्मचारियों को प्रशिक्षित करने के लिए पर्याप्त कार्मिक तैयारी कार्यक्रम होने चाहिए। इन छात्रों के साथ काम करने वाले सभी कर्मचारियों के लिए निरंतर विशेष कार्मिक विकास के अवसर होने चाहिए और साथ ही विशेष अभिभावक शिक्षा भी होनी चाहिए।

सभी दिव्यांग व्यक्तियों को समान पहुँच प्रदान करना 1973 के पुनर्वास अधिनियम और 1992 के अमेरिकी दिव्यांग अधिनियम का प्रमुख तत्व है। पहुँच में रैम्प प्रदान करने से कहीं अधिक

शामिल है। पहुँच समावेशन का भी प्रमुख तत्व है, जिसमें किसी विशेष सेटिंग में रखने से कहीं अधिक शामिल है। पहुँच और समावेशन का संबंध उन व्यक्तियों के लिए स्पष्ट नहीं हो सकता है जो दृष्टि हानि के शैक्षिक और सामाजिक प्रभाव से परिचित नहीं हैं। दृष्टिबाधित छात्र को नियमित कक्षा में रखने से आवश्यक रूप से पहुँच प्रदान नहीं होती है और छात्र को आवश्यक रूप से शामिल नहीं किया जाता है। दृष्टिबाधित छात्र जिसकी दृष्टिबाधितता के कारण सामाजिक और शारीरिक जानकारी तक पहुँच नहीं है, उसे भौतिक सेटिंग की परवाह किए बिना शामिल नहीं किया जाता है। दृष्टिबाधित छात्रों को तब तक शामिल नहीं किया जाएगा जब तक कि पहुँच के लिए उनकी विशिष्ट शैक्षिक आवश्यकताओं को उपयुक्त वातावरण में विशेष रूप से प्रशिक्षित कर्मियों द्वारा संबोधित नहीं किया जाता

श्रवण दोष या बहरापन। (Hearing impairment or deafness.)

यह व्यक्ति की कम से कम कुछ ध्वनि आवृत्तियों का पता लगाने या प्राप्त करने में असमर्थता को संदर्भित करता है, जिन्हें आमतौर पर उनकी प्रजाति के सदस्यों द्वारा सुना जा सकता है, श्रवण हानि को हल्के, मध्यम से लेकर गहन के रूप में वर्गीकृत किया जा सकता है।

एक बहरा व्यक्ति सीखने और संचार के लिए प्राथमिक मोड के रूप में दृष्टि का उपयोग करता है।

श्रवण हानि और बहरेपन के कारण (Causes of hearing loss and deafness)

यदि एक या दोनों माता-पिता को श्रवण हानि का अधिक जोखिम है, तो बच्चा बहरा पैदा होता है।

श्रवण हानि अक्सर गर्भावस्था और प्रसव के दौरान समस्याओं के कारण होती है।

प्रसव की स्थिति के दौरान समय से पहले जन्म जिसमें बच्चे को सांस लेने के लिए पर्याप्त ऑक्सीजन नहीं मिलती है।

गर्भावस्था के दौरान एक महिला में रूबेला, सिफलिस या कुछ अन्य संक्रमण। गर्भावस्था के दौरान विषाक्त दवाओं (130 से अधिक दवाओं का एक समूह, जैसे कि एंटीबायोटिक जेंटामाइसिन) का अनुचित उपयोग।

पीलिया, जो नवजात शिशु में श्रवण तंत्रिका को नुकसान पहुंचा सकता है।

अन्य कारणों में मेनिन्जाइटिस, खसरा, कण्ठमाला और क्रोनिक कान के संक्रमण जैसे संक्रमण शामिल हैं जो श्रवण हानि का कारण बन सकते हैं।

कान की नली को अवरुद्ध करने वाले मोम या विदेशी निकायों से किसी भी उम्र में श्रवण हानि हो सकती है। अत्यधिक शोर, जिसमें शोर करने वाली मशीनरी के साथ काम करना, तेज़ संगीत सुनना या अन्य शोर जैसे कि गोलीबारी या विस्फोट आदि शामिल हैं, आंतरिक कान को नुकसान पहुंचा सकते हैं और सुनने की क्षमता कमज़ोर कर सकते हैं। जैसे-जैसे लोगों की उम्र बढ़ती है, शोर

और अन्य कारकों के संपर्क में आने से बहरापन या सुनने की क्षमता कमज़ोर हो सकती है।

संवेदी तंत्रिका श्रवण हानि को निम्न तरीकों से रोका जा सकता है: (Sensory nerve hearing loss can be prevented in the following ways):

• मेनिनजाइटिस, बच्चों को बचपन की बीमारियों जैसे कि खसरा, मेनिनजाइटिस, रूबेला और कण्ठमाला से बचाव के लिए टीका लगवाएँ।

• गर्भधारण से पहले प्रसव उम्र की महिलाओं को रूबेला से बचाव के लिए टीका लगवाएँ।

• गर्भवती महिलाओं में सिफलिस और कुछ अन्य संक्रमणों का पता लगाना और उनका उपचार करना;

• प्रसवपूर्व और प्रसवकालीन देखभाल में सुधार करना।

समावेशी शिक्षा के साथ श्रवण बाधित (Hearing impaired with inclusive education)

बच्चों के लिए समावेशी शिक्षा, शिक्षक मुख्यधारा के स्कूल में श्रवण बाधित बच्चे की सहायता करना सीखते हैं, जिसमें शैक्षणिक, सामाजिक, प्रवर्धन और शारीरिक ज़रूरतों सहित श्रवण बाधित बच्चे की विशिष्ट ज़रूरतों को संबोधित किया जाता है। शिक्षकों को भाषा और सुनने के बारे में विशेष ज्ञान भी मिलता है और वे साक्षरता और शैक्षणिक सीखने के विकास के लिए कैसे आधार बनाते हैं। संगीत पाठ्यक्रम का एक महत्वपूर्ण हिस्सा है और किसी भी शिक्षक को आवश्यक जानकारी प्रदान की जाती है

जो बच्चों में भाषा, सुनने और पढ़ने के विकास में सहायता के लिए संगीत का उपयोग करना चाहता है।

• समावेशी शिक्षा का मॉडल जिस पर यह कार्यक्रम आधारित है, उसका उद्देश्य श्रवण हानि की प्रारंभिक पहचान और निरंतर ऑडियोलॉजिकल प्रबंधन, माता-पिता के मार्गदर्शन, भाषण-भाषा चिकित्सा, सुनने के कौशल के विकास और शैक्षिक सहायता के माध्यम से श्रवण-बाधित शिक्षार्थियों को मुख्यधारा के स्कूल में शामिल करना है।

• यह कार्यक्रम मुख्यधारा के शिक्षकों के लिए निर्देशित है और भाषण-भाषा चिकित्सक, ऑडियोलॉजिस्ट, शैक्षिक मनोवैज्ञानिक और व्यावसायिक चिकित्सक के लिए भी उपयुक्त है, जिन्होंने अपने स्नातक अध्ययन में शिक्षा में पिछला प्रशिक्षण प्राप्त किया है।

• योग्य छात्रों को मुख्यधारा की शिक्षा में श्रवण-बाधित बच्चे को प्रभावी ढंग से शामिल करने में व्यावहारिक क्षमता प्रदान की जाती है। छात्र को श्रवण-बाधित बच्चे की शिक्षा को अनुकूलित करने के लिए समावेशी शिक्षा के सिद्धांतों और व्यावहारिकताओं के ज्ञान से लैस किया जाता है।

• एक मॉड्यूल श्रवण-बाधित बच्चे वाले माता-पिता के मार्गदर्शन के लिए समर्पित है।

ज्ञान और व्यावहारिक जानकारी ये हैं Knowledge and practical information are these

• समावेशन के सिद्धांत और यह विशेष स्कूली शिक्षा और एकीकरण से किस प्रकार भिन्न है;

• कान और श्रवण कैसे काम करते हैं और श्रवण बाधित बच्चों के लिए उपलब्ध प्रवर्धन तकनीक;

• इन तकनीकों का अनुप्रयोग, और कक्षा में श्रवण बाधित बच्चे की समस्याओं का निवारण और सहायता करना;

• भाषा और संचार विकास तथा वे साक्षरता विकास और शैक्षणिक उपलब्धि के लिए किस प्रकार आधार तैयार करते हैं। छात्र साक्षरता और संख्यात्मक विकास को बढ़ाने और प्रोत्साहित करने के लिए एक भाषा-विकास कार्यक्रम विकसित करने में सक्षम है। प्रत्येक बच्चे (श्रवण-बाधित बच्चे सहित) की व्यक्तिगत आवश्यकताओं का मूल्यांकन और समाधान करना ताकि बच्चे को उसकी पूर्ण शैक्षणिक क्षमता तक पहुँचने में समग्र रूप से सहायता मिल सके;

• विद्यालय में श्रवण बाधित शिक्षार्थी की पूर्ण भागीदारी सुनिश्चित करने के लिए विभेदित शिक्षण विधियाँ;

• अन्य टीम सदस्यों (जिनमें माता-पिता एक अभिन्न अंग हैं) के साथ एक अंतःविषय टीम के हिस्से के रूप में काम करना;

• श्रवण बाधित बच्चे की शिक्षा में माता-पिता और परिवार की भागीदारी का महत्व। छात्रों को श्रवण बाधित बच्चे की शिक्षा और उसे समझने में माता-पिता का मार्गदर्शन करने और सहायता करने तथा सक्रिय रूप से शामिल करने के लिए सुसज्जित किया जाता है;

• अंतःविषय टीम के हिस्से के रूप में माता-पिता की भूमिका। छात्र माता-पिता की भागीदारी की आवश्यकता को समझने में सक्षम हैं और साथ ही शिक्षा में प्रत्येक बच्चे और प्रत्येक परिवार की विशिष्ट आवश्यकताओं को कैसे समायोजित किया जाए,

भाषा, सुनने और साक्षरता कौशल के विकास में संगीत की भूमिका, और पाठ्यक्रम के हिस्से के रूप में संगीत और आंदोलन को शामिल करने में सक्षम हैं

1 समावेशन: मूल बातें (Inclusions: The Basics)

इस मॉड्यूल में छात्र मुख्यधारा के स्कूल में श्रवण बाधित बच्चे को शामिल करने के औचित्य को समझना सीखते हैं। आज की शिक्षा में प्रासंगिकता के साथ-साथ नैतिक और वित्तीय निहितार्थों पर आधारित विचारों पर चर्चा की जाती है। छात्र समावेशन के क्षेत्र में वैश्विक विकास और समावेशन में जानबूझकर वैश्विक रुझानों पर ज्ञान प्राप्त करते हैं।

2 कान और श्रवण (Ear and hearing)

छात्रों को शारीरिक रचना, कान के रोगों और कान की विकृतियों के उपचार के संदर्भ में कान को समझने के लिए जानकारी प्रदान की जाती है। छात्रों को कक्षा में सुनने के महत्व और हानि के स्तरों के बारे में जागरूक किया जाता है।

3 प्रवर्धन प्रौद्योगिकी (Amplification Technology)

कक्षा के अंदर और बाहर श्रवण हानि वाले बच्चों के लिए प्रवर्धन प्रौद्योगिकियों के महत्व और उपयोग को समझने पर चर्चा की जाती है। मॉड्यूल उपलब्ध प्रौद्योगिकियों और इन उपकरणों के कामकाज का गहन ज्ञान प्रदान करता है।

4 सुनना, भाषा और संचार विकास (Listening, Language and Communication Development)

सुनना और भाषा आपस में जुड़े हुए हैं और सुनना भाषा के विकास को प्रभावित करता है। छात्र भाषा के विकास के प्रभावों

के बारे में सीखते हैं जो साक्षरता और संख्यात्मक विकास दोनों पर पड़ता है। श्रवण-बाधित बच्चे के साथ इन मुद्दों को संबोधित करने के लिए आवश्यक अंतःविषय टीमवर्क पर चर्चा की जाती है।

5 समावेशन के लिए शैक्षिक अभ्यास (Educational Practice for Inclusion)

कक्षा अभ्यास में श्रवण हानि का प्रभाव और श्रवण-बाधित बच्चे को उसकी क्षमता प्राप्त करने में सहायता करने के लिए सीखने के माहौल को संरेखित करना, शामिल हैं। श्रवण बाधित बच्चे की सहायता करने के लिए बच्चे की आवश्यकताओं का समग्र रूप से मूल्यांकन करना तथा श्रवण बाधित बच्चे की विशिष्ट आवश्यकताओं के अनुसार पाठ्यक्रम, शिक्षण विधियों और आकलन को अनुकूलित करना शामिल है।

6 माता-पिता और परिवार का मार्गदर्शन और सहायता (Parental and family guidance and support)

इस मॉड्यूल का उद्देश्य माता-पिता और परिवार को उनके बच्चे की श्रवण बाधा के सभी पहलुओं में मार्गदर्शन और सहायता प्रदान करना है, साथ ही बच्चे की शैक्षिक आवश्यकताओं को संबोधित करना है। श्रवण बाधित बच्चे के साथ काम करने वाली अंतःविषय टीम के हिस्से के रूप में माता-पिता या अभिभावक के महत्व पर जोर दिया जाता है।

7 भाषा और साक्षरता के विकास में संगीत

भाषण, भाषा और सुनने के विकास में संगीत का महत्व और शैक्षणिक प्रदर्शन पर इसके प्रभावों को स्पष्ट किया जाता है। समग्र

शैक्षणिक प्रदर्शन में संगीत की भूमिका को समझाया जाता है। बच्चे के समग्र विकास में संगीत के प्रभाव पर चर्चा की जाती है।

न्यूरो-डेवलपमेंटल डिसेबिलिटी वाले बच्चों के लिए निर्दिष्ट (Specified for children with neuro-developmental disabilities)

न्यूरोडेवलपमेंटल डिसऑर्डर मस्तिष्क या केंद्रीय तंत्रिका तंत्र की वृद्धि और विकास में बाधाएँ हैं। इस शब्द का एक संकीर्ण उपयोग मस्तिष्क के कार्य के विकार को संदर्भित करता है जो भावना, सीखने की क्षमता, आत्म-नियंत्रण और स्मृति को प्रभावित करता है और जो व्यक्ति के बढ़ने के साथ सामने आता है। इस शब्द का उपयोग कभी-कभी गलती से ऑटिज़्म और ऑटिज़्म स्पेक्ट्रम विकारों के लिए एक विशेष पर्याय के रूप में किया जाता है।

मूल रूप से न्यूरोडेवलपमेंटल माने जाने वाले विकार, या जिनके बचपन और बचपन में होने पर न्यूरोडेवलपमेंटल परिणाम होते हैं, उनमें शामिल हैं:

• बौद्धिक दिव्यांगता (आईडी) या बौद्धिक और विकासात्मक दिव्यांगता (आईडीडी)

• ऑटिज़्म और ऑटिज़्म स्पेक्ट्रम विकार जैसे एस्परगर सिंड्रोम

• भ्रूण अल्कोहल स्पेक्ट्रम विकार

• मोटर विकार जिसमें विकासात्मक समन्वय विकार, स्टीरियोटाइपिक मूवमेंट विकार और टॉरेट सिंड्रोम सहित टिक विकार शामिल हैं।

• दर्दनाक मस्तिष्क की चोट (जिसमें जन्मजात चोटें शामिल हैं जैसे कि मस्तिष्क पक्षाघात का कारण बनने वाली चोटें)

- संचार, भाषण और भाषा संबंधी विकार
- आनुवंशिक विकार, जैसे कि नाजुक-एक्स सिंड्रोम
- डाउन सिंड्रोम
- ध्यान घाटे की अति सक्रियता विकार
- मेंडेलसोहन सिंड्रोम
- सिज़ोफ्रेनिया
- स्किज़ोटाइपल विकार
- एचआईवी
- मलेरिया

न्यूरोडेवलपमेंटल विकार कठिनाई की व्यापक रूप से भिन्न डिग्री से जुड़े होते हैं, जिनके व्यक्तियों और बदले में उनके परिवारों और समाज के लिए महत्वपूर्ण मानसिक, भावनात्मक, शारीरिक और आर्थिक परिणाम हो सकते हैं।

कारण

मस्तिष्क का विकास व्यवस्थित, कड़ाई से विनियमित और आनुवंशिक रूप से एन्कोडेड प्रक्रिया है, जिस पर पर्यावरण का स्पष्ट प्रभाव होता है। इससे पता चलता है कि जीवन के आरंभ में इस कार्यक्रम से किसी भी विचलन के परिणामस्वरूप न्यूरो-विकास संबंधी विकार हो सकते हैं और, विशिष्ट समय के आधार पर, जीवन में बाद में अलग विकृति पैदा हो सकती है। उसके कारण, न्यूरो-विकासात्मक विकार के कई कारण हैं, जो अभाव, आनुवंशिक और चयापचय संबंधी रोग, प्रतिरक्षा विकार, संक्रामक

रोग, पोषण संबंधी कारक, शारीरिक आघात और विषाक्त और पर्यावरणीय कारकों से लेकर हो सकते हैं।

कुछ न्यूरो-विकास संबंधी विकार - जैसे कि ऑटिज़्म और अन्य व्यापक विकास संबंधी विकार - को बहुक्रियात्मक सिंड्रोम माना जाता है (कई कारणों से लेकिन अधिक विशिष्ट न्यूरोडेवलपमेंटल अभिव्यक्ति के साथ)

अभाव

प्रतिक्रियाशील लगाव विकारों की तरह व्यवहार संबंधी मंदता, अपने परिवारों के साथ रहने वाले भावनात्मक रूप से वंचित बच्चों में देखी गई है। हालांकि, प्रमुख आधुनिक विचार ऑटिज्म और ऑटिस्टिक स्पेक्ट्रम विकारों के लिए अन्य कारण तंत्रों को जिम्मेदार ठहराते हैं।

हालाँकि, पोषण ही अभाव का एकमात्र कारण नहीं है जो तंत्रिका-विकासात्मक अनुक्रम की ओर ले जाता है। जैविक कारकों के कारण संवेदी अभाव का एक सामान्य उदाहरण अंधापन है। अंधे शिशुओं में खराब विकासात्मक परिणामों का जोखिम होता है, जिसे अगर अनुपचारित छोड़ दिया जाए तो गंभीर, ऑटिस्टिक-जैसे व्यवहार हो सकते हैं। इसके जैविक आधार के बावजूद, देखभाल करने वाले अंधेपन से संबंधित संवेदी अभाव को कम कर सकते हैं। इससे सकारात्मक न्यूरोडेवलपमेंटल परिणाम प्राप्त हो सकते हैं, जैसा कि लेखिका हेलेन केलर के मामले में हुआ, जिन्हें स्पर्श संकेत भाषा के उपयोग में प्रशिक्षित किया गया था, और संगीतकार जैसे कि आर्थेल "डॉक" वॉटसन और रे चार्ल्स जो अपनी सुनने की शक्ति के माध्यम से दूसरों से भावनात्मक रूप से जुड़े रहे।

आनुवांशिक विकार (Genetic disorders)

आनुवंशिक रूप से निर्धारित न्यूरो-विकास संबंधी विकार का एक प्रमुख उदाहरण ट्राइसॉमी 21 है, जिसे डाउन सिंड्रोम भी कहा जाता है। यह विकार आमतौर पर एक अतिरिक्त गुणसूत्र 21 के कारण होता है, हालांकि असामान्य मामलों में यह अन्य गुणसूत्र असामान्यताओं जैसे कि आनुवंशिक सामग्री के स्थानांतरण से संबंधित होता है। यह छोटे कद, एपिकैंथल (पलक) सिलवटों, असामान्य उंगलियों के निशान और हथेली के निशान, हृदय दोष, खराब मांसपेशी टोन (तंत्रिका संबंधी विकास में देरी) और मानसिक मंदता (बौद्धिक विकास में देरी) द्वारा विशेषता है।

कम आम तौर पर ज्ञात आनुवंशिक रूप से निर्धारित न्यूरोडेवलपमेंटल विकारों में फ्रैजाइल एक्स सिंड्रोम, रेट सिंड्रोम और विलियम्स सिंड्रोम शामिल हैं। फ्रैगाइल एक्स सिंड्रोम का वर्णन सबसे पहले 1943 में जे.पी. मार्टिन और जे. बेल ने किया था, जो सेक्स से जुड़े "मानसिक दोष" के पारिवारिक इतिहास वाले व्यक्तियों का अध्ययन कर रहे थे। रेट सिंड्रोम, एक और एक्स-लिंक्ड विकार, गंभीर कार्यात्मक सीमाएँ पैदा करता है। विलियम्स सिंड्रोम गुणसूत्र 7 से आनुवंशिक सामग्री के छोटे विलोपन के कारण होता है।

प्रतिरक्षा शिथिलता (Immune dysfunction)

गर्भावस्था के दौरान प्रतिरक्षा प्रतिक्रियाएँ, माँ और विकासशील बच्चे दोनों की, न्यूरो-विकास संबंधी विकार पैदा कर सकती हैं। शिशुओं और बच्चों में एक विशिष्ट प्रतिरक्षा प्रतिक्रिया PANDAS, या स्ट्रेप्टोकोकल संक्रमण से जुड़े बाल चिकित्सा ऑटोइम्यून न्यूरोसाइकियाट्रिक विकार है। एक अन्य विकार सिडेनहैम का

कोरिया है, जिसके परिणामस्वरूप शरीर की अधिक असामान्य गतिविधियाँ होती हैं और कम मनोवैज्ञानिक परिणाम होते हैं। दोनों मस्तिष्क के ऊतकों के खिलाफ प्रतिरक्षा प्रतिक्रियाएँ हैं जो स्ट्रेप्टोकोकस बैक्टीरिया द्वारा संक्रमण के बाद होती हैं। इन प्रतिरक्षा रोगों के प्रति संवेदनशीलता आनुवंशिक रूप से निर्धारित हो सकती है, इसलिए कभी-कभी स्ट्रेप संक्रमण की महामारी के बाद परिवार के कई सदस्य इनमें से एक या दोनों से पीड़ित हो सकते हैं। संक्रामक रोग कई संक्रामक रोग जन्मजात या बचपन में ही फैल सकते हैं और गंभीर न्यूरोडेवलपमेंटल विकार पैदा कर सकते हैं, जैसे कि सिज़ोफ्रेनिया। जन्मजात टोक्सोप्लाज़मोसिस के कारण मस्तिष्क और अन्य अंगों में सिस्ट बन सकते हैं, जिससे कई तरह की न्यूरोलॉजिकल कमियाँ हो सकती हैं। अगर इसका इलाज न किया जाए तो जन्मजात सिफलिस न्यूरोसिफलिस में बदल सकता है। खसरा सब एक्यूट स्केलेरोज़िंग पैनएनसेफलाइटिस में बदल सकता है। जन्मजात रूबेला सिंड्रोम कई अन्य लक्षणों के अलावा सिज़ोफ्रेनिया पैदा कर सकता है।

चयापचयी विकार (Metabolic disorders)

मां या बच्चे में मौजूद मेटाबोलिक विकार, न्यूरोडेवलपमेंटल विकारों का कारण बन सकते हैं। इसके दो उदाहरण हैं डायबिटीज़ मेलिटस (एक मल्टीफ़ैक्टोरियल विकार) और फेनिलकेटोनुरिया (मेटाबोलिक विकार की जन्मजात त्रुटि)। ऐसी कई वंशानुगत बीमारियाँ सीधे बच्चे के मेटाबॉलिज्म और तंत्रिका विकास को प्रभावित कर सकती हैं, लेकिन कम आम तौर पर वे गर्भावस्था के दौरान बच्चे को अप्रत्यक्ष रूप से प्रभावित कर सकती हैं। (टेराटोलॉजी भी देखें)।

एक बच्चे में, टाइप 1 डायबिटीज़ अतिरिक्त या अपर्याप्त ग्लूकोज के प्रभाव से न्यूरोडेवलपमेंटल क्षति पैदा कर सकता है। अगर मधुमेह को अच्छी तरह से नियंत्रित नहीं किया जाता है तो यह समस्याएँ जारी रहती हैं और बचपन में और भी बदतर हो सकती हैं। टाइप 2 मधुमेह की शुरुआत संज्ञानात्मक कार्य में कमी के कारण हो सकती है।

हालांकि, एक गैर-मधुमेह भ्रूण भी ग्लूकोज के प्रभाव के अधीन हो सकता है यदि उसकी मां को गर्भकालीन मधुमेह का पता न चला हो। मातृ मधुमेह के कारण जन्म का आकार अत्यधिक हो जाता है, जिससे शिशु को बिना चोट के जन्म नहर से गुजरना मुश्किल हो जाता है या यह सीधे शुरुआती न्यूरोडेवलपमेंटल घाटे का उत्पादन कर सकता है। आमतौर पर बाद के बचपन में न्यूरोडेवलपमेंटल लक्षण कम हो जाएंगे। फेनिलकेटोनुरिया, जिसे पीकेयू के रूप में भी जाना जाता है, चयापचय की एक जन्मजात त्रुटि है जो बच्चों में न्यूरोडेवलपमेंटल विकारों को प्रेरित कर सकती है। पीकेयू वाले बच्चों को मानसिक मंदता और अन्य विकारों को रोकने के लिए सख्त आहार की आवश्यकता होती है। पीकेयू के मातृ रूप में, भ्रूण द्वारा अत्यधिक मातृ फेनिलएलनिन को अवशोषित किया जा सकता है, भले ही भ्रूण को यह बीमारी विरासत में न मिली हो। इससे मानसिक मंदता और अन्य विकार उत्पन्न हो सकते हैं।

पोषण

पोषण संबंधी कमियों के कारण न्यूरोडेवलपमेंटल विकार हो सकते हैं, जैसे कि स्पाइना बिफिडा, जो आम है, और एनेनसेफली, जो दुर्लभ है। दोनों विकार तंत्रिका तंत्र और इसकी सहायक संरचनाओं की विकृति और शिथिलता के साथ तंत्रिका ट्यूब दोष

हैं, जिससे गंभीर शारीरिक दिव्यांगता के साथ-साथ इसके भावनात्मक परिणाम भी होते हैं। तंत्रिका ट्यूब दोषों का सबसे आम पोषण संबंधी कारण माँ में फोलिक एसिड की कमी है, जो आमतौर पर फलों, सब्जियों, साबुत अनाज और दूध उत्पादों में पाया जाने वाला बी विटामिन है। (तंत्रिका ट्यूब दोष दवाओं और अन्य पर्यावरणीय कारणों से भी होते हैं, जिनमें से कई फोलेट चयापचय में बाधा डालते हैं, इसलिए उन्हें बहुक्रियात्मक कारण माना जाता है।) एक अन्य कमी, आयोडीन की कमी, हल्के भावनात्मक गड़बड़ी से लेकर गंभीर मानसिक मंदता तक के न्यूरोडेवलपमेंटल विकारों का एक स्पेक्ट्रम पैदा करती है।

माँ और शिशु दोनों के आहार में अधिकता से भी विकार हो सकते हैं, जिसमें खाद्य पदार्थ या खाद्य पूरक बड़ी मात्रा में विषाक्त साबित होते हैं। उदाहरण के लिए 1973 में के.एल. जोन्स और डी.डब्ल्यू. सिएटल में यूनिवर्सिटी ऑफ वाशिंगटन मेडिकल स्कूल के स्मिथ ने शराब पीने वाली माताओं के बच्चों में "जन्मपूर्व विकास की कमी और विकासात्मक देरी से जुड़े कपाल-चेहरे, अंग और हृदय संबंधी दोषों" का एक पैटर्न पाया। इस विकार, जिसे अब भ्रूण शराब सिंड्रोम कहा जाता है, में कई अन्य पूरी तरह से असंबंधित न्यूरोडेवलपमेंटल विकारों के साथ महत्वपूर्ण लक्षण ओवरलैप हैं। यह पता चला है कि शिशु फार्मूले में आयरन सप्लीमेंटेशन कम आई.क्यू. और अन्य न्यूरोडेवलपमेंटल देरी से जुड़ा हुआ है।

आघात

विकासशील मानव में मस्तिष्क आघात न्यूरोडेवलपमेंटल सिंड्रोम का एक सामान्य कारण है (केवल अमेरिका में प्रति वर्ष 400,000 से अधिक चोटें, इस बारे में स्पष्ट जानकारी के बिना कि कितने

विकासात्मक परिणाम उत्पन्न करते हैं)। इसे दो प्रमुख श्रेणियों में विभाजित किया जा सकता है, जन्मजात चोट (अन्यथा जटिल समय से पहले जन्म से होने वाली चोट सहित) और शैशवावस्था या बचपन में होने वाली चोट। जन्मजात चोट के सामान्य कारण एस्फिक्सिया (श्वासनली की रुकावट), हाइपोक्सिया (मस्तिष्क में ऑक्सीजन की कमी) और जन्म प्रक्रिया का यांत्रिक आघात हैं।

एएसडी या अन्य न्यूरोडेवलपमेंट डिसऑर्डर वाले छात्र मुख्यधारा की कक्षाओं में (Students with ASD or other neurodevelopmental disorders are in mainstream classrooms)

ऐसे बच्चों के लिए जो स्पेक्ट्रम के उच्च-कार्यशील छोर पर मौजूद हैं, क्लासिक "एस्परगर के बच्चे", मुख्यधारा की कक्षा में शामिल होना एक अच्छा विकल्प है। एएसडी या अन्य न्यूरोडेवलपमेंट डिसऑर्डर वाले बच्चों के लिए विशेष समायोजन में होमवर्क और कक्षा असाइनमेंट को संशोधित करना, असाइनमेंट के लिए अतिरिक्त समय प्रदान करना और पाठ योजनाएँ तैयार करने के लिए विशेष शिक्षा विशेषज्ञ के साथ काम करना शामिल हो सकता है। एएसडी वाले बच्चों को मुख्यधारा के शिक्षक के साथ कक्षाओं में पढ़ाया जा सकता है जो विशेष शिक्षा में भी प्रमाणित हैं।

हालाँकि, ऑटिज्म या अन्य न्यूरोडेवलपमेंट वाले कई छात्र मुख्यधारा की कक्षा में सफल नहीं हो पाएंगे। इन बच्चों में एएसडी के अलावा महत्वपूर्ण संज्ञानात्मक हानि, अत्यधिक सीखने की अक्षमता या शारीरिक अक्षमता हो सकती है। कुछ मामलों में विकार इतना गंभीर हो सकता है कि बच्चा कभी मौखिक रूप से संवाद करना नहीं सीख पाया हो। ऐसे बच्चों के लिए एक विशेष शिक्षा कक्षा या संस्थागत सेटिंग ही एकमात्र विकल्प हो सकता है।

एएसडी या अन्य न्यूरोडेवलपमेंटल छात्रों की सहायता के लिए जो भी प्रारंभिक हस्तक्षेप चिकित्सा या शिक्षण पद्धति का उपयोग किया जाता है, माता-पिता, शिक्षकों और चिकित्सकों के बीच स्पष्ट संचार आवश्यक है। ऑटिज्म स्पेक्ट्रम के छात्रों में यह समझने की क्षमता की कमी होती है कि सामाजिक और संचार कौशल की कमी दूसरों के साथ उनके रिश्ते को कैसे प्रभावित करती है, और ऐसे छात्रों की प्रगति की सावधानीपूर्वक जांच यह सुनिश्चित करने के लिए आवश्यक है कि उन्हें धमकाया न जाए या साथियों के साथ बातचीत में उनका फायदा न उठाया जाए। एएसडी वाले बच्चे को सकारात्मक अनुभव देने में मदद करने के लिए हर अवसर का उपयोग किया जाना चाहिए, जिस पर वे भविष्य के विकासात्मक विकास की नींव रख सकें।

लोको-मोटर और एकाधिक दिव्यांगता वाले बच्चों के लिए निर्दिष्ट है (Designated for children with loco-motor and multiple disabilities)

लोकोमोटर दिव्यांगता: (Locomotor Disability):

इसका अर्थ है किसी व्यक्ति की खुद को और वस्तुओं को एक स्थान से दूसरे स्थान तक ले जाने से जुड़ी विशिष्ट गतिविधियों को निष्पादित करने में असमर्थता, और ऐसी अक्षमता हड्डियों, जोड़ों, मांसपेशियों या तंत्रिकाओं की पीड़ा के परिणामस्वरूप होती है।

मुख्य कारण

निम्नलिखित स्थितियों से चलने-फिरने में अक्षमता उत्पन्न हो सकती है

- सेरेब्रल पाल्सी

- पोलियो
- विच्छेदन
- पक्षाघात
- जन्मजात विकृतियाँ

मूल्यांकन के लिए चलने-फिरने में अक्षमता की श्रेणियाँ (Categories of mobility disabilities for assessment)

ऊपरी अंग की स्थायी शारीरिक दुर्बलता का आकलन (Assessment of permanent physical impairment of the upper limb)

यह आकलन विशुद्ध रूप से कार्यात्मक दुर्बलता का माप है और व्यक्तिगत राय की अभिव्यक्ति नहीं है।

आकलन और माप तब किया जाना चाहिए जब नैदानिक स्थिति चिकित्सा उपचार से अधिकतम सुधार के चरण तक पहुँच गई हो। आम तौर पर समय अवधि उस चिकित्सा चिकित्सक द्वारा तय की जाती है जो प्रमाण पत्र के मानक प्रारूप के अनुसार पीपीआई प्रमाण पत्र जारी करने के लिए मामले का मूल्यांकन कर रहा है।

1. ऊपरी अंग को दो घटक भागों में विभाजित किया गया है; बांह का घटक और हाथ का घटक।

2. हाथ घटक के कार्य की हानि के माप में गति, मांसपेशियों की ताकत और समन्वित गतिविधियों के नुकसान को मापना शामिल है।

3. हाथ घटक के कार्य की हानि के माप में प्रीहेन्शन, संवेदना और ताकत का निर्धारण करना शामिल है। प्रीहेन्शन विरोध के

आकलन के लिए, लेटरल पिंच बेलनाकार पकड़, गोलाकार पकड़ और हुक पकड़ का मूल्यांकन किया जाना चाहिए जैसा कि ऊपरी छोर के लिए फॉर्म ए मूल्यांकन प्रोफ़ॉर्मा के हाथ घटक में दिखाया गया है।

4. पूरे छोर की हानि दोनों घटकों की कार्यात्मक हानि के संयोजन पर निर्भर करती है।

बांह घटक

बांह घटक का कुल मूल्य 90% है

जोड़ों की गति की सीमा (ROM) के मूल्यांकन के सिद्धांत (Principles of Evaluation of Limits of Motion (ROM) of Joints)

1. बांह घटक में अधिकतम ROM का मूल्य 90% है

2. बांह के तीनों जोड़ों में से प्रत्येक का वजन समान रूप से (30%) मापा जाता है

बहु दिव्यांगता (Multiple disability)

"बहु दिव्यांगता" का अर्थ है सहवर्ती दिव्यांगता (जैसे मानसिक मंदता अंधापन, मानसिक मंदता-आर्थोपेडिक दिव्यांगता, आदि), जिसके संयोजन से ऐसी गंभीर शैक्षिक आवश्यकताएँ उत्पन्न होती हैं कि उन्हें केवल एक दिव्यांगता के लिए विशेष शिक्षा कार्यक्रमों में समायोजित नहीं किया जा सकता है।

बहु दिव्यांगता एक व्यक्ति के लिए एक शब्द है जिसमें कई दिव्यांगताएँ होती हैं, जैसे कि मोटर दिव्यांगता से जुड़ी संवेदी दिव्यांगता। परिभाषा के आधार पर, एक गंभीर बौद्धिक दिव्यांगता को "बहु दिव्यांगता" शब्द में शामिल किया जा सकता

है। व्यक्ति में आमतौर पर एक से अधिक महत्वपूर्ण दिव्यांगताएँ होती हैं, जैसे कि आंदोलन संबंधी कठिनाइयाँ, संवेदी हानि, और/या व्यवहार या भावनात्मक विकार।

विशेषताएँ

गंभीर या एकाधिक दिव्यांगता वाले लोग दिव्यांगता के संयोजन और गंभीरता और व्यक्ति की उम्र के आधार पर कई तरह की विशेषताएँ प्रदर्शित कर सकते हैं। हालाँकि, कुछ विशेषताएँ ऐसी भी हैं जो वे साझा कर सकते हैं, जिनमें शामिल हैं:

मनोवैज्ञानिक

- खुद को अलग-थलग महसूस करना
- समाज से अलग-थलग रहने की प्रवृत्ति
- कई दिव्यांगता वाले छात्र जबरन या अप्रत्याशित बदलावों के सामने भयभीत, क्रोधित और परेशान हो सकते हैं।
- खुद को नुकसान पहुँचाने वाला व्यवहार कर सकते हैं

व्यवहार संबंधी

- कालानुक्रमिक उम्र के साथ असंगत अपरिपक्व व्यवहार प्रदर्शित कर सकते हैं
- आवेगी व्यवहार और कम हताशा का स्तर प्रदर्शित कर सकते हैं
- पारस्परिक संबंध बनाने में कठिनाई हो सकती है
- सीमित आत्म-देखभाल कौशल और स्वतंत्र सामुदायिक जीवन कौशल हो सकते हैं

शारीरिक/स्वास्थ्य

• गंभीर दिव्यांगता के साथ कई तरह की चिकित्सा समस्याएँ हो सकती हैं। उदाहरणों में दौरे, संवेदी हानि, हाइड्रोसिफ़लस और स्कोलियोसिस शामिल हैं।

• शारीरिक रूप से अनाड़ी और अजीब हो सकता है

• मोटर कौशल से जुड़े खेलों में असफल हो सकता है

चुनौतियाँ

परिवार

• गंभीर दिव्यांगता के साथ कई तरह की चिकित्सा समस्याएँ हो सकती हैं। उदाहरणों में दौरे, संवेदी हानि, हाइड्रोसिफ़लस और स्कोलियोसिस शामिल हैं। दौरे जैसी स्थिति के समय घर पर उनकी सुरक्षा सुनिश्चित करने के लिए समय की आवश्यकता होती है।

• आर्थिक रूप से, चिकित्सा/परिवहन शुल्क परिवार पर बोझ डाल सकता है।

• व्यक्ति की सुरक्षा सुनिश्चित करने के लिए आवश्यक प्रयास के लिए परिवार के सदस्यों को उस व्यक्ति की देखभाल करने के लिए बारी-बारी से काम करना होगा।

• व्यक्तियों के पास केवल सीमित भाषण या संचार है

• बहु-दिव्यांगता वाले व्यक्तियों के लिए बहुत धैर्य की आवश्यकता होती है

व्यक्तियों

• बुनियादी शारीरिक गतिशीलता में कठिनाई

• फाइन-मोटर की कमी का अनुभव हो सकता है जो कलमकारी समस्याओं का कारण बन सकता है

• लिपिकीय गति धीमी हो सकती है।

• दुरुपयोग के कारण कौशल को भूलने की प्रवृत्ति हो सकती है

• एक स्थिति से दूसरी स्थिति में कौशल को सामान्य बनाने में परेशानी हो सकती है

• उच्च स्तरीय सोच और समझ कौशल की कमी हो सकती है

• समस्या-समाधान कौशल ख़राब हो सकता है

• अमूर्त सोच में संलग्न होने की क्षमता सीमित है

• दिव्यांगता के सीमित कारकों के कारण खराब परीक्षार्थी हो सकते हैं

• ध्वनि की दिशा पता करने में कठिनाई हो सकती है

• ऐसा भाषण हो सकता है जो प्रतिस्थापन, लोप की विशेषता रखता हो

• वस्तुओं और वस्तु संबंधों के बारे में सीखने में कठिनाई हो सकती है

• कैरियर लक्ष्य स्थापित करने में परिपक्वता की कमी हो सकती है

• साथियों के साथ मेलजोल बढ़ाने में दिक्कतों का सामना करना पड़ सकता है

आवास/रणनीतियाँ

• एक बहु-विषयक टीम जिसमें छात्र के माता-पिता, शैक्षिक विशेषज्ञ और उन क्षेत्रों के चिकित्सा विशेषज्ञ शामिल हैं जिनमें

व्यक्ति को समस्याएं दिखाई देती हैं, को आवश्यक सेवाओं की योजना बनाने और समन्वय करने के लिए मिलकर काम करना चाहिए।

• उपयुक्त पेशेवरों (जैसे व्यावसायिक चिकित्सक, भाषण/भाषा चिकित्सक आदि) की भागीदारी।

• स्कूल और घरों की व्यवस्था आसानी से सुलभ होनी चाहिए।

• एक मित्र प्रणाली होनी चाहिए जो सुनिश्चित करे कि उनकी ज़रूरतों को सुना जाए और ज़रूरत पड़ने पर उन्हें सहायता मिले।

• आप उस व्यक्ति से क्या करवाना चाहते हैं, इसके लिए सरल और विशिष्ट और व्यवस्थित निर्देश दें।

• बच्चे के साथ संवाद करते समय दृश्य सहायता का उपयोग करें।

• बच्चे को नियमित रूप से मौखिक भाषा गतिविधि में शामिल करें।

प्रतिभाशाली/प्रतिभाशाली बच्चों को शामिल करना (Engaging talented/talented children)

'प्रतिभाशाली और प्रतिभाशाली' शब्द का इस्तेमाल जब छात्रों, बच्चों या युवाओं के संदर्भ में किया जाता है, तो इसका मतलब है ऐसे छात्र, बच्चे या युवा जो बौद्धिक, रचनात्मक, कलात्मक या नेतृत्व क्षमता या विशिष्ट शैक्षणिक क्षेत्रों में उच्च उपलब्धि क्षमता का प्रमाण देते हैं और जिन्हें सेवाओं की आवश्यकता होती है

ऐसी कई विशेषताएँ हैं जो किसी पेशेवर को संकेत दे सकती हैं कि कोई छोटा बच्चा प्रतिभाशाली हो सकता है। ऐसे व्यवहार हैं

जिन्हें देखा जा सकता है जो यह संकेत देते हैं कि बच्चे की सोच या सीखने की क्षमता उन्नत है। उदाहरणों में शामिल हैं:

"जब छात्रों, बच्चों या युवाओं के संबंध में उपयोग किया जाता है, तो इसका मतलब है ऐसे छात्र, बच्चे या युवा जो बौद्धिक, रचनात्मक, कलात्मक या नेतृत्व क्षमता या विशिष्ट शैक्षणिक क्षेत्रों में उच्च उपलब्धि क्षमता का प्रमाण देते हैं और जिन्हें सेवाओं की आवश्यकता होती है

ऐसी कई विशेषताएँ हैं जो किसी पेशेवर को संकेत दे सकती हैं कि कोई छोटा बच्चा प्रतिभाशाली हो सकता है। ऐसे व्यवहार हैं जिन्हें देखा जा सकता है जो यह संकेत देते हैं कि बच्चे की सोच या सीखने की क्षमता उन्नत है। उदाहरणों में शामिल हैं:

- भाषा का प्रारंभिक विकास
- अमूर्त सोच
- मजबूत याददाश्त
- रुचि के कार्यों पर ध्यान केंद्रित करने और एकाग्रता करने की क्षमता
- बौद्धिक जिज्ञासा
- सीखने की प्रबल प्रेरणा।

हालांकि कुछ क्षेत्रों में विकास तेजी से हो सकता है, लेकिन युवा प्रतिभाशाली बच्चों को सभी बच्चों की तरह ही सीखने की आवश्यकता होती है। वे इस सीखने का प्रबंधन कैसे करते हैं और ये व्यवहार कब प्रकट होते हैं, यह अलग-अलग हो सकता है क्योंकि उनका संज्ञानात्मक विकास विशेष तरीकों से उन्नत हो सकता है। उदाहरण के लिए युवा प्रतिभाशाली बच्चे पहले बात

करना शुरू कर सकते हैं, या अन्य बच्चों की तरह ही उम्र में शुरू कर सकते हैं, लेकिन फिर उनका भाषा विकास अधिक तेजी से हो सकता है और वे जल्दी ही बहुत स्पष्ट हो जाते हैं।

युवा प्रतिभाशाली बच्चे अपने साथियों की तुलना में अधिक परिष्कृत तरीके से व्यवहार कर सकते हैं। इसके अलग-अलग परिणाम हो सकते हैं। उदाहरण के लिए, इसका परिणाम यह हो सकता है कि वे खेल में नेता की भूमिका निभाएँ, या यह उन्हें अन्य बच्चों के साथ तालमेल बिठाने में बाधा उत्पन्न कर सकता है, जिससे सामाजिक संपर्क अधिक कठिन हो सकता है।

कई मामलों में, जहाँ पेशेवरों और परिवारों ने बच्चे के उन्नत विकास या सीखने को पहचान लिया है और उचित तरीके से प्रतिक्रिया दे रहे हैं, वहाँ I.Q परीक्षणों जैसे आकलन के माध्यम से प्रतिभा की औपचारिक पहचान करना उपयोगी नहीं हो सकता है। प्रतिभा का औपचारिक मूल्यांकन बाद में अधिक उपयुक्त हो सकता है, जब बच्चा बड़ा हो जाता है, स्कूल जाने वाला होता है या स्कूल जा रहा होता है। यदि बच्चे और उनके परिवार को उचित सहायता मिल रही है, तो औपचारिक परीक्षण की आवश्यकता नहीं हो सकती है, खासकर शुरुआती वर्षों में।

दूसरी ओर, ऐसी परिस्थितियाँ होती हैं जब औपचारिक परीक्षण उपयुक्त होता है, जैसे कि जब प्रतिभा के बहुत उच्च स्तर या सीखने में कठिनाई का संदेह होता है, या यदि विशिष्ट कार्यक्रमों में प्रवेश के लिए इस तरह के परीक्षण की आवश्यकता होती है।

कल्पित कथा:

प्रतिभाशाली और प्रतिभावान बच्चे वंचित क्षेत्रों में नहीं पाए जाते, वे उच्च, मध्यम वर्ग या पेशेवर परिवारों के उत्पाद होते हैं।

तथ्य:

सभी सामाजिक-आर्थिक और सांस्कृतिक समूहों में प्रतिभाशाली बच्चे समान संख्या में पाए जाते हैं। प्रारंभिक बचपन के पेशेवरों के लिए चुनौती यह है कि वे जागरूक हों और जानें कि प्रतिभाशाली और प्रतिभावान बच्चों की पहचान कैसे करें।

पहचान में विचार

छोटे बच्चों में प्रतिभा और/या प्रतिभा की पहचान करने में, पेशेवरों को कई कारकों पर विचार करना चाहिए जो इस प्रक्रिया को प्रभावित कर सकते हैं।

• व्यक्तिगत मूल्यांकन और अवलोकन केवल 'स्नैपशॉट' हैं, और इस बारे में जानकारी प्रदान करते हैं कि बच्चा इस समय क्या कर सकता है। वास्तव में एक युवा प्रतिभाशाली और/या प्रतिभाशाली बच्चे की पहचान करने के लिए समय के साथ साक्ष्यों के संग्रह की आवश्यकता होती है।

• विभिन्न कारणों से, छोटे बच्चे 'मांग पर' प्रदर्शन नहीं कर सकते हैं, और इस प्रकार अपनी पूरी क्षमता का प्रदर्शन नहीं कर सकते हैं।

• युवा प्रतिभाशाली और प्रतिभाशाली बच्चों का विकास बहुत असमान हो सकता है, जिसमें उतार-चढ़ाव, रुक-रुक कर शुरुआत होती है। उन्नत विकास या सीखने की पहचान करने के लिए समय के साथ कई मूल्यांकन और अवलोकन आवश्यक हैं।

• जहां प्रतिभाशाली और प्रतिभाशाली बच्चों में दिव्यांगताएं (दोहरी असाधारणता) भी होती हैं, दिव्यांगता प्रतिभा या प्रतिभा को छिपा या छिपा सकती है। शिक्षकों को इस बात का ध्यान रखना चाहिए

कि प्रतिभाशाली और होनहार बच्चे ऐसी सीख दिखा सकते हैं जो उपलब्धियों के बारे में पारंपरिक विचारों के भीतर फिट नहीं बैठती।

• सांस्कृतिक और अन्य पूर्वाग्रह युवा बच्चों में प्रतिभा और होनहारता की पहचान करने की पेशेवर की क्षमता में बाधा डाल सकते हैं। परिवारों की अलग-अलग सांस्कृतिक पृष्ठभूमि प्रतिभा और होनहारता की अभिव्यक्ति की विविधता को जन्म दे सकती है, और संकीर्ण या पूर्व-निर्धारित विचारों में फिट नहीं बैठ सकती। कुछ संस्कृतियों में, बच्चों को अपनी क्षमताओं को प्रदर्शित करने से हतोत्साहित किया जा सकता है।

• प्रतिभा और होनहारता के बारे में रूढ़िवादिता युवा प्रतिभाशाली बच्चों की पहचान करने में विफलता का कारण बन सकती है, खासकर जहाँ प्रतिभा के लक्षण सूक्ष्म हों। युवा प्रतिभाशाली बच्चे 'प्रतिभाशाली' नहीं होते। सभी प्रतिभाशाली बच्चे शुरुआती पाठक या गणित में अच्छे नहीं होते।

• युवा प्रतिभाशाली बच्चों को अपनी प्रतिभा क्षमता प्रदर्शित करने, या इस क्षमता को प्रतिभा में विकसित करने के लिए अवसर या समर्थन की कमी हो सकती है, और इस प्रकार उनकी पहचान नहीं हो पाती।

शिक्षा की दुनिया में, एक प्रतिभाशाली और होनहार बच्चे को ऐसे व्यक्ति के रूप में परिभाषित किया जाता है जिसके पास एक या अधिक क्षेत्रों में असाधारण योग्यता या प्रतिभा होती है। जबकि कुछ प्रतिभाशाली बच्चों को उनके साथियों से अलग कर दिया जाता है और उन्हें विशेष प्रतिभाशाली कक्षाओं में शिक्षा दी जाती है, वहीं अन्य बच्चों को स्कूल के दौरान या उसके बाद विशेष

संवर्धन कक्षाओं और गतिविधियों में शामिल करके उनकी मदद की जाती है।

किसी छात्र को सामान्य शिक्षा कक्षा से बाहर निकालकर उसकी प्रतिभा को पहचानने के अक्सर नकारात्मक दुष्प्रभाव हो सकते हैं। हालांकि, पूर्ण-समावेश कार्यक्रम के माध्यम से प्रतिभाशाली छात्रों को कक्षा में रखना, उन दुष्प्रभावों में से कुछ को नकार सकता है। पूर्ण-समावेश कक्षा में, प्रतिभाशाली छात्र सभी क्षमताओं वाले छात्रों के साथ कक्षा में रहते हैं और कक्षा निर्देश अलग-अलग होते हैं, जिससे प्रतिभाशाली छात्रों को अपने साथियों के साथ बातचीत करते हुए अपने स्तर पर निर्देश प्राप्त करने की अनुमति मिलती है।

प्रतिभा के क्षेत्रों का जश्न मनाना (Celebrating areas of talent)

पूर्ण-समावेशी कक्षा में प्रतिभाशाली बच्चों को पढ़ाने का एक लाभ उनकी प्रतिभा के विशिष्ट क्षेत्रों पर ध्यान केंद्रित करने की क्षमता है। जबकि कुछ छात्र कई क्षेत्रों में प्रतिभाशाली होते हैं, कई छात्र केवल एक या दो प्रमुख क्षेत्रों में ही प्रतिभाशाली हो सकते हैं। दुर्भाग्य से, जब छात्रों को प्रतिभाशाली के रूप में पहचाना जाता है, तो उनके साथ अक्सर ऐसा व्यवहार किया जाता है जैसे कि वे हर क्षेत्र में प्रतिभाशाली हैं और इसलिए उन्हें हर क्षेत्र में उच्च-स्तरीय निर्देश प्राप्त होते हैं, भले ही वे इसके लिए तैयार न हों। पूर्ण-समावेशी कक्षा में, हर विषय में निर्देश अलग-अलग होते हैं, जिससे प्रतिभाशाली छात्रों को उन क्षेत्रों में उच्च-स्तर पर काम करने की अनुमति मिलती है जहाँ वे प्रतिभाशाली हैं और उन क्षेत्रों में अन्य स्तरों पर काम करते हैं जहाँ वे नहीं हैं।

साथियों के साथ सकारात्मक बातचीत (Positive interactions with peers)

प्रतिभाशाली होना आसान नहीं है। अक्सर जब प्रतिभाशाली बच्चों को सामान्य शिक्षा कक्षा से बाहर निकाला जाता है, तो उन्हें अपने साथियों से उपहास का सामना करना पड़ता है। जबकि पूर्ण-समावेशी कक्षाओं में प्रतिभाशाली बच्चों को पढ़ाना इस बात की गारंटी नहीं देता है कि उन्हें कभी भी "बेवकूफ" नहीं कहा जाएगा या उनकी प्रतिभा के लिए उनका मज़ाक नहीं उड़ाया जाएगा, यह उनके साथियों के लिए उनकी प्रतिभा को स्पष्ट नहीं करता है। उन्हें अपनी उम्र के अन्य छात्रों के साथ मेलजोल करने और सभी अलग-अलग क्षमता स्तरों के छात्रों के साथ काम करने और बातचीत करने का अवसर मिलता है। पूर्ण-समावेशी कक्षा में, प्रत्येक बच्चे की अपनी ताकत और कमज़ोरियाँ होती हैं।

पाठ्यक्रम को बढ़ाना (Increasing the curriculum)

जब प्रभावी ढंग से किया जाता है, तो पूर्ण-समावेशी कार्यक्रमों में सभी छात्रों के लिए पाठ्यक्रम को बढ़ाने की क्षमता होती है, न कि केवल प्रतिभाशाली छात्रों के लिए। प्रतिभाशाली छात्रों के लिए विशेष कक्षाएँ और पुल-आउट कार्यक्रम आम तौर पर एक निर्धारित पाठ्यक्रम का पालन करते हैं और सामान्य शिक्षा कक्षाओं की तुलना में उच्च स्तर पर काम करते हैं, लेकिन वे हमेशा प्रतिभाशाली छात्रों की ज़रूरतों को पूरा नहीं करते हैं। पूर्ण-समावेशी कक्षाएँ विभेदित निर्देश के साथ संचालित होती हैं, जिससे शिक्षकों को व्यक्तिगत प्रतिभाशाली बच्चों और कक्षा में सभी छात्रों की ज़रूरतों को पूरा करने के लिए पाठ्यक्रम को अनुकूलित करने पर ध्यान केंद्रित करने की अनुमति मिलती है,

जिससे पाठ्यक्रम को बढ़ाया जाता है और सभी छात्रों को मिलने वाले निर्देश में सुधार होता है।

पूर्ण समावेशन सही तरीके से किया गया (Full inclusion done correctly)

शिक्षकों के लिए, सीखने की अक्षमता वाले छात्रों, प्रतिभाशाली छात्रों और औसत दर्जे के छात्रों से भरी एक पूर्ण-समावेशी कक्षा भारी पड़ सकती है। पूर्ण-समावेशित कक्षाओं को प्रतिभाशाली छात्रों के लिए अत्यधिक महत्वपूर्ण बनाने के लिए, शिक्षकों को प्रतिभाशाली बच्चों और उनके स्तर के सभी बच्चों को विभेदित निर्देश के माध्यम से पढ़ाने के लिए प्रतिबद्ध होना चाहिए।

निष्कर्ष (Conclusion)

अनुकूलन: सभी छात्रों को अपने शैक्षिक कार्यक्रमों के सभी पहलुओं में सीखने, उपलब्धि के अवसरों और उत्कृष्टता की खोज तक समान पहुँच होनी चाहिए। अनुकूलन शिक्षण और मूल्यांकन रणनीतियाँ हैं जो विशेष रूप से एक छात्र की ज़रूरतों को पूरा करने के लिए डिज़ाइन की गई हैं ताकि वह विषय या पाठ्यक्रम के सीखने के परिणामों को प्राप्त कर सके और अवधारणाओं में महारत हासिल कर सके। अनिवार्य रूप से, अनुकूलन शिक्षण में "सर्वोत्तम अभ्यास" है। किसी भी ग्रेड या पाठ्यक्रम स्तर के सीखने के परिणामों पर काम करने वाले छात्र को अनुकूलन के उपयोग के माध्यम से समर्थन दिया जा सकता है।

समायोजन बच्चों को वही सामग्री सीखने और अपने सहपाठियों के समान अपेक्षाओं को पूरा करने में मदद कर सकते हैं। यदि किसी छात्र को पढ़ने में समस्या है, उदाहरण के लिए, वह किसी पाठ की ऑडियो रिकॉर्डिंग सुन सकता है। कक्षा समायोजन के

विभिन्न प्रकार हैं, जिसमें प्रस्तुति (जैसे किसी पाठ की ऑडियो रिकॉर्डिंग सुनना) और सेटिंग (जैसे कोई छात्र कहाँ बैठता है) शामिल हैं।

संशोधन: जो बच्चे अपने साथियों से बहुत पीछे हैं, उन्हें पाठ्यक्रम में बदलाव या संशोधन की आवश्यकता हो सकती है। उदाहरण के लिए, किसी छात्र को छोटे या आसान पढ़ने के असाइनमेंट दिए जा सकते हैं। जिन बच्चों को संशोधन प्राप्त होते हैं, उनसे यह अपेक्षा नहीं की जाती है कि वे अपने सहपाठियों के समान सामग्री सीखें। समावेशी शिक्षा में ये तीन भाग बहुत महत्वपूर्ण हैं।

वस्तुनिष्ठ प्रश्न (Objective Questions)

दृष्टि हानि वाले बच्चों के लिए समावेशी शिक्षा में कौन सी तकनीक का उपयोग किया जा सकता है?

a) ब्रेल

b) श्रवण यंत्र

c) स्पीच थेरेपी

d) फिजिकल थेरेपी

उत्तर: a) ब्रेल

एएसडी का पूर्ण रूप क्या है?

a) Autism Spectrum Disorder

b) Attention Specific Disorder

c) Auditory Sensory Disorder

d) Adaptive Sensory Disorder

उत्तर: a) Autism Spectrum Disorder

श्रवण बाधित बच्चों के लिए समावेशी शिक्षा में किस उपकरण का प्रयोग किया जा सकता है?

a) व्हीलचेयर

b) ब्रेल

c) श्रवण यंत्र

d) स्पीच थेरेपी

उत्तर: c) श्रवण यंत्र

लोकोमोटर क्षति वाले बच्चों के लिए किस प्रकार की सहायता की आवश्यकता हो सकती है?

a) व्हीलचेयर

b) ब्रेल

c) श्रवण यंत्र

d) स्पीच थेरेपी

उत्तर: a) व्हीलचेयर

एकाधिक दिव्यांगता वाले बच्चों के लिए कौन सा अनुकूलन महत्वपूर्ण है?

a) शारीरिक सहायता

b) तकनीकी सहायता

c) दोनों

d) कोई नहीं

उत्तर: c) दोनों

लघु उत्तरीय प्रश्न (Short Answer Questions)

1. दृष्टि हानि वाले बच्चों के लिए समावेशी शिक्षा में किन अनुकूलनों की आवश्यकता होती है?
2. न्यूरो-विकासात्मक दिव्यांगता क्या है और इसका उदाहरण दें।
3. लोकोमोटर क्षति के कारण बच्चों को कौन सी चुनौतियाँ झेलनी पड़ती हैं?

4. प्रतिभाशाली बच्चों को समावेशी शिक्षा में शामिल करने के लाभ क्या हैं?

5. श्रवण बाधित बच्चों के लिए समावेशी शिक्षा में किन तकनीकों का उपयोग किया जा सकता है?

दीर्घ उत्तरीय प्रश्न (Long Answer Questions)

1. समावेशी शिक्षा में दृष्टिबाधित बच्चों के लिए उपयोग की जाने वाली विभिन्न तकनीकों और तरीकों का वर्णन करें।

2. मुख्यधारा की कक्षाओं में एएसडी या अन्य न्यूरो-विकासात्मक विकार वाले छात्रों के लिए अनुकूलन और समायोजन की आवश्यकता क्यों होती है? उदाहरण सहित समझाइए।

3. लोकोमोटर और एकाधिक दिव्यांगता वाले बच्चों के लिए समावेशी शिक्षा में किए जाने वाले विशेष अनुकूलन और संशोधन पर विस्तृत चर्चा करें।

4. प्रतिभाशाली/प्रतिभाशाली बच्चों को समावेशी शिक्षा में शामिल करने के विभिन्न तरीके और उनके संभावित लाभों का वर्णन करें।

5. विभिन्न प्रकार की दिव्यांगताओं वाले बच्चों के लिए समावेशी शिक्षा में अनुकूलन, समायोजन और संशोधन की प्रक्रिया को चरणबद्ध तरीके से समझाइए।

संदर्भ (Reference)

- Beukelman, D., & Mirenda, P. (1992). Augmentative and alternative communication: Management of severe communication disorders in children and youth. Baltimore, MD: Paul

- H. Brookes. (Available from Paul H. Brookes Publishing, P.O. Box 10624, Baltimore, MD. 21285-0624. Telephone: 1-800-638-3775.)
- Bundy, C. A., Lane, S. J., and Murray, E. A. (2002) Sensory Integration Theory and Practice(2nd ed)
- Hallahan, C. (1990). Since Owen: A parent to parent guide for care of the disabled child.Baltimore, MD: Johns Hopkins University Press. (Available from John Hopkins UniversityPress, Hampden Station, Baltimore, MD 21211.
- Diagnostic and Statistical Manual of Mental Disorders (2000) American Psychiatric Association. 4th ed.
- Handbook on Deafblindness. Sense International India
- Handbook on multiple disabilities (1999) National Trust for the Welfare of Persons with Autism,Cerebral Palsy, Mental retardation and Mulitple Disabilities http://specialed.about.com/cs/behaviordisorders/a/Behavior.htm

http://www.brighthub.com/education/special/articles/42000.aspx#ixzz0yA78FDaQ

http://www.education.nic.in/ssa/ssa_1.asp

- Learning through doing. Blind People's Association, Ahmedabad
- Mishra, S. (2003) Curriculum Development for VIMD/Db children. Education of Children withDeafblindness and Additional Disabilities. NIMH in collaboration with Voice and Vision TaskForce, Mumbai.
- Multiple Disabilities - a disability category in IDEA. http://catherineshafer.com/multipledisabilities.html
- Nikam, M. ,(2003) Development of Communication. Education of children with deafblindnessand Additional Disabilities. (117-140)
- NIMH. (1989). Mental Retardation, a Manual for Psychologists
- Paul, A. S, Understanding the needs of Children who are Multi-Disabled Visually Impaired.
- Sadock, B. J. and Sadock, V. A. (2000) Comprehensive Textbook of Psychiatry.

- 7th ed.Philadelphia: Lippincott Williams and Wilkins.

- Shevde, S. (2003) Using Tangible Symbols to Enhance Communication. Education of childrenwith deafblindness and Additional Disabilities. NIMH in collaboration with Voice and VisionTask Force, Mumbai.

- Sinha, S. (2003) Developing Early communication in children. Education of children with deaf blindness and Additional Disabilities. NIMH in collaboration with Voice and Vision TaskForce, Mumbai.

- Werner, D. (1998) Disabled Village Children, a Guide for Community Health Workers, Rehabilitation Workers and Families.

- Werner, D. (1998) Nothing About Us without Us.

- Winstock, A. (1994) The practical Management of Eating & Drinking Difficulties in Children (1st ed).

इकाई-4
समावेशी शैक्षणिक निर्देश

UNIT – 4 :
INCLUSIVE ACADEMIC INSTRUCTIONS

परिचय

Introduction

उद्देश्य

Objective

सीखने के लिए सार्वभौमिक डिजाइन: पहुंच, अभिव्यक्ति, जुड़ाव और मूल्यांकन के कई साधन

Universal Design for Learning : Multiple Means of Access, Expression, Engagement & Assessment

- ➢ अर्थ एवं परिभाषा. (Meaning and definition)
- ➢ शिक्षा में सार्वभौमिक डिजाइन। (Universal Design in Education.)
- ➢ सीखने के लिए सार्वभौमिक डिजाइन की विशेषताएं। (Features of Universal Design for Learning.)
- ➢ सीखने के लिए सार्वभौमिक डिजाइन के सिद्धांत। (Principles of Universal Design for Learning.)

सह-शिक्षण विधियाँ: एक सिखाओ एक सहायक, स्टेशन-शिक्षण, समानांतर शिक्षण, वैकल्पिक शिक्षण और टीम शिक्षण।

Principles of Universal Design for Learning.

- सह-शिक्षण का अर्थ। (Meaning of Co-Teaching.)
- सह-शिक्षण के लाभ. (Benefits of Co-Teaching.)
- सह-शिक्षण विधियाँ। (Co-Teaching Methods.)
  - एक सिखाओ एक सहायता (One Teach One Assist)
  - स्टेशन शिक्षण (Station Teaching)
  - समानांतर शिक्षण (Parallel Teaching)
  - वैकल्पिक शिक्षण (Alternative Teaching)
  - टीम शिक्षण (Team Teaching)

विभेदित निर्देश: सामग्री, प्रक्रिया और उत्पाद

Differentiated Instructions : Content, Process & Product

- विभेदित निर्देश का अर्थ. (Meaning of Differentiated Instruction.)
- निर्देश में अंतर करने के चार तरीके (Four Ways to Differentiate Instruction)

सहकर्मी मध्यस्थता निर्देश: क्लास वाइड सहकर्मी ट्यूशन, सहकर्मी सहायता प्राप्त सीखने की रणनीतियाँ।

Peer Mediated Instruction : Class Wide Peer Tutoring, Peer Assisted Learning Strategies.

- ➤ सहकर्मी मध्यस्थता निर्देश का अर्थ और परिभाषा। (Meaning and Definition of Peer Mediated Instruction.)
- ➤ सहकर्मी मध्यस्थता निर्देश के लाभ। (Advantages of Peer Mediated Instruction)
- ➤ सहकर्मी मध्यस्थता निर्देश के प्रकार। (Types of Peer Mediated Instruction.)
  - कक्षा-व्यापी सहकर्मी शिक्षण (Class Wide Peer Tutoring)
  - सहकर्मी सहायता प्राप्त शिक्षण रणनीतियाँ। (Peer Assisted Learning Strategies.)

निर्देशों के लिए आईसीटी

ICT for Instructions

- ➤ आईसीटी का अर्थ और शिक्षा में इसका अनुप्रयोग। (Meaning of ICT and its application in Education.)
- ➤ विशेष आवश्यकता वाले बच्चों को शिक्षित करने में आईसीटी। (ICT in Educating Children with Special Needs.)
- ➤ छात्र पारंपरिक शिक्षण की तुलना में आईसीटी गतिविधियों को प्राथमिकता क्यों देते हैं? (Why Students Prefer ICT activities over Conventional Learning?)
- ➤ आईसीटी और समावेशी शिक्षा। (ICT and Inclusive Education.)

निष्कर्ष (Conclusion)

वस्तुनिष्ठ प्रश्न (Objective Type questions)

लघु उत्तरीय प्रश्न (Short answer Question)

दीर्घउत्तरीय प्रश्न (Long answer Question)

संदर्भ (References)

परिचय (Introduction)

लोरमैन और डीपलर (2001) के अनुसार, समावेश का अर्थ है स्कूली शिक्षा के सभी पहलुओं में विविध क्षमताओं वाले बच्चों का पूर्ण समावेश, जिस तक अन्य बच्चे पहुँच सकते हैं और जिसका वे आनंद ले सकते हैं। इसमें नियमित स्कूल और कक्षाएँ शामिल हैं जो सभी बच्चों की ज़रूरतों को पूरा करने के लिए वास्तव में अनुकूलन और परिवर्तन करती हैं, साथ ही साथ मतभेदों का जश्न मनाती हैं और उन्हें महत्व देती हैं। समावेश की इस परिभाषा का अर्थ यह नहीं है कि विविध क्षमताओं वाले बच्चों को आवश्यकता पड़ने पर कक्षा के बाहर विशेष सहायता या शिक्षण नहीं मिलेगा, बल्कि यह उन कई विकल्पों में से एक है जो सभी बच्चों के लिए उपलब्ध हैं और वास्तव में सभी बच्चों के लिए आवश्यक हैं।

दिव्यांग व्यक्तियों के लिए शिक्षा का इतिहास अलगाव से एकीकरण और अब समावेश की ओर एक प्रगति है। समावेश से तात्पर्य दिव्यांग व्यक्तियों के लिए सभी शैक्षिक रोजगार, उपभोक्ता, मनोरंजन, समुदाय और घरेलू गतिविधियों में पूरी तरह से भाग लेने के अवसर से है जो हर समाज की विशेषता है (ILSMH 1994)

समावेशी शिक्षा सीखने में सभी बाधाओं को दूर करने और बहिष्कार और हाशिए पर जाने के लिए संवेदनशील सभी शिक्षार्थियों की भागीदारी से संबंधित है। यह सभी बच्चों के लिए सीखने की सफलता को सुविधाजनक बनाने के लिए डिज़ाइन किया गया एक रणनीतिक दृष्टिकोण है। यह कम से कम प्राथमिक स्तर पर शिक्षा के मानव अधिकार से सभी बहिष्कार को कम करने और दूर करने तथा सभी के लिए गुणवत्तापूर्ण बुनियादी शिक्षा में पहुँच, भागीदारी और सीखने की सफलता को बढ़ाने के

सामान्य लक्ष्यों को संबोधित करता है। 2000 बुलेटिन, यूनेस्को संख्या 32, 1998।

एक आदर्श समावेशी शिक्षा अवधारणा का उद्देश्य समुदाय में बच्चे के पूर्ण एकीकरण को सुविधाजनक बनाना है। भारत में आगामी समावेशी शिक्षा कार्यक्रम शिक्षा के उद्देश्य से दिव्यांग बच्चों को उनके परिवारों से अलग होने से बचा रहे हैं।

भारत में कई स्कूल समावेशी शिक्षा को लागू कर रहे हैं, जिसका उद्देश्य दिव्यांग और गैर-दिव्यांग दोनों छात्रों की प्राथमिक शिक्षा का सार्वभौमिकरण करना है।

समावेश के लिए स्वीकृति के माहौल की आवश्यकता होती है। जैसा कि पहले कहा गया है, भारत में आदर्श समावेशी शिक्षा तभी संभव होगी जब सभी सामान्य शिक्षा शिक्षक विशेष आवश्यकताओं वाले छात्रों की सेवा करने में सक्षम होंगे। इन बच्चों को शिक्षित करने की चुनौतियों का समाधान करने में, स्कूल प्रभावी स्कूल बन जाते हैं और शिक्षक प्रभावी शिक्षक बन जाते हैं। समावेशी शिक्षा की प्रभावशीलता निर्धारित करने के लिए दृष्टिकोण बुनियादी और व्यापक पहलू है। सभी शोध साक्ष्य शिक्षकों और छात्रों के बीच अधिक मात्रा में सहयोगात्मक कार्य की संभावना की ओर इशारा करते हैं।

उद्देश्य

इस इकाई को पढ़ने के बाद आप

- सीखने के लिए सार्वभौमिक डिजाइन और समावेशी व्यवस्था में इसके निहितार्थ को परिभाषित कर सकेंगे।

- विभिन्न सह-शिक्षण विधियों को इसके फायदे और नुकसान के साथ समझा सकेंगे।

- विभेदित निर्देश के बारे में चर्चा कर सकेंगे।

- सहकर्मी मध्यस्थता निर्देशों और इसके प्रकारों के बारे में बता सकेंगे।

- निर्देश के लिए आईसीटी के महत्व को समझा सकेंगे।

सीखने के लिए सार्वभौमिक डिजाइन: पहुँच, अभिव्यक्ति, जुड़ाव और मूल्यांकन के कई साधन (Universal Design for Learning: Multiple Means of Access, Expression, Engagement and Evaluation)

सीखने के लिए सार्वभौमिक डिजाइन का अर्थ और परिभाषा (Meaning and Definition of Universal Design for Learning)

सीखने के लिए सार्वभौमिक डिजाइन 21वीं सदी के शैक्षिक वातावरण की माँगों के संदर्भ में विकलांगों सहित सभी छात्रों को उचित और सुलभ शिक्षा प्रदान करने के लिए एक बहुचर्चित दृष्टिकोण है। यूडीएल लचीले लक्ष्य, तरीके, सामग्री और मूल्यांकन बनाने के लिए एक खाका (ढांचा) प्रदान करता है जो शिक्षार्थी के अंतर को समायोजित करता है (कास्ट, 2002)।

सीखने के लिए सार्वभौमिक डिजाइन यह सुनिश्चित करने का एक दृष्टिकोण है कि शैक्षिक कार्यक्रम सभी छात्रों की सेवा करें।

यूडीएल परिभाषा (UDL Definition)

"पाठ्यक्रम का सक्रिय डिजाइन (जिसमें सीखने के लक्ष्य, निर्देशात्मक विधियाँ और सामग्री, तथा मूल्यांकन शामिल हैं) जो

सभी छात्रों के लिए सुलभ और उपयोग करने योग्य हैं, जिन्हें अतिरिक्त समायोजन की बहुत कम या कोई आवश्यकता नहीं है और जो उपलब्ध सहायक प्रौद्योगिकी के साथ संगत हैं" फोरम, जून 2008 में

शिक्षा में सार्वभौमिक डिजाइन (Universal Design in Education)

21वीं सदी में शिक्षा का लक्ष्य केवल विषय-वस्तु ज्ञान या नई प्रौद्योगिकियों के उपयोग में महारत हासिल करना नहीं है। यह सीखने की प्रक्रिया में महारत हासिल करना है। शिक्षा को नौसिखिए शिक्षार्थियों को विशेषज्ञ शिक्षार्थियों में बदलने में मदद करनी चाहिए - ऐसे व्यक्ति जो सीखना चाहते हैं, जो रणनीतिक रूप से सीखना जानते हैं, और जो अपने स्वयं के अत्यधिक व्यक्तिगत और लचीले तरीकों से, जीवन भर सीखने के लिए अच्छी तरह से तैयार हैं। सीखने के लिए सार्वभौमिक डिजाइन (यूडीएल) शिक्षकों को यह समझने के लिए एक रूपरेखा प्रदान करके इस लक्ष्य को प्राप्त करने में मदद करता है कि कैसे पाठ्यक्रम बनाया जाए जो शुरू से ही सभी शिक्षार्थियों की आवश्यकताओं को पूरा करता है।

सीखने के लिए सार्वभौमिक डिजाइन की विशेषताएँ (Features of universal design for learning)

•यूडीएल कक्षा में सीखने के अंतरों की निरंतरता को मानता है।

•यूडीएल पाठ्यक्रम को लचीले, आकर्षक और चुनौतीपूर्ण तरीके से प्रस्तुत करने पर निर्भर करता है।

सीखने के लिए सार्वभौमिक डिजाइन का सिद्धांत (The principle of universal design for learning)

सीखने के लिए सार्वभौमिक डिजाइन की आवश्यकता है

• पहुंच या प्रतिनिधित्व के कई साधन, शिक्षार्थियों को जानकारी और ज्ञान प्राप्त करने के विभिन्न तरीके प्रदान करने के लिए।

• कार्रवाई और अभिव्यक्ति के कई साधन, शिक्षार्थियों को यह प्रदर्शित करने के लिए विकल्प प्रदान करने के लिए कि वे क्या जानते हैं,

• सहभागिता और मूल्यांकन के कई साधन, शिक्षार्थियों की रुचियों का दोहन करने, उचित चुनौतियाँ देने और प्रेरणा बढ़ाने के लिए।

सिद्धांत I: प्रतिनिधित्व के कई साधन प्रदान करें (सीखने का "क्या") (Principle I: Provide multiple means of representation (the "what" of learning))

शिक्षार्थी उन तरीकों में भिन्न होते हैं जिनसे वे उनके सामने प्रस्तुत की गई जानकारी को समझते हैं और समझते हैं। उदाहरण के लिए, संवेदी दिव्यांगता वाले लोग (जैसे, अंधापन या बहरापन); सीखने की अक्षमता (जैसे, डिस्लेक्सिया); भाषा या सांस्कृतिक अंतर, और इसी तरह सभी को सामग्री तक पहुँचने के विभिन्न तरीकों की आवश्यकता हो सकती है। अन्य लोग मुद्रित पाठ के बजाय दृश्य या श्रवण साधनों के माध्यम से जानकारी को जल्दी या अधिक कुशलता से समझ सकते हैं। सीखना और सीखने का हस्तांतरण तब होता है जब कई अभ्यावेदन का उपयोग किया जाता है, क्योंकि यह छात्रों को अवधारणाओं के भीतर और साथ ही उनके बीच संबंध बनाने की अनुमति देता है। संक्षेप में, प्रतिनिधित्व का कोई एक साधन नहीं है जो सभी शिक्षार्थियों के

लिए इष्टतम होगा; प्रतिनिधित्व के लिए विकल्प प्रदान करना आवश्यक है।

सिद्धांत II: कार्रवाई और अभिव्यक्ति के कई साधन प्रदान करें (सीखने का "कैसे") (Principle II: Provide multiple means of action and expression (the "how" of learning))

शिक्षार्थी सीखने के माहौल को नेविगेट करने और जो वे जानते हैं उसे व्यक्त करने के तरीकों में भिन्न होते हैं। उदाहरण के लिए, महत्वपूर्ण आंदोलन हानि वाले व्यक्ति (जैसे, सेरेब्रल पाल्सी), जो रणनीतिक और संगठनात्मक क्षमताओं (कार्यकारी कार्य विकार) से जूझते हैं, जिनके पास भाषा अवरोध हैं, और इसी तरह के अन्य लोग सीखने के कार्यों को बहुत अलग तरीके से करते हैं। कुछ लोग लिखित पाठ में खुद को अच्छी तरह से व्यक्त करने में सक्षम हो सकते हैं लेकिन भाषण में नहीं, और इसके विपरीत। यह भी माना जाना चाहिए कि कार्रवाई और अभिव्यक्ति के लिए बहुत अधिक रणनीति, अभ्यास और संगठन की आवश्यकता होती है, और यह एक और क्षेत्र है जिसमें शिक्षार्थी भिन्न हो सकते हैं। वास्तव में, कार्रवाई और अभिव्यक्ति का कोई एक साधन नहीं है जो सभी शिक्षार्थियों के लिए इष्टतम होगा; कार्रवाई और अभिव्यक्ति के लिए विकल्प प्रदान करना आवश्यक है।

सिद्धांत III: संलग्नता / मूल्यांकनकर्ताओं के कई साधन प्रदान करें (सीखने का "क्यों") (Principle III: Attachment Provide multiple means of evaluators (the "why" of learning))

प्रभाव सीखने के लिए एक महत्वपूर्ण तत्व का प्रतिनिधित्व करता है, और सीखने वाले उन तरीकों में स्पष्ट रूप से भिन्न होते हैं जिनसे वे सीखने के लिए संलग्न या प्रेरित हो सकते हैं। ऐसे कई स्रोत हैं जो तंत्रिका विज्ञान, संस्कृति, व्यक्तिगत प्रासंगिकता, व्यक्तिपरकता और पृष्ठभूमि ज्ञान सहित प्रभाव में व्यक्तिगत भिन्नता को प्रभावित कर सकते हैं, साथ ही कई अन्य कारक भी हैं। कुछ शिक्षार्थी सहजता और नवीनता से अत्यधिक जुड़े होते हैं जबकि अन्य उन पहलुओं से विमुख, यहाँ तक कि भयभीत होते हैं, सख्त दिनचर्या को प्राथमिकता देते हैं। कुछ शिक्षार्थी अकेले काम करना पसंद कर सकते हैं, जबकि अन्य अपने साथियों के साथ काम करना पसंद करते हैं। वास्तव में, संलग्नता का कोई एक साधन नहीं है जो सभी संदर्भों में सभी शिक्षार्थियों के लिए इष्टतम होगा; संलग्नता के लिए कई विकल्प प्रदान करना आवश्यक है।

यूडीएल में हम विशेषज्ञ शिक्षार्थी बनाने की कोशिश कर रहे हैं, ऐसे व्यक्ति जो- चाहे उनकी विशेष ताकत और कमजोरियाँ कुछ भी हों, खुद को जानते हों, और सीखना जानते हों।

सह-शिक्षण विधियाँ: एक पढ़ाओ एक सहायता, स्टेशन-शिक्षण, समानांतर शिक्षण, वैकल्पिक शिक्षण और टीम शिक्षण (Co-teaching methods: a teach an aid, station-learning, parallel learning, alternative teaching and team teaching)

सह-शिक्षण का अर्थ (Meaning of Co-Learning)

जब एक सामान्य शिक्षा शिक्षक और एक विशेष शिक्षा शिक्षक एक सामान्य शिक्षा सेटिंग में एक विविध आबादी को निर्देश देने और योजना बनाने के लिए एक साथ काम करते हैं। इसमें छात्रों की एक कक्षा के लिए योजना, निर्देश और मूल्यांकन के लिए लोगों के बीच जिम्मेदारी का वितरण शामिल है। इसे कहने का एक और तरीका यह है कि सह-शिक्षण छात्रों के लिए दो या दो से अधिक लोगों से सीखने का एक मजेदार तरीका है, जिनके सोचने या पढ़ाने के तरीके अलग-अलग हो सकते हैं। कुछ लोग कहते हैं कि सह-शिक्षण सभी बच्चों को सीखने में मदद करने के लिए दूसरों से जुड़ने और उनका समर्थन करने का एक रचनात्मक तरीका है। अन्य कहते हैं कि सह-शिक्षण स्कूलों को अधिक प्रभावी बनाने का एक तरीका है। आज सह-शिक्षण का एक सामान्य उदाहरण कई समावेशी कक्षाओं में खेला जाता है जहाँ एक सामान्य शिक्षा शिक्षक और एक विशेष शिक्षा शिक्षक कक्षा प्रबंधन और निर्देश के लिए जिम्मेदारी साझा करते हैं। सह-शिक्षण को दो या दो से अधिक व्यक्तियों के रूप में परिभाषित किया जा सकता है जो सहमत होते हैं

1. कम से कम एक सामान्य, सार्वजनिक रूप से सहमत लक्ष्य को प्राप्त करने के लिए अपने काम का समन्वय करते हैं।

2. एक विश्वास प्रणाली साझा करते हैं कि सह-शिक्षण टीम के प्रत्येक सदस्य के पास अद्वितीय और आवश्यक विशेषज्ञता है।

3. शिक्षक और शिक्षार्थी, विशेषज्ञ और नौसिखिया, ज्ञान या कौशल के दाता और प्राप्तकर्ता की दोहरी भूमिकाओं में वैकल्पिक रूप से संलग्न होकर समानता का प्रदर्शन करते हैं।

4. नेतृत्व के वितरित कार्य सिद्धांत का उपयोग करें जिसमें पारंपरिक अकेले शिक्षक के कार्य और संबंध कार्य सभी सह-शिक्षण समूह के सदस्यों के बीच वितरित किए जाते हैं।

5. एक सहकारी प्रक्रिया का उपयोग करें जिसमें आमने-सामने बातचीत, सकारात्मक अंतरनिर्भरता, प्रदर्शन, साथ ही पारस्परिक कौशल की निगरानी और प्रसंस्करण, और व्यक्तिगत जवाबदेही शामिल हो।

सह-शिक्षण के लाभ (Benefits of Co-Learning)

शिक्षकों के लिए सह-शिक्षण के लाभ हैं: (The benefits of co-teaching for teachers are):

- छात्रों के व्यवहार की निगरानी करना आसान है
- यह पेशेवर और/या व्यक्तिगत विकास के लिए संबंध और अवसर बनाता है
- यह शिक्षण गतिविधियों के दौरान अधिक सहायता प्रदान करता है
- यह छात्रों के लिए आवास प्रदान करने में सहायता करता है
- यह एक-दूसरे से प्रतिक्रिया प्राप्त करने में मदद करता है
- यह अधिक लचीला समूह प्रदान करता है

- यह महारत सीखने का समर्थन करने के लिए सामग्री को अधिक प्रभावी ढंग से कवर करता है

छात्रों के लिए सह-शिक्षण के लाभ: (Benefits of Co-Teaching for Students):

- यह सामान्य शिक्षा पाठ्यक्रम तक पहुँच प्रदान करता है
- यह अधिक शिक्षण सहायता प्रदान करता है
- यह साथियों से सीखने को बढ़ाता है
- यह सामाजिक संपर्क के लिए अधिक अवसर प्रदान करता है
- यह सभी छात्रों के लिए सम्मान और समझ बढ़ाता है

सह-शिक्षण विधियाँ (Co-learning methods)

मर्लिन फ्रेंड और लिन कुक (1996a) ने सह-शिक्षण के विभिन्न तरीके प्रस्तुत किए हैं जो दो शिक्षकों को एक कक्षा में एक साथ काम करने के तरीके प्रदान करते हैं। इनमें शामिल हैं:

- एक पढ़ाओ एक सहायता
- स्टेशन शिक्षण
- समानांतर शिक्षण
- वैकल्पिक शिक्षण
- टीम शिक्षण

एक पढ़ाओ एक सहायता

इस मॉडल में एक शिक्षक के पास योजना बनाने और पढ़ाने की प्राथमिक जिम्मेदारी होती है, जबकि दूसरा शिक्षक कक्षा में घूमता है और व्यक्तियों की मदद करता है और विशेष व्यवहारों का निरीक्षण करता है। उदाहरण के लिए, एक शिक्षक पाठ प्रस्तुत

कर सकता है जबकि दूसरा घूमता है या एक शिक्षक पाठ प्रस्तुत करता है जबकि दूसरा सामग्री वितरित करता है।

इस दृष्टिकोण के कुछ लाभ हैं: (Some of the benefits of this approach are):

• छात्रों को समय पर व्यक्तिगत सहायता मिलती है

• शिक्षक की निकटता के कारण छात्रों को कार्य पर बनाए रखना आसान होता है।

• सामग्री वितरित करते समय समय की बचत होती है।

इस दृष्टिकोण के कुछ नुकसान हैं: (Some of the disadvantages of this approach are):

• छात्रों की नज़र से, एक शिक्षक का दूसरे की तुलना में अधिक नियंत्रण होता है।

• छात्र अक्सर एक व्यक्ति को शिक्षक और दूसरे को शिक्षक के सहायक के रूप में देखते हैं।

• पाठ के दौरान शिक्षक का इधर-उधर घूमना कुछ छात्रों को विचलित कर सकता है।

<u>स्टेशन शिक्षण (Station Teaching)</u>

दोनों शिक्षक निर्देशात्मक सामग्री को विभाजित करते हैं, और प्रत्येक इसके नियोजन और शिक्षण भाग की जिम्मेदारी लेता है। स्टेशन शिक्षण में, कक्षा को विभिन्न शिक्षण केंद्रों में विभाजित किया जाता है। दोनों शिक्षक विशेष स्टेशनों पर होते हैं; अन्य स्टेशन छात्रों या शिक्षक के सहायक द्वारा स्वतंत्र रूप से चलाए जाते हैं। उदाहरण के लिए, तीन या अधिक विज्ञान स्टेशन, जिनमें

से प्रत्येक में एक अलग प्रयोग होता है, दोनों शिक्षकों के साथ उन दो स्टेशनों पर काम करने के लिए व्यवस्थित किया जा सकता है जिन्हें सबसे अधिक पर्यवेक्षण की आवश्यकता होती है। स्टेशनों की निगरानी के लिए किसी सहायक या अभिभावक स्वयंसेवक या प्रशिक्षु शिक्षक का उपयोग करना भी संभव है।

इस दृष्टिकोण के कुछ लाभ हैं: (Some of the benefits of this approach are):

• प्रत्येक शिक्षक के पास स्पष्ट शिक्षण जिम्मेदारी होती है।

• छात्रों को छोटे समूहों में काम करने का लाभ होता है।

• शिक्षक कम समय में अधिक सामग्री को कवर कर सकते हैं।

इस दृष्टिकोण के कुछ नुकसान हैं: (Some of the disadvantages of this approach are):

• प्रभावी ढंग से काम करने के लिए, इस दृष्टिकोण के लिए बहुत अधिक पूर्व-योजना की आवश्यकता होती है।

• सभी सामग्रियों को पहले से तैयार और व्यवस्थित किया जाना चाहिए।

• शोर का स्तर अधिकतम होगा।

समानांतर शिक्षण (Parallel Learning)

समानांतर शिक्षण में, दोनों शिक्षक संयुक्त रूप से योजना बनाते हैं लेकिन एक ही समय में एक ही जानकारी पढ़ाने के लिए कक्षा को आधे में विभाजित करते हैं। उदाहरण के लिए, दोनों शिक्षक कमरे के दो अलग-अलग हिस्सों में एक ही गणित समस्या-समाधान पाठ समझा सकते हैं। यदि कमरे में दो कंप्यूटर हैं, तो

प्रत्येक शिक्षक इंटरनेट या किसी नए सॉफ़्टवेयर के उपयोग को कक्षा के आधे हिस्से में मॉडल करने के लिए कंप्यूटर का उपयोग कर सकता है। कक्षा का प्रत्येक आधा हिस्सा पाठ अध्ययन के दौरान साहित्य अध्ययन समूह में शामिल हो सकता है।

इस दृष्टिकोण के कुछ लाभ हैं: (Some of the benefits of this approach are):

• पूर्व-योजना बेहतर शिक्षण प्रदान करती है।

• यह शिक्षकों को छोटे समूहों के साथ काम करने की अनुमति देता है।

• प्रत्येक शिक्षक को एक ही पाठ पढ़ाने के लिए अलग-अलग काम करने में सहजता होती है।

इस दृष्टिकोण के कुछ नुकसान हैं: (Some of the disadvantages of this approach are):

• दोनों शिक्षकों को विषय-वस्तु में सक्षम होना चाहिए ताकि छात्र समान रूप से सीखें।

• पाठ की गति समान होनी चाहिए ताकि वे एक ही समय में समाप्त करें।

• कक्षा में दो समूहों को समायोजित करने के लिए पर्याप्त लचीला स्थान होना चाहिए।

वैकल्पिक शिक्षण (Alternative Learning)

वैकल्पिक शिक्षण में, एक शिक्षक कक्षा के अधिकांश भाग का प्रबंधन करता है जबकि दूसरा शिक्षक कक्षा के अंदर या बाहर एक छोटे समूह के साथ काम करता है। छोटे समूह को वर्तमान

पाठ के साथ एकीकृत होने की आवश्यकता नहीं है। उदाहरण के लिए, एक शिक्षक किसी छात्र को उसके छूटे हुए असाइनमेंट को पूरा करने के लिए बाहर ले जा सकता है। एक शिक्षक मूल्यांकन उद्देश्यों या सामाजिक कौशल सिखाने के लिए किसी व्यक्ति या छोटे समूह के साथ काम कर सकता है। छात्रों का एक छोटा समूह उपचारात्मक या विस्तारित चुनौती कार्य के लिए एक साथ काम कर सकता है।

इस दृष्टिकोण के कुछ लाभ हैं: (Some of the benefits of this approach are):

• छोटे समूहों या व्यक्तियों के साथ काम करने से छात्रों की व्यक्तिगत ज़रूरतों को पूरा करने में मदद मिलती है।

• दोनों शिक्षक कक्षा में रह सकते हैं, ताकि एक शिक्षक अनौपचारिक रूप से दूसरे शिक्षक को अच्छे शिक्षण का मॉडल बनाते हुए देख सके।

इस दृष्टिकोण के कुछ नुकसान हैं: (Some of the disadvantages of this approach are):

• समूहों को उद्देश्य और संरचना के साथ अलग-अलग होना चाहिए या समूह में छात्र जल्दी ही लेबल हो जाएँगे (उदाहरण के लिए, "स्मार्ट" समूह)।

• छात्र बड़े समूह के साथ काम करने वाले शिक्षक को नियंत्रण में शिक्षक के रूप में देख सकते हैं।

• यदि दोनों शिक्षक कक्षा में काम कर रहे हैं, तो शोर के स्तर को नियंत्रित किया जाना चाहिए।

<u>टीम शिक्षण (Team Learning)</u>

दोनों शिक्षक योजना बनाने के लिए जिम्मेदार हैं, और वे सभी छात्रों के निर्देश साझा करते हैं। पाठ दोनों शिक्षकों द्वारा पढ़ाए जाते हैं जो छात्रों द्वारा चर्चा को प्रोत्साहित करने के लिए व्याख्यान नहीं, बल्कि बातचीत में सक्रिय रूप से शामिल होते हैं। दोनों शिक्षक पाठ और अनुशासन के प्रबंधन में सक्रिय रूप से शामिल होते हैं। यह दृष्टिकोण कक्षा शिक्षक और एक छात्र शिक्षक या दो छात्र शिक्षकों के साथ मिलकर काम करने पर बहुत प्रभावी हो सकता है।

इस दृष्टिकोण के कुछ लाभ हैं: (Some of the benefits of this approach are):

- प्रत्येक शिक्षक की एक सक्रिय भूमिका होती है।

- छात्र दोनों शिक्षकों को समान मानते हैं।

- दोनों शिक्षक कक्षा के संगठन और प्रबंधन में सक्रिय रूप से शामिल होते हैं।

इस दृष्टिकोण के कुछ नुकसान हैं: (Some of the disadvantages of this approach are):

- पूर्व-योजना बनाने में काफी समय लगता है।

- साझा जिम्मेदारी के लिए शिक्षकों की भूमिका को स्पष्ट रूप से परिभाषित किया जाना चाहिए

विभेदित निर्देश: सामग्री, प्रक्रिया और उत्पाद (Differentiated instructions: materials, process and products)

विभेदित निर्देश का अर्थ (Meaning of Differentiated Instruction)

विभेदित निर्देश एक निर्देशात्मक सिद्धांत है जो शिक्षकों को निर्देश की योजना बनाते और वितरित करते समय विविध छात्र कारकों को ध्यान में रखकर इस चुनौती का सामना करने की अनुमति देता है। इस सिद्धांत के आधार पर, शिक्षक सीखने के ऐसे वातावरण की संरचना कर सकते हैं जो कक्षा में पाई जाने वाली सीखने की शैलियों, रुचियों और क्षमताओं की विविधता को संबोधित करते हैं। विभेदित निर्देश का अर्थ है कई रास्ते बनाना ताकि अलग-अलग क्षमताओं, रुचियों या सीखने की ज़रूरतों वाले छात्र दैनिक सीखने की प्रक्रिया के हिस्से के रूप में अवधारणाओं को अवशोषित करने, उपयोग करने, विकसित करने और प्रस्तुत करने के लिए समान रूप से उपयुक्त तरीकों का अनुभव कर सकें। यह छात्रों को अपने स्वयं के सीखने के लिए अधिक जिम्मेदारी और स्वामित्व लेने की अनुमति देता है, और सहकर्मी शिक्षण और सहकारी सीखने के अवसर प्रदान करता है।

निर्देश में अंतर करने के चार तरीके: (Four ways to distinguish instruction):

कक्षा में सामग्री, प्रक्रिया, उत्पाद या वातावरण में अंतर हो सकता है।

1. सामग्री/विषय में अंतर करना सामग्री को ज्ञान: (Differentiating Content/Subject Knowledge of Content):

कौशल और दृष्टिकोण के रूप में वर्णित किया जा सकता है जिसे हम चाहते हैं कि बच्चे सीखें। सामग्री में अंतर करने के लिए छात्रों की पूर्व-परीक्षा की आवश्यकता होती है ताकि शिक्षक उन छात्रों की पहचान कर सके जिन्हें सीधे निर्देश की आवश्यकता नहीं है। अवधारणा की समझ प्रदर्शित करने वाले छात्र निर्देश चरण को छोड़ सकते हैं और किसी समस्या को हल करने के कार्य में अवधारणाओं को लागू करने के लिए आगे बढ़ सकते हैं। इस रणनीति को अक्सर पाठ्यक्रम को संक्षिप्त करना कहा जाता है। सामग्री में अंतर करने का एक और तरीका बस योग्य छात्र को अपनी प्रगति की दर में तेजी लाने की अनुमति देना है। वे कुछ परियोजनाओं पर स्वतंत्र रूप से आगे काम कर सकते हैं, यानी वे अपने साथियों की तुलना में सामग्री को तेजी से कवर करते हैं।

2. प्रक्रिया/गतिविधियों में अंतर करना: (Differentiating process/activities)

प्रक्रियाओं में अंतर करने का मतलब है छात्रों को अवधारणाओं का पता लगाने के लिए उपयुक्त तरीके प्रदान करने के लिए सीखने की गतिविधियों या रणनीतियों में बदलाव करना। छात्रों को अवधारणा के भीतर निहित विचारों में हेरफेर करने के लिए वैकल्पिक रास्ते देना महत्वपूर्ण है। उदाहरण के लिए, छात्र कवर की गई अवधारणाओं की अपनी समझ को प्रदर्शित करने के लिए ग्राफ़िक आयोजकों, मानचित्रों, आरेखों या चार्ट का उपयोग कर सकते हैं। ग्राफ़िक आयोजक की जटिलता को अलग-अलग करने से अलग-अलग क्षमता वाले छात्रों के लिए संज्ञानात्मक प्रसंस्करण

के विभिन्न स्तरों को बहुत प्रभावी ढंग से सुविधाजनक बनाया जा सकता है।

3. उत्पाद को अलग करना: (Product disassation):

उत्पाद को अलग करने का मतलब है कि छात्रों द्वारा अवधारणाओं की महारत को प्रदर्शित करने के लिए बनाए गए उत्पाद की जटिलता को अलग-अलग करना। ग्रेड स्तर से नीचे काम करने वाले छात्रों की प्रदर्शन अपेक्षाएँ कम हो सकती हैं, जबकि ग्रेड स्तर से ऊपर के छात्रों से ऐसा काम करने के लिए कहा जा सकता है जिसके लिए अधिक जटिल या अधिक उन्नत सोच की आवश्यकता होती है। शिक्षकों के लिए वैकल्पिक उत्पाद विचारों के कई स्रोत उपलब्ध हैं। हालाँकि कभी-कभी छात्रों को उत्पाद का विकल्प दिया जाना प्रेरक होता है।

4. पर्यावरण में हेरफेर करके या व्यक्तिगत सीखने की शैलियों को समायोजित करके अंतर करना:

(Differentiating by manipulating the environment or adjusting individual learning styles)

पिछले 2 दशकों में सीखने की शैलियों पर बहुत काम हुआ है। डन और डन ने स्कूल के माहौल में हेरफेर करने पर लगभग उसी समय ध्यान केंद्रित किया जब जोसेफ रेनजुली ने अलग-अलग शिक्षण रणनीतियों की सिफारिश की थी। हॉवर्ड गार्डनर ने अपने मल्टीपल इंटेलिजेंस सिद्धांतों में व्यक्तिगत प्रतिभाओं या योग्यताओं की पहचान की। यह निष्कर्ष निकाला गया है कि सीखने की प्रक्रिया में व्यक्तिगत सीखने की शैलियों को समायोजित करके या पर्यावरण में हेरफेर करके भेदभाव किया जा सकता है।

सहकर्मी मध्यस्थता निर्देश: कक्षा-व्यापी सहकर्मी ट्यूटरिंग, सहकर्मी सहायता प्राप्त सीखने की रणनीतियाँ

(Peer Mediation Instruction: Class-wide Peer Tutoring, Peer Assisted Learning Strategies)

सहकर्मी मध्यस्थता निर्देश का अर्थ और परिभाषा

(Meaning and Definition of Peer Mediation Directive)

सामान्य और विशेष शिक्षा कक्षाओं में शिक्षकों को लगातार निर्देशात्मक चुनौतियों का सामना करना पड़ता है क्योंकि कक्षाओं में छात्रों की विविधता बढ़ती है। शोधकर्ता और व्यवसायी सभी शिक्षार्थियों के लिए शैक्षिक परिणामों में सुधार करने वाली सर्वोत्तम प्रथाओं को लागू करने में रुचि रखते हैं। इन चुनौतियों पर काबू पाने का एक समाधान सहकर्मी-मध्यस्थ निर्देश और हस्तक्षेप (पीएमआईआई) का कार्यान्वयन है। सहकर्मी-मध्यस्थ निर्देश सामान्य और विशेष शिक्षा दोनों सेटिंग्स में व्यापक रूप से लागू और शोधित शैक्षिक हस्तक्षेप है।

सहकर्मी-मध्यस्थ निर्देश और हस्तक्षेप एक वैकल्पिक कक्षा व्यवस्था है जिसमें छात्र सहपाठियों या अन्य छात्रों के साथ एक निर्देशात्मक भूमिका निभाते हैं। कई दृष्टिकोण विकसित किए गए हैं जिसमें छात्र जोड़े (युग्म) या छोटे सहकारी शिक्षण समूहों में काम करते हैं। सबसे प्रभावी होने के लिए, छात्रों को निर्देशात्मक प्रकरण में भूमिकाएँ सिखाई जानी चाहिए; व्यवस्थित होना, प्रतिक्रियाएँ प्राप्त करना और प्रतिक्रिया प्रदान करना। अनुसंधान इन तरीकों को वैकल्पिक अभ्यास गतिविधियों के रूप में उपयोग करने का समर्थन करता है, हालाँकि, "नई" अनुदेशात्मक सामग्री

में निर्देश प्रदान करने के लिए साथियों के उपयोग को उचित नहीं ठहराता है।

मायर्डी, वी, गुडलाड और हर्स्ट, 1989 ने सहकर्मी ट्यूटरिंग या सहकर्मी मध्यस्थ निर्देश को "निर्देश की प्रणाली जिसमें शिक्षार्थी एक-दूसरे की मदद करते हैं और सिखाकर सीखते हैं" के रूप में वर्णित किया। संभवतः सहकर्मी ट्यूटरिंग की सबसे संक्षिप्त परिभाषा डेमन और फेलेप्स से आती है "सहकर्मी ट्यूटरिंग एक दृष्टिकोण है जिसमें एक बच्चा दूसरे बच्चे को उस सामग्री पर निर्देश देता है जिस पर पहला विशेषज्ञ होता है और दूसरा नौसिखिया होता है।

सहकर्मी मध्यस्थता निर्देश के लाभ

(Benefits of Peer Mediation Directive)

सहकर्मी मध्यस्थता निर्देश अपने संभावित लाभों के कारण समावेशी सेटिंग में एक पसंदीदा अभ्यास रहा है। सहकर्मी मध्यस्थता निर्देश विशेष जरूरतों वाले बच्चों और अन्य सभी बच्चों को लाभ पहुंचाता है। इसमें शिक्षकों द्वारा विशेषज्ञ शिक्षण से जुड़े कई लाभ प्रदान करने की क्षमता है। यदि शिक्षक कार्यक्रम की सामग्री को व्यवस्थित करते हैं तो सहकर्मी ट्यूटर विशेष जरूरतों वाले बच्चों की व्यक्तिगत जरूरतों को पूरा करने के लिए उपयुक्त गतिविधियाँ प्रदान कर सकते हैं। वे सीखने की प्रक्रिया में उच्च स्तर की ट्यूटर भागीदारी सुनिश्चित कर सकते हैं, और व्यक्तिगत मार्गदर्शन और व्यक्तिगत देखभाल प्रदान की जा सकती है।

सहकर्मी मध्यस्थता निर्देश आम तौर पर विशेष जरूरतों वाले छात्रों और उनके सहकर्मी ट्यूटर्स के बीच स्वस्थ सामाजिक संबंधों को बढ़ावा देता है। यह नियमित कक्षा के छात्रों और विशेष

जरूरतों वाले लोगों के बीच सकारात्मक बातचीत को भी प्रोत्साहित करता है, और व्यक्तियों को सहकारी कार्य वातावरण में एक साथ काम करने की अनुमति देता है। सहकर्मी मध्यस्थता निर्देश घनिष्ठ व्यक्तिगत संबंधों, व्यक्तिगत निर्भरता और सीखने के परिणामों के लिए साझा जिम्मेदारी को प्रोत्साहित करता है।

सहकर्मी मध्यस्थता निर्देश विशेष जरूरतों वाले बच्चों में कमियों को कम करता है और ऐसे बच्चे सक्रिय होते हैं और कई नियमित कक्षा गतिविधियों में भाग लेते हैं।

सहकर्मी मध्यस्थता निर्देश के प्रकार (Types of Peer Mediation Directive)

रयान, रीड और एपस्टीन (2004) ने कुछ सहकर्मी ट्यूटरिंग प्रारूपों का सारांश दिया है, जो आम तौर पर व्यवहार में हैं। ये प्रारूप इस प्रकार हैं:

कक्षा-व्यापी सहकर्मी ट्यूटरिंग (CWPT): सहकर्मी ट्यूटरिंग के इस प्रारूप में पूरी कक्षा ट्यूटरिंग युग्मों में भाग लेती है। प्रत्येक ट्यूटरिंग सत्र के दौरान छात्र सहकर्मी ट्यूटर और ट्यूटी दोनों के रूप में भाग ले सकते हैं, या वे केवल ट्यूटर या ट्यूटी के रूप में भाग ले सकते हैं। कक्षा-व्यापी सहकर्मी ट्यूटरिंग सहकर्मी-मध्यस्थ निर्देश का एक रूप है जिसका उपयोग प्राथमिक, मध्य विद्यालय और उच्च विद्यालय कक्षाओं में किया गया है। CWPT में छात्र जोड़े बनाते हैं और ट्यूटर और छात्र की भूमिका में बारी-बारी से काम करते हैं।

CWPT कार्यक्रम मूल रूप से विशेष शिक्षा के छात्रों के साथ उनकी मुख्यधारा की कक्षाओं में विकसित और उपयोग किया गया था। यह बहुत पहले ही स्पष्ट हो गया था कि प्रक्रियाएँ न

केवल लक्षित छात्रों के लिए, बल्कि छात्रों की पूरी कक्षा के लिए उनकी क्षमता के स्तर की परवाह किए बिना प्रभावी थीं। इस प्रकार, CWPT पर शोध किया गया है और यह निम्नलिखित छात्र आबादी के साथ प्रभावी साबित हुआ है: •विशेष आवश्यकताओं वाले छात्र

•शैक्षणिक रूप से लेबल किए गए छात्र

•स्कूल में असफल होने के जोखिम वाले छात्र

•सांस्कृतिक और भाषाई रूप से विविध छात्र

•ADD और ADHD वाले छात्र

•प्री-स्कूल से लेकर हाई स्कूल आयु स्तर और उससे आगे के छात्र

सहकर्मी सहायता प्राप्त शिक्षण रणनीतियाँ (Peer-Assisted Learning Strategies)

यह फुच्स एट अल (1997) द्वारा विकसित CWPT का संशोधित संस्करण है, जहाँ शिक्षक उन बच्चों की पहचान करते हैं जिन्हें विशिष्ट कौशल में मदद की आवश्यकता है और उन कौशलों को सीखने में उनकी मदद करने के लिए सबसे उपयुक्त बच्चे हैं। जोड़े नियमित रूप से बदले जाते हैं, और समय के साथ-साथ जब छात्र विभिन्न कौशलों पर काम करते हैं, तो सभी छात्रों को "कोच" और "खिलाड़ी" बनने का अवसर मिलता है। विद्यार्थियों को उच्च क्षमता और निम्न क्षमता वाली जोड़ियों में विभाजित किया जाता है।

यह कक्षा-व्यापी सहकर्मी शिक्षण का एक संस्करण है, जहाँ शिक्षक उन छात्रों का मूल्यांकन और पहचान करते हैं जिन्हें विशिष्ट कौशलों में मदद की आवश्यकता होती है और उन

कौशलों में उनकी सहायता करने के लिए कक्षा में सबसे उपयुक्त छात्रों का निर्धारण करते हैं। छात्रों को "कोच" और "खिलाड़ी" के रूप में जोड़ा जाता है, लेकिन गतिविधियों के बदलने पर भूमिकाएँ बदल जाती हैं और छात्रों को विभिन्न कौशलों पर काम करने की आवश्यकता होती है।

PALS को छात्रों को शिक्षक द्वारा सिखाई गई बातों का अभ्यास करने के अवसर प्रदान करके मौजूदा गणित या पढ़ने के पाठ्यक्रम को बदलने के लिए नहीं, बल्कि पूरक बनाने के लिए डिज़ाइन किया गया है। शोध से पता चलता है कि कक्षा में जोड़ों का उपयोग शिक्षक-निर्देशित गतिविधि के बजाय व्यक्तिगत छात्र की जरूरतों पर अधिक ध्यान केंद्रित करता है, जो कुछ छात्रों की जरूरतों को संबोधित कर सकता है लेकिन सभी छात्रों की जरूरतों को पूरा करने में सक्षम नहीं हो सकता है। सहकर्मी सहायता प्राप्त शिक्षण रणनीतियाँ (पीएएलएस) एक पूरक सहकर्मी-शिक्षण कार्यक्रम है, जिसमें छात्र जोड़े पढ़ने या गणित (क्रमशः पीएएलएस रीडिंग और पीएएलएस गणित) में गतिविधियों का एक संरचित सेट करते हैं। शिक्षण जोड़े और कौशल असाइनमेंट का पदनाम छात्र की जरूरतों और क्षमताओं के शिक्षक के निर्णय पर आधारित होता है, और शिक्षक नियमित रूप से शिक्षण जोड़े को फिर से आवंटित करते हैं।

हालांकि पीएएलएस विविध शैक्षणिक जरूरतों वाले छात्रों के लिए है, यह हस्तक्षेप रिपोर्ट सीखने की अक्षमता वाले छात्रों के पढ़ने और गणित कौशल को बेहतर बनाने के लिए पीएएलएस के उपयोग पर केंद्रित है।

पीएएलएस कार्यक्रम से जुड़े कुछ लाभों में शामिल हैं:

- सभी छात्रों को उन कार्यों में सक्रिय रूप से शामिल करता है जिन्हें वे सफलतापूर्वक कर सकते हैं।

- छात्रों को पढ़ने और बुनियादी गणित कौशल का अभ्यास करने का अवसर बढ़ाता है • दिव्यांग छात्रों को कम से कम प्रतिबंधात्मक वातावरण में अधिक समय बिताने की अनुमति देता है और सामान्य शिक्षा पाठ्यक्रम तक उनकी पहुँच बढ़ाता है।

- शिक्षकों को शैक्षणिक विविधता को समायोजित करने में मदद करता है।

- पढ़ने और गणित में छात्रों की उपलब्धि को तेज़ करता है।

- किफ़ायती और आसानी से लागू किया जा सकने वाला है।

- शिक्षकों और छात्रों द्वारा एक आनंददायक गतिविधि पाया जाता है।

निर्देशों के लिए आईसीटी (ICT for instructions)

आईसीटी का अर्थ और शिक्षा में इसका अनुप्रयोग। (Meaning of ICT and its application in education).

दुनिया भर की शैक्षिक प्रणालियों पर छात्रों को 21वीं सदी में आवश्यक ज्ञान और कौशल सिखाने के लिए नई सूचना और संचार प्रौद्योगिकियों (आईसीटी) का उपयोग करने का दबाव बढ़ रहा है। 1998 की यूनेस्को विश्व शिक्षा रिपोर्ट, शिक्षक और बदलती दुनिया में शिक्षण, पारंपरिक शिक्षण और सीखने के लिए नई सूचना और संचार प्रौद्योगिकियों के क्रांतिकारी प्रभावों का वर्णन करती है। यह शिक्षण-अधिगम प्रक्रिया के परिवर्तन और शिक्षकों और शिक्षार्थियों द्वारा ज्ञान और सूचना तक पहुँच प्राप्त करने के तरीके की भविष्यवाणी करता है।

विभिन्न कारणों से कंप्यूटर आधारित प्रौद्योगिकी का उपयोग आज की आवश्यकता बन गया है। तकनीकी उन्नति ने शिक्षा के क्षेत्र में रेडियो, टेलीविजन, टेप रिकॉर्डर, फिल्म और पारदर्शिता जैसे परिष्कृत हार्डवेयर और सॉफ्टवेयर का उपयोग किया है। आज के पेशेवर/शिक्षक शिक्षण-अधिगम प्रक्रिया को और अधिक प्रभावी तरीके से बढ़ाने के लिए कक्षा में कई सूचना संचार प्रौद्योगिकी (ICT) समर्थित विधियों और सामग्रियों का उपयोग करते हैं। चूंकि हम समावेशन के युग में प्रवेश कर रहे हैं और चूंकि शिक्षित होना प्रत्येक बच्चे का मौलिक अधिकार बन गया है, इसलिए दिव्यांग बच्चों को भारत सरकार की केंद्र प्रायोजित योजना सर्व शिक्षा अभियान के माध्यम से नियमित स्कूलों में नामांकित किया जा रहा है। चूंकि, नियमित स्कूलों में पेशेवर/शिक्षक विशेष जरूरतों वाले बच्चों को पढ़ाने के कौशल में पिछड़ जाते हैं, इसलिए दिव्यांग बच्चों के लिए ICT समर्थित शिक्षण विधियों के बारे में ज्ञान उनके लिए बिना किसी भेदभाव के पूरी कक्षा को संभालने के लिए बहुत बड़ा वरदान होगा। समावेशी शिक्षा मानव अधिकारों और लोकतांत्रिक सिद्धांतों पर आधारित एक रणनीति है जो सभी प्रकार के भेदभाव का सामना करती है। समावेशी शिक्षा सीखने में सभी बाधाओं को दूर करने और बहिष्कार और हाशिए पर रहने के लिए कमजोर सभी शिक्षार्थियों की भागीदारी से संबंधित है। यह सभी बच्चों के लिए सीखने की सफलता को सुविधाजनक बनाने के लिए डिज़ाइन किया गया एक रणनीतिक दृष्टिकोण है। इसलिए, एक नियमित शिक्षक का यह कर्तव्य बन जाता है कि वह अपनी कक्षा में सामान्य बच्चों के साथ-साथ विशेष आवश्यकता वाले बच्चों को भी संभाले।

इसलिए वह जिस आईसीटी का उपयोग करता है, उसे दिव्यांग बच्चों की विविध आवश्यकताओं को भी पूरा करना चाहिए जैसे कि सीखने की अक्षमता वाले बच्चे, हल्की बौद्धिक अक्षमता, ऑटिज्म, श्रवण दोष और दृश्य दोष वाले बच्चे।

विशेष आवश्यकता वाले बच्चों को शिक्षित करने में आईसीटी

(ICT in educating children with special needs)

आज के मानकों और कल के जीवन के लिए सभी छात्रों को शिक्षित करने में निश्चित रूप से प्रौद्योगिकी का उपयोग शामिल है। स्व-देखभाल, शिक्षा, रोजगार, मनोरंजन/अवकाश और सामुदायिक जीवन के क्षेत्रों में दिव्यांग छात्रों के लिए आवश्यक सहायता प्रदान करने के लिए इसका संबंध आसानी से स्वीकार किया जाता है। इसके अतिरिक्त, प्रौद्योगिकी तक पहुँच समस्या समाधान और उच्च क्रम की सोच कौशल विकसित करने और कक्षा से परे दुनिया में कार्य करने के लिए सार्थक सीखने के अनुभव प्रदान कर सकती है। सीखने के माहौल में प्रौद्योगिकी के उचित और सफल एकीकरण से सभी छात्रों को लाभ होने की संभावना है। जैसा कि राज्य और स्कूल नो चाइल्ड लेफ्ट बिहाइंड एक्ट, 2001 द्वारा आवश्यक शैक्षिक सुधार की आवश्यकताओं को लागू करने के लिए काम करते हैं, उन्हें यह सुनिश्चित करना चाहिए कि सभी छात्र शामिल हों, विशेष रूप से दिव्यांग छात्र।

विशेष रूप से, प्रौद्योगिकी दिव्यांग छात्रों की सहायता करती है:

- शैक्षणिक और रोजगार कार्यों में स्वतंत्रता को अधिकतम करना;
- कक्षा चर्चा में भाग लेना;

- साथियों, मार्गदर्शकों और आदर्श व्यक्तियों तक पहुँच प्राप्त करना;
- स्वयं वकालत करना;
- शैक्षिक विकल्पों की पूरी श्रृंखला तक पहुँच प्राप्त करना;
- ऐसे अनुभवों में भाग लेना जो अन्यथा संभव नहीं हैं;
- कार्य-आधारित शिक्षण अनुभवों में सफल होना;
- स्वतंत्र शिक्षण के उच्च स्तर को सुरक्षित करना;
- कॉलेज और करियर में बदलाव के लिए तैयार होना;
- साथियों के साथ कंधे से कंधा मिलाकर काम करना;
- उन शैक्षणिक कार्यों में महारत हासिल करना जिन्हें वे अन्यथा पूरा नहीं कर सकते;
- उच्च तकनीक वाले करियर क्षेत्रों में प्रवेश करना; और
- सामुदायिक और मनोरंजक गतिविधियों में भाग लेना

"यूनेस्को के अनुसार समावेशी शिक्षा का अर्थ है कि स्कूल सभी विद्यार्थियों को उनकी अलग-अलग क्षमताओं के बावजूद अच्छी शिक्षा प्रदान कर सकता है। सभी बच्चों के साथ सम्मान से पेश आया जाएगा और साथ मिलकर सीखने के समान अवसर सुनिश्चित किए जाएँगे। समावेशी शिक्षा एक सतत प्रक्रिया है। शिक्षकों को इसके लक्ष्यों तक पहुँचने के लिए सक्रिय रूप से और जानबूझकर काम करना चाहिए"।

छात्र पारंपरिक शिक्षण की तुलना में आईसीटी गतिविधियों को क्यों पसंद करते हैं?

(Why do students prefer ICT activities over traditional teaching?)

पारंपरिक शिक्षण की तुलना में आईसीटी गतिविधियों को प्राथमिकता देने वाले छात्रों द्वारा प्राप्त गुणों की सूची निम्नलिखित है। छात्रों की ये प्राथमिकताएँ हमारी इस समझ में भी योगदान देती हैं कि आईसीटी उपलब्धि को क्यों बढ़ाती है, क्योंकि आईसीटी; •अत्यंत धैर्यवान है

•कभी थकता नहीं

•कभी निराश या क्रोधित नहीं होता

•छात्रों को निजी तौर पर काम करने की अनुमति देता है

•कभी सुधार या प्रशंसा करना नहीं भूलता

•मज़ेदार और मनोरंजक है

•व्यक्तिगत सीखने के तरीके में मदद करता है

•स्व-गति वाला है

•गलतियाँ करने वाले छात्रों को शर्मिंदा नहीं करता

•विभिन्न विकल्पों के साथ प्रयोग करना संभव बनाता है

•तुरंत प्रतिक्रिया देता है

•शिक्षकों की तुलना में अधिक वस्तुनिष्ठ है

•शिक्षकों की तुलना में छात्रों के साथ अधिक सार्थक संपर्क प्रदान करता है

- जाति या जातीयता के प्रति निष्पक्ष है
- महान प्रेरक है
- सीखने पर नियंत्रण की भावना देता है
- ड्रिल और अभ्यास के लिए उत्कृष्ट है
- दृष्टि, श्रवण और स्पर्श का उपयोग करने की आवश्यकता होती है
- छोटे-छोटे चरणों में सिखाता है
- छात्रों को उनकी वर्तनी सुधारने में मदद करता है
- कंप्यूटर के उपयोग में दक्षता बनाता है, जो बाद में जीवन में मूल्यवान होगा
- कुछ अभ्यासों की थकान को समाप्त करता है हाथ से सीखने की गतिविधियाँ (जैसे, ग्राफ़ बनाना) • तेज़ी से काम करती हैं - मानव विचार की दर के करीब।

आईसीटी और समावेशी शिक्षा

(ICT and Inclusive Education)

इसलिए, समावेशन को एक दीर्घकालिक प्रक्रिया के रूप में माना जाना चाहिए जिसके लिए छात्रों की शिक्षा में शामिल सभी लोगों द्वारा समय, प्रयास, योग्यता और दृढ़ विश्वास की आवश्यकता होती है, सबसे पहले और सबसे महत्वपूर्ण, शिक्षकों द्वारा। एक वास्तविक समावेशी कक्षा को जन्म देने और बनाए रखने में शिक्षकों की प्रमुख भूमिका निर्विवाद है (एंडरसन एट अल, 2007), लेकिन इस तरह के एक महत्वपूर्ण मिशन के लिए यह भी आवश्यक है कि उपयुक्त, प्रभावी और बाधा-मुक्त शैक्षिक साधनों को नियोजित किया जाए। इस दृष्टिकोण से, आईसीटी संसाधन

आशाजनक हैं; यह बनाए रखने के लिए आधार हैं कि वे अधिकांश छात्रों को सीखने की बाधाओं को दूर करने में मदद करते हैं, इस प्रकार उनकी स्वायत्तता, इच्छा और आत्मसम्मान के साथ-साथ उनकी स्कूल उपलब्धि को बढ़ाते हैं। वास्तव में, शैक्षिक अनुसंधान इस बात के मजबूत सबूत प्रदान करता है कि: "आईसीटी समावेशी अभ्यास का समर्थन करने में एक माध्यम और एक शक्तिशाली उपकरण दोनों है। यह संचार के लिए व्यापक समर्थन प्रदान करता है, कई शिक्षार्थियों को सीखने में संलग्न होने में सहायता करता है, जिनमें वे भी शामिल हैं जिन तक पहुंचना कठिन है, और कुछ बाधाओं को तोड़ने में मदद करता है जो कम उपलब्धि और शैक्षिक बहिष्कार का कारण बनती हैं"

निष्कर्ष (Conclusion)

- भारतीय शिक्षा आयोग (1964-66): भारतीय शिक्षा आयोग पहला वैधानिक निकाय था जिसने सुझाव दिया कि दिव्यांग बच्चों की शिक्षा को केवल मानवीय आधार पर ही नहीं, बल्कि उपयोगिता के आधार पर भी व्यवस्थित किया जाना चाहिए। आयोग ने पाया कि यद्यपि भारतीय संविधान ने दिव्यांग बच्चों सहित सभी के लिए अनिवार्य शिक्षा के बारे में विशिष्ट निर्देश जारी किए थे, लेकिन इस संबंध में बहुत कम काम किया गया था। आयोग ने इस बात पर भी जोर दिया कि दिव्यांग बच्चों की शिक्षा "सामान्य शिक्षा प्रणाली का एक अविभाज्य हिस्सा होनी चाहिए।"

- समावेशी शिक्षा के मुख्य तत्व हैं:

    - मानवाधिकार मुद्दा ("सभी के लिए शिक्षा" का अर्थ है सभी बच्चे, लगभग सभी नहीं)।

- सभी दिव्यांग और गैर-दिव्यांग बच्चों के लिए स्कूल में सभी के लिए शिक्षा, जो एक साथ रहना सीखें।
- एकजुटता "सभी को शुरू से ही समाज में एक साथ भाग लेने में सक्षम बनाना:
- सामाजिक सद्भाव में योगदान देना और व्यक्तियों, समूहों और राष्ट्रों के बीच संबंधों के निर्माण को प्रोत्साहित करना।
- बाधाओं को तोड़ना "पूर्वाग्रहों और अस्वीकृति के लिए परिचितता और सहिष्णुता।

• 21वीं सदी में शिक्षा का लक्ष्य सिर्फ़ विषय-वस्तु के ज्ञान या नई तकनीकों के इस्तेमाल में महारत हासिल करना नहीं है। यह सीखने की प्रक्रिया में महारत हासिल करना है। शिक्षा को नौसिखिए शिक्षार्थियों को विशेषज्ञ शिक्षार्थियों में बदलने में मदद करनी चाहिए - ऐसे व्यक्ति जो सीखना चाहते हैं, जो रणनीतिक तरीके से सीखना जानते हैं, और जो अपने बेहद व्यक्तिगत और लचीले तरीकों से जीवन भर सीखने के लिए अच्छी तरह से तैयार हैं।

• अलग-अलग निर्देश का अर्थ है कई रास्ते बनाना ताकि अलग-अलग योग्यता, रुचि या सीखने की ज़रूरत वाले छात्र दैनिक सीखने की प्रक्रिया के हिस्से के रूप में अवधारणाओं को अवशोषित करने, उपयोग करने, विकसित करने और प्रस्तुत करने के लिए समान रूप से उपयुक्त तरीके का अनुभव कर सकें। यह छात्रों को अपने स्वयं के सीखने के लिए अधिक जिम्मेदारी और स्वामित्व लेने की अनुमति देता है, और सहकर्मी शिक्षण और सहकारी सीखने के अवसर प्रदान करता है।

• सहकर्मी ट्यूटरिंग कार्यक्रम ऑटिज़्म वाले छात्रों के पाठ्यक्रम और सामाजिक संपर्क कौशल को बेहतर बनाने का एक व्यवहार्य साधन है (ओडोम एट अल., 1999)। शोध से पता चलता है कि विशिष्ट ट्यूटरिंग रणनीतियों का शिक्षण ऑटिज़्म वाले बच्चों और उनके सामाजिक रूप से सक्षम साथियों के बीच बातचीत को सुविधाजनक बनाता है। अध्ययन संकेत देते हैं कि सामाजिक दीक्षा हस्तक्षेप के प्रभाव तुरंत स्पष्ट और पर्याप्त हैं (ओडोम, मैककोनेल, मैकएवॉय, पीटरसन, ओस्ट्रोस्की, चांडलर, एट अल., 1999)।

• सहकर्मी मध्यस्थता निर्देश और हस्तक्षेप ० छात्रों को सिखाई जाने वाली भूमिकाएँ

० छात्र निर्देश देते हैं

० शिक्षक निगरानी/सुविधा प्रदान करते हैं

० शैक्षणिक और सामाजिक लक्ष्य

• कक्षा-व्यापी सहकर्मी ट्यूटरिंग

० कक्षा के माहौल में युग्मों की टीम

० अत्यधिक संरचित शिक्षण प्रक्रियाएँ

० दैनिक अंक अर्जित करना/अंकों की सार्वजनिक पोस्टिंग

० शैक्षणिक कौशल का प्रत्यक्ष अभ्यास

• सहकर्मी-सहायता प्राप्त शिक्षण रणनीतियाँ (PALS) एक कक्षा-व्यापी सहकर्मी ट्यूटरिंग कार्यक्रम है। शिक्षक एक छात्र को एक सहपाठी के साथ सावधानीपूर्वक जोड़ते हैं। यह जोड़ी विभिन्न गतिविधियों पर काम करती है जो दोनों छात्रों की शैक्षणिक आवश्यकताओं को पूरा करती हैं। समय के साथ जोड़े बदलते

रहते हैं। PALS का उपयोग सामग्री क्षेत्रों में किया जा सकता है। यह रणनीति शिक्षक को कक्षा में घूमने, छात्रों का निरीक्षण करने और व्यक्तिगत सुधार की पेशकश करने के लिए प्रत्यक्ष अवसर प्रदान करती है। इसलिए PALS भागीदारों को विभिन्न शिक्षक-निर्देशित गतिविधियों पर एक साथ काम करने के माध्यम से विभेदित निर्देश की अनुमति देता है।

• शिक्षा में प्रौद्योगिकी-आधारित हस्तक्षेप का अर्थ कई व्याख्याओं के अधीन है। पिछले चालीस वर्षों में, कक्षा में शुरू की गई प्रौद्योगिकी-आधारित हस्तक्षेप में टेलीविजन, फिल्म प्रोजेक्टर और शैक्षिक फिल्मों, वीडियोटेप और वीडियोडिस्क का उपयोग, और स्टैंड-अलोन और नेटवर्क वाले कंप्यूटर और डेटा टर्मिनलों का उपयोग शामिल है। आज की कक्षा में सभी व्यावहारिक उद्देश्यों के लिए, "प्रौद्योगिकी-आधारित हस्तक्षेप" शब्द का अर्थ है निर्देश देने और छात्र सीखने को सक्षम करने के लिए कंप्यूटर का उपयोग (रिंगस्टाफ और केली, 2002)।

• 2003 में डैनियल के डेविस, माइकल वेहमेयर और स्टीवन ई. स्टॉक ने मानसिक मंदता वाले व्यक्तियों द्वारा धन प्रबंधन की सुविधा के लिए कंप्यूटर प्रौद्योगिकी के उपयोग पर अपने अध्ययन में यह परिणाम दिया कि धन प्रबंधन सॉफ़्टवेयर प्रोग्राम का उपयोग मानसिक मंदता वाले लोगों को वित्तीय प्रबंधन कार्यों को अधिक स्वतंत्र रूप से करने में सक्षम बनाने के लिए एक प्रभावी उपकरण हो सकता है।

वस्तुनिष्ठ प्रश्न (Objective Questions)

शिक्षा में सार्वभौमिक डिजाइन (UDL) के सिद्धांतों में से कौन सा सिद्धांत नहीं है?

a) पहुंच

b) अभिव्यक्ति

c) जुड़ाव

d) अनुशासन

उत्तर: d) अनुशासन

सह-शिक्षण विधियों में से कौन सी विधि "एक सिखाओ एक सहायक" के रूप में जानी जाती है?

a) स्टेशन शिक्षण

b) समानांतर शिक्षण

c) वैकल्पिक शिक्षण

d) एक सिखाओ एक सहायक

उत्तर: d) एक सिखाओ एक सहायक

विभेदित निर्देश में किस तत्व को समायोजित नहीं किया जाता है?

a) सामग्री

b) प्रक्रिया

c) उत्पाद

d) शिक्षक

उत्तर: d) शिक्षक

सहकर्मी मध्यस्थता निर्देश में किस प्रकार की रणनीति शामिल है?

a) कक्षा-व्यापी सहकर्मी शिक्षण

b) पारंपरिक शिक्षण

c) व्यक्तिगत शिक्षण

d) औपचारिक शिक्षण

उत्तर: a) कक्षा-व्यापी सहकर्मी शिक्षण

आईसीटी का पूर्ण रूप क्या है?

a) Information and Communication Technology

b) International Communication Technology

c) Inclusive Communication Training

d) Integrated Classroom Technology

उत्तर: a) Information and Communication Technology

लघु उत्तरीय प्रश्न (Short Answer Questions)

1. सीखने के लिए सार्वभौमिक डिजाइन (UDL) का मुख्य उद्देश्य क्या है?
2. सह-शिक्षण के लाभ क्या हैं?
3. विभेदित निर्देश का अर्थ क्या है?
4. सहकर्मी मध्यस्थता निर्देश के प्रकार क्या हैं?
5. आईसीटी का शिक्षा में क्या महत्व है?

दीर्घ उत्तरीय प्रश्न (Long Answer Questions)

1. शिक्षा में सार्वभौमिक डिजाइन (UDL) के सिद्धांतों और विशेषताओं को विस्तृत रूप में समझाइए।
2. सह-शिक्षण विधियों की विभिन्न प्रकारों को समझाइए और उनके लाभों पर चर्चा कीजिए।
3. विभेदित निर्देश के चार तरीकों को विस्तार से समझाइए और उदाहरणों के साथ समझाइए।
4. सहकर्मी मध्यस्थता निर्देश के विभिन्न प्रकारों पर विस्तृत चर्चा करें और उनके लाभों का विश्लेषण करें।
5. विशेष आवश्यकता वाले बच्चों की शिक्षा में आईसीटी के अनुप्रयोग और महत्व पर विस्तृत विवरण दें।

संदर्भ (Reference)

1) Burk, M. (1998). Computerized test accommodations: A new approach for inclusion and success for students with disabilities. Washington, D.C.: A. U. Software.

2) Dolan, B. (2000). Universal design for learning: Associate editor's column. Journal of Special Education Technology, 15(4), 47–51.

3) Friend, M. & Cook, L. (1996a). Interactions: Collaboration skills for school professionals. Whit Plains: Longman.

4) Maher, C.A. (1984). Handicapped adolescents as cross-age tutors: Program description and evaluation. Exceptional Children, 51,1, 56-63.

5) McMaster, K.N., & Fuchs, D. (2002). Effects of cooperative learning on the academic achievement of students with learning disabilities: An update of Tateyama-Sniezek's review.Learning Disabilities Research & Practice, 17, 2 107117.

6) Anne, M.B., & Thomas, M.S., (1989). Teaching Exceptional Students In Your Classroom. Allyn and Bacon, Boston.

7) Anderson, N., (1995). Inclusive education: Using Technology to provide higher level Cognitive Challenges. Australian Disability Review, 2, pp 34-39.

8) Dalton, D. W., Hannafin, M. J., (1988). "The Effects of Compuetr-Assisted and Traditional Mastery Methods on Computation Accuracy and Attitudes". Journal of Educational Research 82/1, pp: 27-33.

इकाई-5
समावेशी शिक्षा के लिए समर्थन और सहयोग

UNIT – 5 : SUPPORTS AND COLLABORATIONS FOR INCLUSIVE EDUCATION

परिचय
Introduction

उद्देश्य
Objective

समावेशी शिक्षा के हितधारक और उनकी जिम्मेदारियाँ।

Stakeholders of Inclusive Education and their responsibilities.

- समावेशी शिक्षा के हितधारक कौन हैं? (Who are the Stakeholders of Inclusive Education?)
- हितधारकों की भूमिकाएँ और जिम्मेदारियाँ। (Roles and Responsibilities of the Stakeholders.)

शिक्षा में समावेशन के लिए समर्थन और नेतृत्व

Advocacy and Leadership for Inclusion in Education

- शिक्षा में समावेशन की वकालत। (Advocacy for Inclusion in Education.)

- ➤ शिक्षा में समावेशन के लिए नेतृत्व। (Leadership for Inclusion in Education.)

समावेशन के लिए परिवार का समर्थन और भागीदारी

Family Support and Involvement for Inclusion

- ➤ परिवार - समाज की आधारशिला (Families – The Cornerstone of the Society)
- ➤ पारिवारिक सहयोग और भागीदारी का औचित्य (Rationale for Family Support and Involvement)
- ➤ भारत में मूल संगठनों के उदाहरण (Examples of Parent Organizations in India)

समावेशन हेतु सामुदायिक भागीदारी

Community involvement for inclusion

- ➤ समावेशन के लिए समुदाय को शामिल करना (Involving Community for Inclusion)
- ➤ समुदाय का उपयोग करना (Utilizing the Community)

समावेशी शिक्षा हेतु संसाधन जुटाना

Resource Mobilization for Inclusive Education

- ➤ संसाधन जुटाना: महत्व (Resource Mobilization: Importance)
- ➤ संसाधन जुटाने के तरीके (Methods of Resource Mobilization)

निष्कर्ष (Conclusion)

वस्तुनिष्ठ प्रश्न (Objective Type questions)

लघु उत्तरीय प्रश्न (Short answer Question)

दीर्घउत्तरीय प्रश्न (Long type questions)

संदर्भ (Refrences)

परिचय (Introduction)

यद्यपि समावेशी शिक्षा की अवधारणा को अंतरराष्ट्रीय स्तर पर एक दशक से भी अधिक समय से बढ़ावा दिया जा रहा है, फिर भी दिव्यांग बच्चों की शिक्षा में पूर्ण भागीदारी के लिए कई बाधाएँ बनी हुई हैं। जानकारी की कमी, समाज के सभी स्तरों पर दिव्यांग व्यक्तियों के प्रति भेदभावपूर्ण दृष्टिकोण के साथ मिलकर, उनके शिक्षा के अधिकार की निरंतर उपेक्षा में योगदान करती है। यह आंशिक रूप से दिव्यांग बच्चों की शिक्षा प्रक्रिया में नामांकन और भागीदारी की दिशा में की गई न्यूनतम प्रगति की व्याख्या करता है। कारक जटिल हैं और स्कूल और कक्षा की सीमाओं से परे हैं। यह अनुमान लगाया गया है कि एशिया-प्रशांत क्षेत्र के विकासशील देशों में दिव्यांग बच्चों में से 10 प्रतिशत से भी कम बच्चे स्कूल जाते हैं।

इस फ्लैगशिप का शीर्षक, "समावेश की ओर दिव्यांग व्यक्तियों के लिए शिक्षा का अधिकार" वर्तमान स्थिति को दर्शाता है जिसमें दुनिया भर में समावेशी शिक्षा की दिशा में एक आंदोलन चल रहा है। सभी बच्चों को शिक्षा का अधिकार है। दिव्यांग बच्चों के लिए समान अधिकार स्पष्ट रूप से अनिवार्य किया गया है, लेकिन अधिकार को व्यापक रूप से बरकरार नहीं रखा जा रहा है। 1990 में अधिक लचीली, प्रासंगिक और उत्तरदायी शिक्षा की ओर बढ़ते रुझान को बढ़ावा दिया गया। सलामांका वक्तव्य ने शिक्षा की एक समावेशी प्रणाली का एक दृष्टिकोण प्रदान किया, जो स्कूल से परे एक भूमिका निभाएगी और समावेशी और गैर-भेदभावपूर्ण समाजों के निर्माण में योगदान देगी। समावेशी स्कूल सभी बच्चों को लाभान्वित करेंगे क्योंकि वे शिक्षण के ऐसे तरीके विकसित करेंगे जो व्यक्तिगत अंतर और विविध क्षमताओं का

जवाब देंगे। इसके अलावा, वे लागत प्रभावी होंगे, जिससे दिव्यांग बच्चों के लिए अलग स्कूल प्रणाली की आवश्यकता समाप्त हो जाएगी। समावेशी शिक्षा के स्पष्ट लाभों के बावजूद, स्कूल नहीं जाने वाले दिव्यांग बच्चों की संख्या के आंकड़े बताते हैं कि यह प्रक्रिया अस्वीकार्य रूप से धीमी है और सबसे महत्वपूर्ण बाधाओं में से कई जो बनी हुई हैं उन्हें व्यक्तिगत शिक्षक या व्यक्तिगत स्कूल के स्तर पर हल नहीं किया जा सकता है। समावेशी शिक्षा का उद्देश्य सभी शिक्षार्थियों को गुणवत्तापूर्ण शिक्षा प्रदान करना है। एक समावेशी स्कूल को प्राप्त करने के लिए, पूरे समुदाय से समर्थन की आवश्यकता है: निर्णय लेने वालों से लेकर अंतिम उपयोगकर्ताओं (शिक्षार्थियों और उनके परिवारों) तक। सभी स्तरों पर सहयोग की आवश्यकता है और सभी हितधारकों को दीर्घकालिक परिणामों की दृष्टि की आवश्यकता है - स्कूल और समुदाय किस प्रकार के युवा लोगों को 'उत्पादित' करेंगे। विविधता और समान भागीदारी के अतिरिक्त मूल्य को दर्शाते हुए शब्दावली, दृष्टिकोण और मूल्यों में परिवर्तन की आवश्यकता है। शिक्षकों और अन्य शिक्षा पेशेवरों को समावेश के लिए तैयार होने के लिए, सभी प्रशिक्षण पहलुओं में परिवर्तन की आवश्यकता है - प्रशिक्षण कार्यक्रम, दैनिक अभ्यास, भर्ती, वित्त, आदि। शिक्षकों और शिक्षा पेशेवरों की अगली पीढ़ी को सभी शिक्षार्थियों के लिए शिक्षक/प्रशिक्षक बनने के लिए तैयार होना चाहिए; उन्हें न केवल योग्यता के संदर्भ में बल्कि नैतिक मूल्यों के संदर्भ में भी प्रशिक्षित किया जाना चाहिए।

उद्देश्य

इस इकाई को पढ़ने के बाद आप

- समावेशी शिक्षा के विभिन्न हितधारकों की भूमिका के बारे में चर्चा कर सकेंगे।
- वकालत और नेतृत्व के महत्व को समझा सकेंगे।
- समावेशी शिक्षा में परिवार और समुदाय के समर्थन के बारे में चर्चा कर सकेंगे।
- संसाधन जुटाने के अर्थ और महत्व के बारे में बता सकेंगे।

समावेशी शिक्षा के हितधारक और उनकी ज़िम्मेदारियाँ

(Stakeholders of Inclusive Education and their Responsibilities)

समावेशी शिक्षा के हितधारक कौन हैं?

(Who are the stakeholders of inclusive education?)

समावेशी शिक्षा, सीखने के माहौल में आने वाली बाधाओं को कम करके सभी शिक्षार्थियों की विविध आवश्यकताओं को संबोधित करने और उनका जवाब देने की एक प्रक्रिया है। इस प्रकार, समावेशी शिक्षा का समग्र लक्ष्य एक ऐसे स्कूल (या किसी भी संगठित शैक्षिक प्रावधान) का निर्माण करना है, जहाँ सभी शिक्षार्थी भाग ले रहे हों और उनके साथ समान व्यवहार किया जा रहा हो, और जो सक्रिय रूप से किसी भी ऐसे शिक्षार्थी की तलाश करता हो और उन तक पहुँचता हो जो पीछे रह गया हो।' - विशेष आवश्यकता शिक्षा पर सलामांका विश्व सम्मेलन (1994)

समावेशी शिक्षा को वास्तविकता बनाने के लिए, सिस्टम में कई हिस्सों को सही जगह पर होना चाहिए। यह सच है कि भारत सरकार ने एसएसए के माध्यम से 'सभी के लिए शिक्षा' प्राप्त करने के लिए एक महत्वपूर्ण निधि आवंटन किया है। लेकिन इसे साकार करने के लिए हमें हितधारकों को उपयुक्त रूप से तैयार और शामिल करने की आवश्यकता है। कुछ हितधारकों में नियमित शिक्षक, विशेष/संसाधन शिक्षक, स्कूल प्रशासक, विशेष आवश्यकता वाले बच्चों के माता-पिता और उनके साथियों के माता-पिता, जिनकी विशेष आवश्यकता नहीं है, स्वयं विशेष आवश्यकता वाले बच्चे और विशेष आवश्यकता वाले बिना शामिल हैं। संक्षेप में, समाज के सभी वर्ग जिनकी बच्चों की शिक्षा में प्रत्यक्ष और अप्रत्यक्ष रूप से हिस्सेदारी है। समावेशन की सफलता सभी हितधारकों के समन्वित और सहयोगी प्रयासों में निहित है।

हितधारकों की भूमिकाएँ और जिम्मेदारियाँ

(Roles and responsibilities of stakeholders)

(a) विशेष शिक्षक

समावेशी शिक्षा को एक बड़े कदम के रूप में शुरू किए जाने के साथ, विशेष शिक्षकों की बदलती भूमिका उभरती हुई दिखाई दे रही है। भारतीय पुनर्वास परिषद (RCI) द्वारा अनुमोदित विशेष शिक्षकों के शैक्षिक कार्यक्रम विशेष शिक्षकों को विशेष विद्यालयों में विशेष आवश्यकता वाले बच्चों की ज़रूरतों को पूरा करने के लिए विशेष शिक्षक बनने के लिए तैयार करते हैं। SSA ने समावेशी शिक्षा सेटिंग्स में संसाधन शिक्षक बनने के लिए उनके लिए दरवाज़े खोले हैं, जहाँ उनसे नियमित रूप से नियमित स्कूलों

का दौरा करने और विशेष ज़रूरत वाले बच्चों की ज़रूरतों को पूरा करने में नियमित शिक्षकों के भागीदार के रूप में कार्य करने की अपेक्षा की जाती है। एक अल्पकालिक सेवाकालीन कार्यक्रम उन्हें अद्यतन तकनीकों के साथ तैयार कर सकता है, जिसे आरसीआई के सतत पुनर्वास शिक्षा (सीआरई) कार्यक्रमों द्वारा पेश किया जा सकता है।

(b) संसाधन शिक्षक और नियमित शिक्षक

समावेशी स्कूलों में, हालांकि सभी बच्चों की शिक्षा की जिम्मेदारी नियमित शिक्षक की होती है, संसाधन शिक्षकों से अपेक्षा की जाती है कि वे नियमित स्कूलों में बच्चों और शिक्षकों का समर्थन करके समावेशी शिक्षा को सुगम बनाएं। यह आवश्यक है कि संसाधन शिक्षक और नियमित शिक्षक दोनों ही सुचारू, निर्बाध समावेशन के लिए उपयुक्त रूप से तैयार हों।

(c) विशेष आवश्यकता वाले बच्चे और उनके साथी

दिव्यांग बच्चों और उनके विशेष आवश्यकता वाले साथियों को समावेशन के लिए तैयार किया जाना चाहिए ताकि उनमें से किसी के लिए भी यह अनुभव भारी न हो। विशेष आवश्यकता वाले बच्चे जो 8 से 10 बच्चों की छोटी कक्षा की ताकत वाले सुरक्षात्मक वातावरण के आदी हैं, उन्हें 40 बच्चों की बड़ी कक्षा में रखे जाने पर झटका लग सकता है। और वे बच्चे जिन्होंने दिव्यांग बच्चे को नहीं देखा है, वे स्थिति पर दया और सहानुभूति से लेकर अपने विशेष आवश्यकता वाले साथियों को धमकाने और उनका मज़ाक उड़ाने तक की विभिन्न भावनात्मक और व्यवहारिक प्रतिक्रियाओं के साथ प्रतिक्रिया कर सकते हैं।

(d) दिव्यांगता वाले और बिना दिव्यांगता वाले बच्चों के माता-पिता

यदि उचित रूप से तैयार नहीं किया गया तो माता-पिता को भी आशंकाएं हो सकती हैं। दिव्यांग बच्चे के माता-पिता बड़ी नियमित कक्षा की तुलना में सुरक्षात्मक विशेष कक्षा को प्राथमिकता दे सकते हैं, जहाँ उनके बच्चे को शिक्षक का ध्यान नहीं मिल पाता है। ऐसे कई मौके आए हैं जब बिना किसी विशेष आवश्यकता वाले बच्चे के माता-पिता को डर था कि उनका बच्चा विशेष आवश्यकता वाले बच्चों के साथ रहने पर अजीब तरीके से 'व्यवहार' कर सकता है। ये समावेशन से संबंधित कई मुद्दों के कुछ उदाहरण हैं, जिन पर ध्यान देने की आवश्यकता है, ताकि समावेशन को उसके सही अर्थों में महसूस किया जा सके।

(e) स्कूल प्रशासक समावेशन को सफल बनाने के लिए

स्कूल प्रशासक एक और महत्वपूर्ण घटक हैं। व्हीलचेयर उपयोगकर्ताओं के लिए रैंप प्रदान करके कक्षाओं तक पहुँच, उज्ज्वल रोशनी और हवादार कक्षाएँ ताकि जो बच्चे सुन नहीं सकते हैं वे शिक्षक को स्पष्ट रूप से देख सकें जब वह बात कर रही हों और कम दृष्टि वाले बच्चे बेहतर देख सकें, कक्षा में पर्दे हों ताकि ध्यान की कमी वाले बच्चे विचलित न हों और शिक्षक के पढ़ाते समय बाहर न देखें। ये सभी स्कूल प्रशासक की ज़िम्मेदारी है, ताकि पहुँच और बाधा मुक्त वातावरण सुनिश्चित हो। इससे भी महत्वपूर्ण बात यह है कि प्रशासक का रवैया अन्य हितधारकों को प्रभावित करेगा। इसलिए, यह सुनिश्चित करके कि प्रशासकों का समावेशन के प्रति सकारात्मक दृष्टिकोण हो, सफल समावेशन की दिशा में एक प्रमुख मील का पत्थर हासिल किया जा सकता है।

(f) भारत सरकार और राज्य सरकारें

भारत सरकार ने समावेशी शिक्षा की दिशा में एक बड़ा कदम उठाया है। इसे सफल बनाने के लिए, सभी हितधारकों को अपना सर्वश्रेष्ठ प्रयास करने की आवश्यकता है ताकि समावेशी शिक्षा को सही मायने में हासिल किया जा सके। आखिरकार, सर्वोत्तम शिक्षा प्राप्त करना बच्चे का अधिकार है। आइए हम इसे साकार करें और प्रत्येक बच्चे में अधिकतम क्षमता को सामने लाएं - हमारे राष्ट्र के भावी नेता!

सरकारों को गैर-सरकारी संगठनों के साथ घनिष्ठ सहयोग में काम करना चाहिए जो दिव्यांग बच्चों को शिक्षा प्रदान कर रहे हैं और उन्हें नियमित सामुदायिक स्कूलों में शामिल करने के लिए रणनीति विकसित कर रहे हैं, ताकि इन प्रक्रियाओं से सीख ली जा सके और उन्हें राष्ट्रीय शिक्षा प्रणाली में शामिल किया जा सके। सरकारों को दिव्यांग व्यक्तियों के संगठनों और दिव्यांग बच्चों के माता-पिता के साथ नीतियों के विकास और स्कूल प्रणाली में बदलाव में परामर्श करना चाहिए, ताकि यह सुनिश्चित किया जा सके कि इन बच्चों को नियमित सामुदायिक स्कूलों में शामिल किया जाए और उनकी ज़रूरतें पूरी हों।

(g) स्कूल और समुदाय

गैर-सरकारी संगठनों को शिक्षा मंत्रालय के अधिकारियों के साथ मिलकर यह सुनिश्चित करना चाहिए कि वे दिव्यांग बच्चों को शिक्षा में शामिल करने के लिए गैर-सरकारी परियोजनाओं के बारे में जानते हैं और उनमें भाग लेते हैं। दिव्यांग लोगों के संगठनों को शिक्षा मंत्रालय के अधिकारियों से दिव्यांग बच्चों को राष्ट्रीय शिक्षा नीतियों और स्कूलों में शामिल करके उनके शिक्षा के अधिकार

को पूरा करने की वकालत करनी चाहिए। माता-पिता को राष्ट्रीय शिक्षा प्रणाली के भीतर स्थानीय सामुदायिक स्कूलों में अपने बच्चों को शामिल करने की वकालत करनी चाहिए।

शिक्षा में समावेशन के लिए वकालत और नेतृत्व (Advocating and Leadership for Inclusion in Education)

शिक्षा में समावेशन की वकालत (Advocating inclusion in education)

दिव्यांग बच्चों के माता-पिता के संगठनों और दिव्यांग लोगों के संगठनों द्वारा वकालत शिक्षा प्रणाली को बदलने के लिए एक बहुत ही महत्वपूर्ण तंत्र है ताकि दिव्यांग बच्चों को स्कूलों में शामिल करने के लिए इसे अधिक इच्छुक और अधिक सक्षम बनाया जा सके और यह सुनिश्चित किया जा सके कि स्कूल उनकी आवश्यकताओं को पूरा करें। शैक्षिक आवश्यकताएँ. कई देशों में जहाँ विशेष विद्यालय स्थापित किए गए हैं, उन्हें गैर-सरकारी संगठनों के साथ साझेदारी में काम करने वाले माता-पिता के संगठनों द्वारा शुरू किया गया था। अन्य देशों में वे सरकारों को नियमित प्री-स्कूलों, प्राथमिक विद्यालयों, माध्यमिक विद्यालयों और विश्वविद्यालयों में दिव्यांग बच्चों को शामिल करने के लिए प्रोत्साहित करने में सहायक रहे हैं।

बिवाको मिलेनियम फ्रेमवर्क ने दिव्यांग व्यक्तियों के दूसरे दशक के लिए पहली प्राथमिकता के रूप में दिव्यांग व्यक्तियों के स्वयं सहायता संगठनों और संबंधित परिवार और अभिभावक संघों को मजबूत करने की पहचान की है। इसमें कहा गया है कि वे "स्वयं और अन्य दिव्यांग व्यक्तियों के लिए समर्थन, सूचना और वकालत

करने के लिए सबसे योग्य और सबसे अच्छी तरह से सुसज्जित हैं।" इसमें दिव्यांग बच्चे भी शामिल हैं।

समावेश के लिए वकालत का मानना है कि दिव्यांग बच्चों को उनकी पसंद की समावेशी शिक्षा मिलनी चाहिए, ठीक उसी तरह जैसे व्यापक समुदाय में छात्रों के लिए विकल्प उपलब्ध हैं। स्कूल समुदायों को सभी बच्चों को शामिल करना चाहिए, और दिव्यांग बच्चों द्वारा सामुदायिक जीवन में दिए जाने वाले अद्वितीय योगदान को खुले तौर पर पहचानना चाहिए। यह आवश्यक है कि दिव्यांग बच्चों के व्यक्तिगत संबंधों और सामाजिक नेटवर्क को बनाए रखने और मजबूत करने के लिए समावेशी शिक्षा का समर्थन किया जाए। प्रत्येक बच्चे का समर्थन व्यक्तिगत और लचीला होना चाहिए, जबकि उस समय उनकी विशेष आवश्यकताओं के लिए प्रासंगिक रहना चाहिए।

वकालत में नीति-निर्माण प्रक्रिया में भागीदारी और शक्ति संतुलन को बदलने और बदलाव लाने के लिए सार्वजनिक जागरूकता और समर्थन बढ़ाना शामिल है। यह एक दीर्घकालिक, चक्रीय प्रक्रिया है:

- मापने योग्य, प्राप्त करने योग्य, यथार्थवादी और समयबद्ध लक्ष्य हैं
- उचित जानकारी का उपयोग करके सही दर्शकों को संबोधित करता है, और एक स्पष्ट संदेश प्रसारित करता है
- गठबंधन बनाता है और स्थानीय धन जुटाता है।

समावेशी शिक्षा को साकार करने के लिए, विभिन्न अभिनेताओं को संबोधित किया जाना चाहिए, जैसे सरकार, जिला प्राधिकरण,

अंतर्राष्ट्रीय संगठन, सामुदायिक नेता, स्कूल बोर्ड, शिक्षक, माता-पिता और बच्चे।

शिक्षा में समावेश के लिए नेतृत्व (Leadership for Inclusion in Education)

समावेशी शिक्षा को सफल बनाने के लिए, प्रशासकों को नई दृष्टि को सार्वजनिक रूप से व्यक्त करने, दृष्टि के लिए आम सहमति बनाने और सभी हितधारकों को सक्रिय भागीदारी के लिए प्रेरित करने के लिए कार्रवाई करनी चाहिए। प्रशासक विशेष शिक्षकों द्वारा महत्वपूर्ण के रूप में पहचाने गए चार प्रकार के समर्थन प्रदान कर सकते हैं: व्यक्तिगत और भावनात्मक (उदाहरण के लिए, चिंताओं को सुनने के लिए तैयार होना); सूचनात्मक (उदाहरण के लिए, प्रशिक्षण और तकनीकी सहायता प्रदान करना); सहायक (उदाहरण के लिए, शिक्षकों को मिलने के लिए समय बनाना); और मूल्यांकन (उदाहरण के लिए, नई प्रथाओं के कार्यान्वयन से संबंधित रचनात्मक प्रतिक्रिया देना) (लिट्रेल, बिलिंग्सले, और क्रॉस, 1994)।

दूरदर्शी नेता मानते हैं कि स्कूल सहित किसी भी संगठन को बदलना एक जटिल कार्य है। वे जानते हैं कि संगठनात्मक परिवर्तन के लिए समावेशी दृष्टि के लिए आम सहमति बनाने पर निरंतर ध्यान देने की आवश्यकता होती है। इसके लिए शिक्षकों और परिवर्तन में शामिल सभी लोगों की ओर से कौशल विकास की भी आवश्यकता होती है; नए अभ्यासों के साथ प्रयोग को प्रेरित करने के लिए अतिरिक्त सामान्य नियोजन समय और वित्तीय, मानवीय, तकनीकी और संगठनात्मक संसाधनों का प्रावधान; और एक स्कूल की संस्कृति और अभ्यास को बदलने के लिए एक अच्छी तरह से तैयार की गई कार्य योजना का

सहयोगात्मक विकास और संचार (एम्ब्रोस, 1987; विला और थाउज़ेंड, प्रेस में)।

समावेशन को तेजी से एक शैक्षिक सुधार के रूप में समझा जा रहा है जो सभी शिक्षार्थियों की विविधता का जवाब देता है, हाशिए पर होने, बहिष्कार और कम उपलब्धि को चुनौती देता है जो सभी प्रकार के 'अंतर' से उत्पन्न हो सकते हैं। समावेशन के लिए नेतृत्व की अवधारणा यहाँ समावेशन के साझा अर्थ बनाने और सहयोगी अभ्यास बनाने के लिए निरंतर संघर्ष को आगे बढ़ाने के रूप में की गई है, एक ऐसा प्रयास जिसे महत्वपूर्ण अभ्यास में निहित होना चाहिए

शिक्षा के लिए परिवार का समर्थन और भागीदारी (Family support and involvement for education)

परिवार - समाज की आधारशिला (Family – the cornerstone of society)

दिव्यांग व्यक्तियों के लिए प्रगति और व्यवस्था परिवर्तन का इतिहास हमें दिखाता है कि सकारात्मक परिवर्तन परिवारों के काम, दृढ़ता और दूरदर्शिता से आए हैं। वर्षों के संघर्ष, मजबूत दूरदर्शिता या रचनात्मक सोच और मजबूत सामाजिक शक्तियों के कारण ही दिव्यांगता को मानव अधिकार के मुद्दे के रूप में जागरूकता पैदा हुई है और विशेष जरूरतों वाले बच्चों को उन समुदायों में साथी नागरिकों के रूप में महत्व दिया जाता है जिनमें हम रहते हैं। यह सोचना हमेशा दिलचस्प होता है कि लगभग सभी देशों में वर्षों से भयावह इतिहास और प्रथाओं के बावजूद परिवारों ने उस दृष्टिकोण को कैसे बनाए रखा।

गांधी ने कहा कि "हमें वह बदलाव बनना चाहिए जो हम देखना चाहते हैं"। दिव्यांग बच्चों वाले परिवार दोहरी भूमिका निभाते हैं, हम एक बच्चे को समुदाय में रहने के लिए बड़ा करते हैं और हम अपने बच्चों का स्वागत करने के लिए समुदाय को बड़ा करते हैं।

परिवारों को अपने बच्चे की शिक्षा में शामिल होने और अपने बच्चे तथा स्कूल समुदाय से संबंधित निर्णयों में स्कूल के साथ भागीदारी करने का अधिकार है। व्यापक शोध ने शिक्षा में माता-पिता की भागीदारी के लाभों को दर्शाया है। इन लाभों में उच्च उपलब्धि, बेहतर उपस्थिति, अधिक सकारात्मक दृष्टिकोण और व्यवहार तथा उच्च स्नातक दर शामिल हैं। इसके अलावा, जो स्कूल परिवारों के साथ अच्छा काम करते हैं, उनमें शिक्षकों का मनोबल बेहतर होता है और समुदाय द्वारा उन्हें उन स्कूलों की तुलना में बेहतर प्रदर्शन करते हुए देखा जाता है जो ऐसा नहीं करते हैं।

परिवार के समर्थन और भागीदारी का औचित्य (Rationale for family support and involvement)

अपने बच्चों की शिक्षा और हस्तक्षेप कार्यक्रम में परिवार की भागीदारी को प्रोत्साहित करने के लिए कई कारण दिए जा सकते हैं। जब हम परिवारों के बारे में बात करते हैं तो हमारा मतलब आमतौर पर माता-पिता से होता है। हालाँकि, विशेष जरूरतों वाले बच्चे को अपनाने और उन्हें समान अवसर प्रदान करने में परिवार के अन्य सदस्यों की जरूरतों पर विचार करना महत्वपूर्ण है जो एक दिव्यांग बच्चे को मिलता है।

- माता-पिता और परिवार के निकटतम सदस्य अपने बच्चे के लिए प्रमुख सामाजिक एजेंट होते हैं, सांस्कृतिक

मूल्यों, विश्वासों और परंपराओं के प्राथमिक संवाहक होते हैं।
- जब परिवार के सदस्य घर पर पढ़ाने में भाग लेते हैं तो दिव्यांग बच्चे विकासात्मक कौशल अधिक तेज़ी से हासिल करते हैं।
- हस्तक्षेप कार्यक्रम में शामिल होने से माता-पिता को अन्य माता-पिता से समर्थन और अपने बच्चे की ताकत और ज़रूरतों के बारे में बेहतर दृष्टिकोण मिलता है।
- वयस्कों की अपेक्षाओं की स्थिरता बनाए रखी जा सकती है जब वयस्क अपेक्षाओं पर सहमत नहीं होते हैं तो छोटे बच्चे चिंतित हो जाते हैं।
- माता-पिता अपने बच्चे को शिक्षकों या चिकित्सकों से बेहतर जानते हैं, इसलिए माता-पिता अद्वितीय जानकारी का स्रोत होते हैं।
- परिवार के सदस्य बच्चे को स्कूल से घर और पड़ोस में सीखने में मदद कर सकते हैं।
- दिन में केवल कुछ घंटे स्कूल में बिताए जाते हैं, कई घंटे घर पर परिवार के साथ बिताए जाते हैं।

भारत में अभिभावक संगठनों के उदाहरण (Examples of Parent Organizations in India)

- परिवार-बंगाल, परिवार (अभिभावकों के राष्ट्रीय परिसंघ) का हिस्सा है, जिसने पश्चिम बंगाल के जिलों में अभिभावकों को सशक्त बनाया है।
- मेंटेड - बौद्धिक और विकासात्मक दिव्यांगता वाले युवा वयस्कों के लिए स्वयं वकालत

समावेशन के लिए सामुदायिक भागीदारी (Community Participation for Inclusion)

समावेशन के लिए समुदाय को शामिल करना (Engaging the community for inclusion)

समाज दिव्यांग व्यक्तियों के लिए शिक्षा, स्वास्थ्य, परिवहन, रोजगार और पुनर्वास जैसी सेवाओं के प्रावधान पर अलग-अलग प्रतिक्रिया देते हैं। दिव्यांग व्यक्तियों द्वारा सेवाओं तक पहुँच दुनिया के सभी हिस्सों में एक बड़ी चुनौती बनी हुई है, लेकिन विशेष रूप से विकासशील देशों में। हालाँकि, कई देशों ने सभी विकास गतिविधियों में दिव्यांग व्यक्तियों को शामिल करने के लाभों को महसूस किया है। उनकी ज़िंदगी को सुरक्षित और बेहतर बनाने के लिए नीतियों को अनुकूलित किया गया है, और समुदाय आधारित पुनर्वास (CBR) और समावेशी शिक्षा (IE) जैसे कार्यक्रम लागू किए गए हैं। इन कार्यक्रमों का समग्र उद्देश्य दिव्यांग व्यक्तियों की क्षमता को विकसित करना और उन्हें समुदाय में उत्पादक नागरिक बनाना और समान अवसर प्राप्त करना है।

समुदाय का उपयोग करना (Using the community)

समावेशी शिक्षा यह मानती है कि सभी बच्चों को वह शिक्षा मिले जो उनका मूल मानव अधिकार है, यह सुनिश्चित करने के लिए पूरे समुदाय को शामिल करने की आवश्यकता है। इसका मतलब है कि हमें इस बारे में सोचना होगा कि हमारे समुदायों में कौन है और वे समावेशी शिक्षा की प्रक्रिया का समर्थन कैसे कर सकते हैं। निम्नलिखित समुदाय का हिस्सा हैं:

- माता-पिता और परिवार के सदस्य

- शिक्षक, प्रिंसिपल, स्कूल बोर्ड, स्कूल समीक्षा अधिकारी
- स्थानीय नेता - चर्च, समुदाय के नेता, महिला समितियाँ, युवा समूह, आदि।
- स्थानीय स्वास्थ्य कार्यकर्ता
- स्थानीय व्यवसाय - दुकानदार, बस चालक
- स्थानीय खेल समूह
- स्थानीय अभिभावक समूह और दिव्यांग लोगों के संगठन

स्कूल अपने समुदाय का उपयोग धन उगाहने, माता-पिता से माता-पिता को सहायता प्रदान करने, परिवहन में मदद करने, परामर्श देने, शिक्षक के सहायक/सहायक बनने, सांस्कृतिक कौशल (बुनाई, खाना बनाना) सिखाने, स्कूल में नहीं जाने वाले छात्रों की पहचान करने, सार्वजनिक जागरूकता को बढ़ावा देने और स्कूल की आपूर्ति में मदद करने के लिए कर सकते हैं। चर्च सभी बच्चों को संडे स्कूल और युवा समूहों में शामिल कर सकते हैं। नर्स/स्वास्थ्य कार्यकर्ता माता-पिता को जानकारी प्रदान करते हैं, और उन बच्चों को खोजने में मदद कर सकते हैं जो स्कूल नहीं जाते हैं। दिव्यांगता से संबंधित संगठनों के सदस्य स्कूलों में बातचीत कर सकते हैं, लोगों में जागरूकता बढ़ा सकते हैं और बच्चों को शामिल करने के तरीके सुझा सकते हैं

समावेशी शिक्षा के लिए संसाधन जुटाना (Mobilizing resources for inclusive education)

संसाधन जुटाना: महत्व Resource (Mobilization: Importance)

समावेशी शिक्षा के लिए राष्ट्रीय और स्थानीय दोनों स्तरों पर नीतिगत कार्रवाई की आवश्यकता होती है। राष्ट्रीय स्तर पर,

सरकार को समावेशी शिक्षा को अनिवार्य बनाने वाले नए कानूनों के पारित होने को लागू करना चाहिए, जबकि स्थानीय स्तर पर स्कूलों और समुदाय को क्षमता निर्माण, संसाधन जुटाने और ज्ञान पैदा करने में भाग लेना चाहिए।

IE की सफलता के लिए संसाधन जुटाना अनिवार्य है। देश में IE सेवाओं के प्रावधान को सक्षम करने में संसाधन महत्वपूर्ण भूमिका निभाते हैं। IE सेवाओं के लिए विशेष मानव, सामग्री और भौतिक संसाधनों की आवश्यकता होती है।

सरकार आवश्यक विशिष्ट शिक्षण स्टाफ उपलब्ध करा रही है। विशेष आवश्यकताओं और दिव्यांगता वाले विद्यार्थियों को अपनी शिक्षा के लिए अपने गैर-दिव्यांग साथियों की तुलना में अधिक और विशेष सामग्री संसाधनों की आवश्यकता होती है। व्यक्तिगत स्तर और स्कूल स्तर दोनों पर भौतिक संसाधनों की आवश्यकता होती है। आवश्यक सामग्री की प्रकृति और प्रकार दिव्यांगता के प्रकार और डिग्री पर निर्भर करता है। भौतिक वातावरण जहां विशेष आवश्यकताओं और दिव्यांगता वाले विद्यार्थी काम करते हैं, उनके लिए सुलभ होना चाहिए और दिव्यांगता के अनुकूल होना चाहिए। इसके लिए भौतिक संरचनाओं को बेहतर बनाने और विशेष आवश्यकताओं और दिव्यांगता वाले व्यक्तिगत विद्यार्थियों को बुनियादी शिक्षण सहायक सामग्री प्रदान करने के लिए शिक्षण संस्थानों को भौतिक संसाधनों का पर्याप्त आवंटन करने की आवश्यकता है।

संसाधन जुटाने के तरीके (Methods of Resource Mobilization)

विशेष आवश्यकताओं वाले छात्रों के लिए शैक्षिक सेवाओं का वित्तपोषण और समर्थन सभी देशों के लिए प्राथमिक चिंता का विषय है, चाहे उपलब्ध संसाधन कुछ भी हों। फिर भी, शोध के बढ़ते निकाय का दावा है कि समावेशी शिक्षा न केवल लागत-कुशल है, बल्कि लागत-प्रभावी भी है और "समानता ही उत्कृष्टता का मार्ग है" (स्कर्टिक, 1991, ओईसीडी, 1999)

(a) सरकारी फंडिंग सूत्र

देशों में, संसाधनों का मुद्दा फंडिंग के स्तर के मुद्दे के रूप में उतना नहीं दिखता है, जितना कि यह फंड के वितरण और आवंटन का मुद्दा है। विशेष रूप से, IE के लिए राजकोषीय नीतियाँ और उनके अंतर्निहित प्रोत्साहन (या हतोत्साहन) "आबंटित राशियों के रूप में कार्यक्रम प्रावधान को प्रभावित करने में उतने ही महत्वपूर्ण हो सकते हैं" (पैरिश, 2002)।

कई माता-पिता विशेष आवश्यकताओं और दिव्यांगताओं वाले शिक्षार्थियों के लिए आवश्यक सहायक और कार्यात्मक उपकरणों का खर्च नहीं उठा सकते क्योंकि वे महंगे और पहुंच से बाहर हैं। सरकार बुनियादी शिक्षण सहायक उपकरण प्रदान कर रही है: हालाँकि अपर्याप्त संसाधनों और फंडिंग के कारण सहायक/कार्यात्मक उपकरणों का प्रावधान अभी भी एक बाधा है। इन्हें अन्य सेवा प्रदाताओं द्वारा पूरक बनाया जाएगा, जिसमें व्यक्ति, धार्मिक संगठन, नागरिक समाज संगठन, कॉर्पोरेट क्षेत्र, द्विपक्षीय और बहुपक्षीय एजेंसियाँ शामिल हैं।

(b) छात्र-बद्ध बजट प्रणाली

कभी-कभी मुख्यधारा के स्कूल इन बच्चों (और उनके बजट) को अपनी दीवारों के भीतर रखने के लिए उत्सुक होते हैं। हालाँकि, यह संभावना है कि वे ऐसे बच्चों (बजट वाले) को पसंद करते हैं जो उन्हें बहुत अधिक अतिरिक्त काम न दें। साथ ही, माता-पिता हमेशा अपने बच्चे के लिए सर्वश्रेष्ठ पाने की कोशिश करेंगे और परिणामस्वरूप विशेष आवश्यकताओं के लिए सबसे अधिक धनराशि प्राप्त करने का प्रयास करेंगे।

छात्र-बद्ध बजट प्रणाली निश्चित रूप से हल्के विशेष आवश्यकताओं वाले बच्चों के लिए उचित नहीं है। सीखने की अक्षमताओं के लिए मानदंड अस्पष्ट, अस्पष्ट हैं और समय के साथ बदलते हैं और यह अपने आप में बहस का विषय हो सकता है यदि बजट बच्चों से जुड़े हैं। व्यवहार में, केवल स्पष्ट मानदंड ही उपयोगी होते हैं यदि निधि बच्चों से जुड़ी होती है। यदि इन्हें विकसित करना संभव नहीं है, तो छात्र-बद्ध बजट का उपयोग नहीं किया जाना चाहिए।

आम तौर पर यह वांछनीय है कि निदान, वर्गीकरण, अपील और मुकदमेबाजी जैसी नौकरशाही प्रक्रियाओं के बजाय निधियों को विशेष शिक्षा पर ही (एक समावेशी सेटिंग में) खर्च किया जाए।

(c) विकेंद्रीकृत मॉडल

केंद्रीय दृष्टिकोण की तुलना में विकेंद्रीकृत मॉडल में समावेशन को अधिक आसानी से प्राप्त किया जा सकता है। केंद्र द्वारा निर्धारित योजना में समावेशन अभ्यास को साकार किए बिना उस विशिष्ट मॉडल की संगठनात्मक विशेषताओं पर बहुत अधिक जोर दिया जा सकता है। कुछ स्वायत्तता वाले स्थानीय संगठन सिस्टम को

बदलने के लिए बेहतर ढंग से सुसज्जित हो सकते हैं। इसलिए, एक विकेंद्रीकृत मॉडल अधिक लागत प्रभावी होने की संभावना है और रणनीतिक व्यवहार के अवांछनीय रूपों के लिए कम अवसर प्रदान करता है। फिर भी, केंद्र सरकार को स्पष्ट रूप से निर्दिष्ट करना होगा कि कौन से लक्ष्य हासिल किए जाने चाहिए। ऐसे लक्ष्यों को कैसे हासिल किया जाए, इस बारे में निर्णय स्थानीय संगठनों पर छोड़ दिया जाता है।

संक्षेप

1. सभी को शिक्षा का अधिकार है। शिक्षा निःशुल्क होगी, कम से कम प्रारंभिक और मौलिक चरणों में। प्रारंभिक शिक्षा अनिवार्य होगी। शिक्षा मानव व्यक्तित्व के पूर्ण विकास और मानव अधिकारों और मौलिक स्वतंत्रता के सम्मान को मजबूत करने के लिए निर्देशित होगी। यह सभी देशों, नस्लीय या धार्मिक समूहों के बीच समझ, सहिष्णुता और मित्रता को बढ़ावा देगा और शांति बनाए रखने के लिए संयुक्त राष्ट्र की गतिविधियों को आगे बढ़ाएगा।" (अनुच्छेद 26 - मानवाधिकारों की सार्वभौमिक घोषणा)

2. समावेशी शिक्षा की नीति और दृष्टिकोण को आगे बढ़ाने के लिए बहुत महत्वपूर्ण मानवीय, आर्थिक, सामाजिक और राजनीतिक कारण भी हैं, लेकिन यह व्यक्तिगत विकास लाने और व्यक्तियों, समूहों और राष्ट्रों के बीच संबंध बनाने का एक साधन भी है।

इसलिए यह अनिवार्य है कि स्कूल और स्थानीय अधिकारी यह सुनिश्चित करने की जिम्मेदारी लें कि यह अधिकार लागू हो। ठोस रूप से इसमें शामिल हैं:

- समुदाय मानवाधिकारों को कैसे समझता है, इस बारे में बहस शुरू करना;
- सामूहिक सोच पैदा करना और व्यावहारिक समाधानों की पहचान करना जैसे कि मानवाधिकारों को स्थानीय स्कूल पाठ्यक्रम का हिस्सा कैसे बनाया जा सकता है;
- मानवाधिकार आंदोलन को शैक्षिक पहुँच से जोड़ना;
- संरक्षण को बढ़ावा देने के लिए जमीनी स्तर पर कार्रवाई को बढ़ावा देना और नीति स्तर पर इसके संबंधों को मजबूत करना;
- समुदाय और बच्चों की परिषदों के निर्माण को प्रोत्साहित करना, जहाँ पहुँच के मुद्दों पर चर्चा की जा सके; तथा

स्कूल न जाने वाले बच्चों की पहचान करने के लिए सामुदायिक-स्कूल तंत्र विकसित करना और साथ ही यह सुनिश्चित करने के लिए गतिविधियाँ विकसित करना कि बच्चे स्कूल में नामांकित हों और सीखें

3. समावेशन को सीखने, संस्कृतियों और समुदायों में भागीदारी बढ़ाने और शिक्षा के भीतर और उससे बहिष्कार को कम करने के माध्यम से सभी शिक्षार्थियों की ज़रूरतों की विविधता को संबोधित करने और प्रतिक्रिया देने की प्रक्रिया के रूप में देखा जाता है। इसमें सामग्री, दृष्टिकोण, संरचनाओं और रणनीतियों में परिवर्तन और संशोधन शामिल हैं, एक सामान्य दृष्टि के साथ जो उचित आयु सीमा के सभी बच्चों को कवर करती है और यह दृढ़ विश्वास है कि सभी बच्चों को शिक्षित करना नियमित प्रणाली की ज़िम्मेदारी है।

4. विकेंद्रीकृत प्रणाली में एक महत्वपूर्ण चिंता जवाबदेही का मुद्दा है। शिक्षा प्रणाली के ग्राहकों और आम तौर पर करदाताओं को यह जानने का अधिकार है कि धन कैसे और किस उद्देश्य से खर्च किया जाता है। तदनुसार, किसी प्रकार की निगरानी, निरीक्षण और मूल्यांकन प्रक्रियाएँ वित्तपोषण प्रणाली के अपरिहार्य तत्व होंगे। अधिक केंद्रीकृत विकल्पों की तुलना में विकेंद्रीकृत मॉडल में निगरानी और मूल्यांकन की आवश्यकता और भी अधिक है। इसलिए विशेष आवश्यकताओं वाले बच्चों के लिए शिक्षा की गुणवत्ता का स्वतंत्र मूल्यांकन ऐसे मॉडल का हिस्सा है।

5. समावेशन सहायता एजेंसियाँ (ISA) गुणवत्तापूर्ण समावेशन सहायता तक पहुँच के प्रबंधन और समन्वय के लिए जिम्मेदार हैं जो एक परिभाषित क्षेत्र के भीतर सभी पात्र शिक्षा और देखभाल सेवाओं के लिए प्रासंगिक, उपयुक्त और समय पर है। ISAs में समावेशन सहायता सुविधाकर्ता (ISF) नियुक्त किए जाते हैं जो शिक्षा और देखभाल सेवाओं में शिक्षकों और कर्मचारियों के साथ सीधे काम करते हैं। ISF व्यावहारिक सलाह प्रदान करते हैं और सभी बच्चों के लिए समावेशी वातावरण बनाने की सेवा की क्षमता को मजबूत करने के लिए डिज़ाइन किए गए समर्थन की एक श्रृंखला तक पहुँच की सुविधा प्रदान करते हैं।

वस्तुनिष्ठ प्रश्न (Objective Questions)

समावेशी शिक्षा के हितधारकों में से कौन शामिल नहीं है?

a) शिक्षक

b) छात्र

c) विपणक

d) अभिभावक

उत्तर: c) विपणक

समावेशी शिक्षा में परिवार की क्या भूमिका है?

a) शिक्षा से दूर रखना

b) केवल वित्तीय सहायता देना

c) सक्रिय भागीदारी और समर्थन

d) शिक्षा का विरोध करना

उत्तर: c) सक्रिय भागीदारी और समर्थन

समुदाय को समावेशन में शामिल करने का एक तरीका क्या है?

a) समुदाय के सदस्यों को शिक्षण में भाग लेने देना

b) समुदाय को शिक्षण से दूर रखना

c) केवल सरकारी सहायता पर निर्भर रहना

d) स्कूलों में केवल शिक्षक ही शिक्षण करेंगे

उत्तर: a) समुदाय के सदस्यों को शिक्षण में भाग लेने देना

संसाधन जुटाने के तरीकों में कौन सा शामिल नहीं है?

a) सरकारी अनुदान

b) निजी दान

c) विदेशी सहायता

d) पाठ्यक्रम को घटाना

उत्तर: d) पाठ्यक्रम को घटाना

शिक्षा में समावेशन की वकालत करने का मुख्य उद्देश्य क्या है?

a) केवल विशेष आवश्यकता वाले बच्चों को शिक्षित करना

b) सभी बच्चों को एक साथ शिक्षित करना

c) शिक्षा को महंगा बनाना

d) शिक्षा को असुविधाजनक बनाना

उत्तर: b) सभी बच्चों को एक साथ शिक्षित करना

लघु उत्तरीय प्रश्न (Short Answer Questions)

1. समावेशी शिक्षा के मुख्य हितधारक कौन हैं?
2. शिक्षा में समावेशन के लिए नेतृत्व का क्या महत्व है?
3. पारिवारिक सहयोग और भागीदारी का औचित्य क्या है?
4. समावेशी शिक्षा हेतु समुदाय को शामिल करने के लाभ क्या हैं?
5. समावेशी शिक्षा के लिए संसाधन जुटाने के मुख्य तरीके क्या हैं?

दीर्घ उत्तरीय प्रश्न (Long Answer Questions)

1. समावेशी शिक्षा के हितधारकों की भूमिकाओं और जिम्मेदारियों पर विस्तृत चर्चा करें।
2. शिक्षा में समावेशन के लिए नेतृत्व की भूमिका और इसके विभिन्न पहलुओं को समझाइए।
3. समावेशन के लिए परिवार के समर्थन और भागीदारी के विभिन्न आयामों पर विस्तृत विवरण दें, विशेषकर भारत के संदर्भ में।
4. सामुदायिक भागीदारी का समावेशी शिक्षा में क्या महत्व है? विभिन्न तरीकों का वर्णन करें जिनसे समुदाय को शामिल किया जा सकता है।
5. समावेशी शिक्षा हेतु संसाधन जुटाने के महत्व और इसके विभिन्न तरीकों पर विस्तृत चर्चा करें।

संदर्भ (Reference)

1) Bernard, A. (2000) Education for All and Children who are Excluded. Education for All 2000 Assessment. Thematic Studies.

On the Internet: http: // www2.unesco.org/wef/ enleadup/ findings_excluded%20summary.shtm

2) Booth, T. (1996) Chambers, R. 1997: Who's reality counts? Putting the first last. London, Intermediate Technology Publications.

3) UNESCO (1999a) From Special Needs Education to Education for All. A Discussion Document. Tenth

Steering Committee Meeting UNESCO Paris 30 September - 1 October 1998. Unpublished manuscript.

4) UNESCO (1999b) Welcoming Schools. Students with Disabilities in Regular Schools. Paris: UNESCO

5) UNESCO (2001a) Including the Excluded: Meeting diversity in education. Example from Romania. Paris: UNESCO.

www.ingramcontent.com/pod-product-compliance
Ingram Content Group UK Ltd.
Pitfield, Milton Keynes, MK11 3LW, UK
UKHW020243240426
12048UKWH00026B/1582